사이버스페이스의 사회운동

사이버스페이스의 사회운동

민 경 배 著

한국학술정보(주)

저자의 말

2002년은 한국 사회에서 '네티즌 파워' 원년으로 기록될 만한 해이다. 전 세계를 깜짝 놀라게 만든 붉은 악마의 월드컵 축제, 세계 최초로 인터넷 대통령을 탄생시킨 노사모의 활약 그리고 광화문 광장을 붉게 수놓았던 촛불시위의 행렬에 이르기까지 2002년 한국의 네티즌은 실로 위대했다. 2002년을 통해 한국은 IT 최강국을 넘어 네티즌 참여문화 최강국이라는 또 하나의 영예로운 이름을 얻었다.

특히 2002년 네티즌들이 보여준 놀라운 위력은 시민운동 진영에게 커다란 충격을 던져줬다. 90년대 들어 급성장하며 한국 사회의 가장 영향력 있는 집단 중 하나로 떠오른 시민운동은 2000년대로 접어들면서 안팎으로부터 새로운 변화를 요구받고 있었다. 경실련과 참여연대로 대표되는 90년대식 시민운동 모델은 '엘리트 중심의 시민운동', '시민 없는 시민운동'이라는 한계에 직면했다. '운동가'는 있었으나 '시민'은 없었고, '운동'은 있었으나 '참여'가 없는 그들만의 시민운동에서 더 이상 한 걸음도 나아가지 못했던 것이다. 그래서 조직되지 않은 네티즌들의 자발적 참여가 만들어낸 엄청난 에너지가 시민운동 진영에게는 커다란 충격임과 동시에 새로운 활로이기도 했다. 오늘날 인터넷 없는 시민운동은 상상조차 하기 힘들어졌다. 또한 시민운동 진영은 분출하는 네티즌들의 참여 열기와 스스로를 어떻게 결합시킬 것인가 하는 숙제를 풀기 위해 다양한 실험들을 모색하고 있다. 그 모든 것이 2002년으로부터 비롯되었다.

그런데 2002년의 네티즌 파워가 어느 날 갑자기 하늘에서

뚝 떨어지듯 생겨난 것은 결코 아니다. 골방에 틀어박혀 현실과 담을 쌓은 채 컴퓨터 화면만 탐닉하고 있는 듯 보였던 네티즌들이 느닷없이 온라인 세계의 벽을 뚫고 오프라인 광장으로 물밀 듯이 몰려나와 세상을 뒤흔들어 놓기까지는 10년 가까운 세월 동안 사이버 공간에서 축적되어 온 역사와 경험이 숨겨져 있었다. 어느덧 빛바랜 추억의 한 장면이 되어버린 PC통신의 파란 화면 위에 뿌려졌던 네티즌 파워의 작은 씨앗들이 무럭무럭 성장하여 마침내 온라인 세계를 넘어 오프라인 광장으로까지 쭉 뻗은 가지를 길게 드리우기 시작한 것이다. 그런 의미에서 이 책은 2002년 네티즌 파워의 뿌리를 되짚어보는 사이버 역사 여행이며, 아울러 2002년에 보여준 네티즌들의 위대한 경험에 대한 헌정이다.

이 책을 쓰는 과정에서 많은 분들의 도움을 받았다. 특히 인터넷을 기반으로 한 시민운동을 선구적으로 개척해 온 시민단체 〈함께하는 시민행동〉과 〈진보 네트워크〉 그리고 이제는 국내 인터넷 대안언론의 대표주자로 입지를 굳힌 인터넷 신문 〈오마이뉴스〉 관계자 분들께 깊은 감사를 드린다. 이분들이 기꺼이 제공해준 생생한 현장 자료들이 없었다면 이 책의 집필은 사실상 불가능했을 것이다. 사이버 세계를 분석하고 연구하는 작업에서 든든한 동반자가 되어준 〈사이버문화연구소〉 식구들도 빼놓을 수 없는 고마운 사람들이다. 책만 읽어서는 도저히 파악할 수 없는 사이버 세계 구석구석의 살아있는 이야기들을 들려주고, 끊임없는 자극과 영감을 만들어 준 것이 바로 이들이다.

저자의 은사이신 고려대학교 김문조 교수님께도 지면을 빌어 새삼 감사의 말씀을 올린다. 사회학자로서 사이버 세계를 향한 학문의 길로 처음 인도해 주신 분이다. 김문조 교수님이 이 책의 한쪽 바퀴인 사이버 세계에 눈을 뜨게 해주셨다면, 지금은

은퇴하신 임희섭 교수님은 또 다른 한쪽 바퀴인 사회운동에 대해 많은 가르침을 주셨다. 그때의 가르침이 지금 NGO학과란 곳에 몸담을 수 있게 된 계기가 되었던 것 같다.

글을 쓴다는 것은 아주 고독한 작업이다. 하지만 사랑하는 가족들의 믿음과 격려가 있었기에 그 과정이 행복할 수 있었다. 마음속에 있는 따뜻한 말 한마디 건네는 것을 쑥스러워하는 영락없는 한국의 가장이기에 그저 이렇게 글로 그 마음을 전하고자 한다. 마지막으로 이 책에 등장하는 온라인 시민운동의 여러 사례들에 직접 참여하고 실천했던 수많은 익명의 네티즌들에게 이 책을 바친다. 그들이 바로 이 책의 주인공이다.

2006년 5월
사이버 공간의 한 모퉁이에서
민 경 배

차 례

표 차 례

그림차례

제1장 들어가며

제1절 문제의 제기

사회운동은 사회학의 가장 전통적 연구 주제 중 하나이다. 당초 사회학의 태동 자체가 근대 시민혁명이라는 사회적 격변의 산물이라는 점을 감안한다면 사회운동론의 중요성은 아무리 강조해도 지나치지 않다. 특히 아날로그 사회에서 디지털 사회로의 대전환이 이루어지고 있는 현재의 시점은 과거에 사회학 출현의 배경으로 작용했던 근대 사회로의 전환 못지않은 또 하나의 거대한 격변기라는 점에서 그 중요성은 한층 의미를 더한다고 하겠다.

컴퓨터와 인터넷으로 대표되는 정보통신혁명이 몰고 온 급격한 사회 변동의 흐름은 사회운동에도 새로운 양상을 몰고 왔다. 컴퓨터가 사회운동의 효과적인 무기로 활용되기 시작했으며, 사이버스페이스는 사회운동이 이루어지는 또 다른 장으로 채택되었다. 뿐만 아니라 디지털화된 지식 정보가 사회의 핵심 자원으로 부각되면서, 정보공유와 지적 재산권, 프라이버시 보호와 전자감시, 사이버스페이스에서의 표현의 자유 등 정보사회의 새로운 사회운동 이슈들이 본격적으로 제기되고 있는 상황이다. 한 마디로 사회운동의 조직과 구성, 전술과 전략, 현안과 목표 등 모든 영역에서 거대한 패러다임의 전환이 일어나고 있는 것이다.

또한 인터넷과 사회운동의 결합이 빚어내는 시너지 효과도 무시할 수 없는 수준을 보여주고 있다. 앞으로 권력은 총구가

18

아닌 마우스 클릭으로부터 나올 것이라는 명제가 제기되는 것
도 바로 이 때문이다. 그리고 이 모든 변화의 근저에는 궁극적
으로 인터넷이 정보사회의 시민권력 강화에 기여할 수 있을 것
이라는 기대가 자리 잡고 있다. 이러한 상황은 사회학에게 사회
운동의 새로운 변화 양상을 적극적으로 분석해야 한다는 과제
를 부여한다.

　일찍부터 정보사회의 도래에 주목하고 있던 사회학 내에서는
이미 여러 분야에서 정보화 이후의 사회 현상에 대한 연구가
활발하게 진행되고 있었다.1) 하지만 온라인 공간의 사회운동에
대한 연구는 사회학의 여타 연구 주제들에 비해 그 성과가 아
직까지 상대적으로 매우 미약하다. 현실세계에서 이루어지는 오
프라인 사회운동에 대한 연구는 오래 전부터 왕성하게 진행되
어 왔음에도 불구하고, 온라인 공간의 사회운동은 아직까지 본
격적인 연구의 대상으로 다루어지지 못하고 있었다. 특히 한국
의 경우 이러한 상황은 더욱 심각한 실정이다.2)

　이는 온라인 사회운동을 체계적으로 설명하는 이렇다할 이론

---

1) 정보사회론 초기 연구물들은 계층, 노동, 직업세계, 조직, 공동체 등
　전통적인 사회학의 주제들과 정보화라는 새로운 트렌드를 접목시켜,
　정보화가 현실세계에 어떠한 구조적 변화를 일으키고 있는가를 규명하
　는데 관심을 두고 있었다. 그러나 최근에는 사이버스페이스 내에서 발
　생하는 각종 사회·문화적 양상들에 주목하면서 네티즌들의 행위 동학
　을 규명하기 위한 연구들이 늘어나기 시작했다. 온라인 공간에서 이루
　어지는 커뮤니케이션, 집단행동, 중독, 일탈과 범죄, 여가와 놀이 등
　이 새로운 연구 영역으로 부상하고 있다. 즉 현실세계보다는 사이버
　세계에, 그리고 구조보다는 행위에 방점이 놓여지고 있는 추세이다.

2) 강명구(1996)는 온라인 사회운동의 가능성을 '기존 사회운동의 전자
　적 확장'과 '새로운 사회운동의 출현'이라는 두 가지 측면에서 전망하
　고 있다. 이 논문은 온라인 사회운동이 활성화되기 이전에 작성된 것
　이라서 아쉽게도 문제제기의 수준에 그치고 말았지만, 이와 같은 분
　석틀은 이후의 후속 연구에서 계속적으로 영향을 미쳐 왔다.

이 아직까지 제시되고 있지 않고 있음이 일차적 원인이라 하겠다. 또한 그동안 국내에서 온라인 사회운동이라 할 만한 사례들이 아직 충분히 나타나지 않고 있었으며, 괄목할 만한 성과를 이끌어낸 경험도 현저히 부족하기 때문이 아닌가 싶다. 그럼에도 불구하고 온라인 공간에서 전개되는 사회운동의 동학은 오프라인 공간에서의 그것과 분명한 차별성을 보인다는 점에서 이에 대한 별도의 심층적인 분석과 규명이 시급히 요구됨은 분명한 사실이다.

최근 국내에서도 온라인 공간의 사회운동을 다룬 연구물들이 차츰 발표되고 있다. 먼저 백욱인(1999)은 온라인 공간을 중심으로 전개되는 사회운동을 '네트의 사회운동'이란 개념으로 정의하면서, 이를 다시 '네트를 활용한 운동'과 '네트에서 발생하는 사회 문제를 해결하기 위한 운동'으로 구분하여 설명하고 있다. 특히 그는 후자의 운동 방식이 네트의 사회운동에서 핵심적인 영역을 차지하는 것으로 보고, 구체적으로 ① 사상과 표현의 자유를 위한 운동 ② 지적 재산권과 정보공유 운동 ③ 프라이버시와 정보공개 운동 등을 분석하고 있다.

한편 윤영민(1998)은 '정보운동'이란 개념을 사용하면서, 이를 ① 제도개혁 ② 정보공간 접근 제공 ③ 정보화 교육 등 세 종류의 활동으로 분류한다. 또한 그는 현실세계와 사이버 세계 사이에 발생하는 연대적 활동에 관심을 갖고, 오프라인 사회운동 단체들과 온라인 사회운동 단체들이 각기 현실세계와 사이버 세계에 어느 정도의 수준으로 교차적 참여를 하고 있는가를 실증적으로 분석하였다. 한편 그는 또 다른 연구(윤영민, 2000)에서 온라인 사회운동에서 나타나는 '사이버스페이스 해방 공간론'적 견해와 '민중주의'적 입장이 안고 있는 문제점을 지적하고, 인터넷이 사회운동 단체와 같은 정치적 매개집단

(intermediary group)의 활동을 강화시킴으로써 시민 권력의 확대에 기여할 것이라고 전망한다.

홍성태(1999)는 정보주의와 정보공유론을 중심으로 정보사회의 새로운 이데올로기 지형의 형성과 새로운 사회적 저항운동의 양상을 분석한 바 있다. 그는 정보주의가 지적재산권을 강화시켜 자본주의의 확장을 제도적으로 안정화하려는 시도라고 지적하면서, 이러한 시도가 정보는 본래 공공재라는 인식에 출발하여 정보의 사유화에 따른 경제적 독점과 정치적 규제에 저항하는 정보공유론과 대립하면서 새로운 이데올로기 지형이 만들어지고 있다고 파악했다.

이시재(2000)는 인터넷의 기술적 속성과 사이버 커뮤니케이션의 특징들 속에서 온라인 사회운동의 가능성을 모색하였다. 그리고 동강댐건설 반대 운동, 안티조선 사이트, 총선시민연대 활동, 인터넷상의 소비자 운동 등 몇 개의 사회운동 사례들을 통해 온라인 사회운동의 몇 가지 특성과 함의를 읽어내고 있다. 그는 특히 운동의 발생시점이 온라인인가 오프라인인가에 주목하면서, 그 각각의 장단점을 설명하였다.

마지막으로 정연정(2001) 역시 온라인 사회운동을 '네트상의 사회운동'과 '인터넷을 도구로 사용하는 기존 사회운동'으로 구분하면서 지금까지 나타난 다양한 온라인 실천 전략 및 활용 방안을 정리하고 있다. 그녀는 사이버스페이스가 네티즌들에게 사회적 의제설정에 대한 영향력을 강화시켜 주었으며 이로 인해 사회운동에의 자발적 참여가 증가할 수 있다는 점을 들어 '네트상의 사회운동이' 대안적 시민운동으로서의 가능성을 가지고 있다고 말한다. 또한 참여연대나 언론개혁시민연대 등과 같은 오프라인 사회운동 단체들이 웹사이트를 어떻게 운동에 활용하고 있는가를 세심하게 분석해 내고 있다.

그러나 기존 국내 연구들은 다음과 같은 측면에서 온라인 사회운동의 분석 대상을 제한적으로 취급함으로써 몇 가지 아쉬움을 남긴다.

그것은 첫째, 사회운동이 전개되는 공간 및 주요 현안과 목표를 온라인과 오프라인으로 구분하고 있는 점이다. 사실 오프라인을 완전히 배제한 채 순수하게 온라인만을 중심으로 전개되는 사회운동이란 존재할 수 없다. 이와 같은 구분은 단지 온라인과 오프라인 중 어느 쪽이 더 많은 비중을 차지하는가의 문제일 뿐임에도 불구하고 이를 명백히 이분법적으로 구분하는 것은 현실 적합성과는 다소 거리가 있는 일이라 할 것이다.

둘째, 사회운동의 행위 주체를 운동단체 등 조직체에 국한시키고 있다. 온라인 사회운동에서 나타나는 주요한 특징 중 하나는 수많은 개인들이 구체적 현안을 중심으로 네트워크로 연계하여 행위자로 참여한다는 점이다. 즉 조직 단위의 사회운동뿐 아니라 개인 단위의 사회운동들이 광범위하게 만들어지고 있으며, 오히려 이러한 운동에서 온라인 사회운동 고유의 특성이 더욱 잘 드러나고 있다. 따라서 분석 대상을 조직체로 한정한 것은 온라인 사회운동의 또 다른 절반을 제외한 셈인 것이다.

셋째, 개별 온라인 사회운동의 발단, 전개, 결말에 이르는 역동적인 전 과정과 여기에 참여하는 행위자들의 구체적인 행동 양태에 대한 분석이 결여되어 있다. 지금까지 사회운동에 대한 국내의 연구 대부분이 운동의 쟁점만을 주요하게 취급하는데 그침으로써, 운동의 조건이나 기회구조, 운동조직의 특성이나 자원의 동원과정, 운동 구성원들의 미시적 연결망 등과 같은 운동 자체의 동학을 체계화시키지 못했다는 지적(조대엽, 1999)은 온라인 사회운동에 대한 기존 연구에서도 마찬가지로 적용된다.

넷째, 온라인 사회운동에 대한 이론적인 수준의 접근과 외국 사례에 대한 분석에 그쳤을 뿐, 한국 사회에서 나타나는 구체적인 사례를 본격적으로 다루지 못하고 있다는 점이다. 물론 외국의 다양한 사례들을 통해 온라인 사회운동에 대한 의미 있는 함의를 이끌어내는 것도 얼마든지 가능한 일이겠으나, 무엇보다도 한국 사회의 구조적 성격과 문화적 배경에 근거한 독자적인 사회운동의 논의가 부족하다는 점은 많은 아쉬움을 남긴다. 또한 한국의 사례를 분석한 몇몇 연구들도 대부분 과거 PC통신 중심의 온라인 환경에서 전개되었던 사회운동의 경험을 소재로 삼고 있기 때문에 오늘날 인터넷 환경에서의 온라인 사회운동과는 다소 거리가 있다고 하겠다.

물론 이와 같은 지적들이 기존 연구 자체의 한계라고는 말할 수 없다. 오히려 그만큼 온라인 사회운동에 대한 다각적인 연구가 절대적으로 부족하다는 사실의 반영일 뿐이다. 그런데 최근 들어 국내 온라인 공간에서도 각종 사회 현안을 둘러싸고 다양한 사회운동들이 대거 등장하기 시작하면서, 시론적인 수준에서나마 온라인 사회운동에 대한 경험적 연구를 착수할 정도의 사례들은 어느 정도 확보되었다. 특히 한국 사회는 지금까지 취약한 시민사회의 기반 때문에 오프라인 공간에서 충분히 활성화되지 못했던 공론의 형성이나 사회운동에 대한 시민의 참여가 새롭게 열린 온라인 공간을 통해 가히 폭발적으로 분출되는 모습을 보여주고 있다.

이에 이 책에서는 온라인을 매개로 전개되는 새로운 방식의 사회운동들이 어떠한 특성을 지니고 있으며, 그 사회적 함의는 무엇인지에 주목하고자 한다. 보다 구체적으로 이 책이 설정한 연구 목적은 다음과 같다.

첫째, 서구에서 온라인 사회운동이 분화, 발전해온 양상을 살펴보고, 개별 사회운동 노선들이 추구하는 목표와 전략, 그리고 현재의 주요 동향을 점검하고자 한다.

둘째, 국내 온라인 사회운동의 태동 단계로부터 현재에 이르기까지 그 성장 과정을 정리하고, 최근의 개별 사례들을 통하여 온라인 사회운동의 세부 유형에 대한 모델화 작업을 시도해 보고자 한다.

셋째, 온라인 사회운동의 전개과정과 제반 특성이 오프라인 공간에서의 그것과 어떠한 차이점을 갖는지를 포착함으로써, 온라인 사회운동 고유의 독자적인 운동 모델을 정립하는 것이 가능한가를 탐색해 보고자 한다.

넷째, 온라인 공간의 사회운동이 소기의 목적한 바를 달성하기 위하여 필요한 제반 조건 및 행동 전략 요인이 무엇인가를 추출하고, 향후 온라인 사회운동의 가능성과 한계를 전망해 보고자 한다.

제2절 연구의 대상 및 방법

이 책의 분석 대상은 1990년대 이후 현재까지 국내의 PC통신망과 인터넷 공간 안에서 나타났던 온라인 사회운동의 사례들이다.[3] 사회운동을 "기존의 규범, 가치, 제도, 체제 등을 변화시킬 것을 목적으로 다수의 개인들이 즈직적으로 행동하는 집합행동의 한 형태"(임희섭, 1999: 20)라고 정의한다면, 온라인 사회운

---

3) 사실 전 지구적이고 탈국경적 네트워크인 인터넷에 대하여 '국내'라는 단어를 붙인다는 것은 온당치 못한 일이다. 다만 여기서는 분석의 편의상 국내의 주요 현안을 중심으로, 한국인들에 의해 전개된 온라인 사회운동의 사례에 국한한다는 의미이다.

동이란 "PC통신이나 인터넷 등 온라인 공간을 매개하거나 또는 온라인을 활용하여 이루어지는 사회운동"이라 할 수 있겠다.

이러한 정의 속에는 온라인과 사회운동이 접목되는 방식이 크게 두 가지로 구분되어 있다. 즉 하나는 온라인을 사회운동이 전개되는 공간으로 보는 것이며, 다른 하나는 온라인이 사회운동의 수행을 위한 도구로서 활용되는 것이다. 이에 대한 서술은 추후에 자세히 이루어질 것이며, 다만 여기서는 이들 두 가지 경우를 모두 온라인 사회운동의 영역에 포함시킨다는 것만 밝혀두고자 한다.

1980년대 말, 사회운동 진영 일부에서 천리안, 하이텔, 나우누리, 유니텔 등 국내 4대 PC통신망과 소규모 BBS를 통한 사회운동의 가능성을 모색하면서 시작된 국내의 온라인 사회운동은 오늘날 '한국진보네트워크센터(이하 진보넷: www.jinbo.net)'와 같은 온라인 전문 사회운동 단체가 등장하고, 네티즌들의 집단적인 온라인 행동이 잇달아 조직되는 등 불과 10여 년의 짧은 기간 동안 괄목할만한 성장을 거듭하고 있다. 이 책에서는 그동안 국내 온라인 사회운동의 발전 과정에서 사회적으로 주목할 만한 활동을 전개하였거나 혹은 연구의 가치가 있다고 판단되는 몇 가지 운동 단체 및 주요 운동 사례들을 분석 대상으로 삼고 있다.

본 연구는 주로 사례연구법(case study)에 의해 이루어졌으며, 이를 위하여 우선적으로 해당 사회운동 사례와 관련한 인터넷 웹사이트 및 각 사회운동 주체들의 내부 문건을 기초 분석 자료로 사용하였다. 또한 각종 언론 자료, 연감 및 통계 자료 등을 참조하였으며, 필요에 따라 관련 인사들의 면접 및 서면 인터뷰를 병행하였다. 뿐만 아니라 이 책에서 소개되고 있는 여러 사례 중 상당수는 운동의 진행과정에 대한 연구자의 직·간접적인 참여 관찰이 이루어진 것들임을 밝혀 둔다.

제3절 이 책의 구성

이 책은 총 7개의 장으로 구성된다. 서론의 문제제기에 이은 제2장에서는 온라인 사회운동의 활동무대인 사이버스페이스가 사회적으로 어떠한 함의를 갖는가를 알아본다. 여기서는 사이버스페이스를 바라보는 기존의 몇 가지 고정관념에 대한 오류와 문제점을 지적하고, 인터넷에 내재된 사회적 성격들 속에서 온라인 사회운동의 주요 현안 및 사이버스페이스가 전자 네트워크로 구성되는 새로운 사이버 시민사회로서의 의미에 대하여 서술할 것이다.

제3장에서는 온라인 사회운동에 대한 이론적인 분석틀을 모색하고자 한다. 여기서는 사회운동과 온라인이 접목되는 영역을 ① 공론 ② 연대 ③ 동원의 세 가지 범주로 나누고, 다양한 사회운동 이론들 중 이 같은 범주들에 함의를 줄 수 있는 내용들을 추출하여 재구성해 볼 것이다.

제4장에서는 서구 온라인 사회운동의 현황과 발전 과정 대한 고찰이 이루어진다. 즉 우리보다 앞선 서구의 경험을 통해 온라인 사회운동의 주요 경향과 운동 노선에 대한 정리가 선행될 것이다. 이는 국내 온라인 사회운동 역시 서구의 경험으로부터 많은 영향을 받으면서 성장해 왔기 때문이다. 이 책에서는 서구에서 진행되고 있는 온라인 사회운동을 크게 전자적 저항운동, 사이버 자유주의 운동, 정보 공동체 운동이라는 3개의 카테고리로 분류할 것이다.

제5장에서는 국내의 온라인 사회운동에 대한 전반적인 분석이 이루어진다. 여기서는 먼저 한국의 사이버 시민사회가 어떻

게 형성되어 왔으며, 여기서 나타나는 특징과 문제점이 무엇인
지를 짚어 본다. 그리고 온라인 사회운동이 등장하게 된 사회적
배경 및 1980년대 말 PC통신 시절로부터 현재에 이르기까지
국내에서 온라인 사회운동이 발전해온 과정을 크게 3단계로 나
누어 설명한다. 그리고 실증적인 데이터를 통하여 현재 국내 사
회운동 단체들의 온라인 활용실태를 제시할 것이다.

　제6장에서는 온라인 사회운동의 유형을 새롭게 모델화시키
고, 각각의 유형들이 사회운동을 진행하는 과정에서 나타나는
참여자들의 구체적인 행위에 대한 분석이 이루어진다. 온라인에
내재된 고유한 속성들이 실제 사회운동에 어떤 식으로 구현되
고 있는지, 그 다양한 행동 전략들 설명할 것이다. 또한 지금까
지 언급했던 실제 운동 사례들을 중심으로 하여 온라인 사회운
동의 특성과 사회적 함의, 그리고 잠재적 가능성과 향후 과제
등을 총괄적으로 살펴볼 것이다.

　마지막 제7장은 이 책의 결론으로, 지금까지의 분석 결과를
요약하고 이 책이 가진 의의와 한계 등을 서술하게 될 것이다.

제2장 사이버스페이스와 사이버 시민사회

제1절 사이버스페이스의 공간적 이해

인터넷 공간을 지칭하는 또 다른 표현인 '사이버스페이스'란 말은 사람들에게 종종 중대한 오해를 불러일으키게 만든다. '사이버(cyber)'라는 단어는 원래 수학자였던 노버트 위너(N. Wiener)가 자신이 창안해 낸 메시지의 소통과 통제 이론을 지칭하기 위하여 '사이버네틱스'라는 용어를 만들어내면서 처음 등장한 개념으로, 원래의 어원은 그리스 어로 배의 조타장치를 뜻하는 'kubernetes'로부터 유래한 말이다(홍성태, 1996).

그러나 이 단어는 이후 윌리엄 깁슨(W. Gibson)이 1984년에 발표한 소설 〈뉴로맨서〉(Neuromancer)에서 가상현실이 구현된 컴퓨터 네트워크의 세계를 '사이버스페이스'라는 용어로 지칭하면서, 흔히 '가상' 혹은 '허구'라는 의미로 대중들에게 널리 알려지게 되었다.4) 그 결과 물질로 구성된 현실세계와 비트로 형성된 사이버스페이스를 이분법적으로 구분하고, 사이버스페이

---

4) 깁슨은 1980년대 초 캐나다 밴쿠버의 그렌빌 가에 있는 비디오 가게 앞에서, 정신없이 비디오 게임에 몰두하고 있는 어린아이의 모습을 보고 영감이 떠올라 이 소설을 썼다고 한다. 그는 〈뉴로맨서〉에서 사이버스페이스를 다음과 같이 묘사하고 있다.

"가상공간, 모든 나라에서 수천만의 합법적인 오퍼레이터들이 일상적으로 경험하는 합의적 환각…… 인간 시스템 속에 있는 모든 컴퓨터로부터 추출해낸 데이터의 그래픽 표상, 상상을 넘어서는 복잡성. 정신내부의 비공간, 데이터의 다발과 행렬 속에 정렬되어 있는 불빛들. 마치 도시의 희미한 불빛과도 같은……"

스는 실재로는 존재하지 않는 '가상의 세계' 혹은 '허구의 공간'으로 간주하는 사고방식이 널리 확산된 것이다.

이러한 고정관념을 낳게 하는 또 하나의 결정적인 요인은 현재 우리들이 인터넷에 접속하는 인터페이스로부터 비롯된다. 즉 사이버스페이스를 경험하기 위해서는 컴퓨터를 켜고, 웹브라우저를 구동시키고, 네트워크 연결을 실행하여, 최종적으로 "접속되었습니다"라는 확인 메시지를 받는 일종의 통과의례를 거쳐야 하기 때문이다. 그래서 접속 절차라는 관문을 경계로 현실세계와 사이버스페이스가 분리되어 있다는 느낌을 받게 되는 것이다.

하지만 이러한 사고방식은 자칫 사이버스페이스의 사회적 성격과 그 함의에 있어 심각한 왜곡을 초래하게 만든다. 그것은 첫째로, 사이버스페이스에서 발생하는 제반 사회·문화적 현상들을 별 의미 없는 허구적인 것으로 격하시켜 버린다. 인터넷을 매개로 만들어지는 각종 가상공동체들을 두고 이를 단순한 의사공동체에 불과하다고 보는 일련의 입장들이 그 한 예이다.

펀백(Fernback, 1999)의 논의는 이러한 입장을 극명하게 보여준다. 그는 가상공동체란 말 대신 '사이버공동체(cyber-community)'라는 용어를 쓸 것을 주장한다. 이는 가상과 실재의 이분법하에서 사이버가 실재와 대립되는 '비실재'임을 강조하기 위한 것이다. 이 밖에도 터클(Turkle, 1996)은 자신의 방안에 홀로 앉아 네트워크화된 컴퓨터 앞에서 타이핑하고 가상의 친구들로 자신들의 삶을 채워나가는 것이 공동체를 복원하는 진정한 방법일수는 없다고 말하고 있으며, 존스톤(Johnstone, 1998) 역시 가상공동체가 전통적인 공동체의 요건을 갖추고 있지 못할 뿐 아니라 현대사회의 공동체 공백을 채워 주지도 못한다고 단언한다. 또한 바인라이히(Weinreich, 1997)는 가상공동체가 면대면으로 다른 사람을 만날 때 이루어지는 육감적인 경험을 대신해 주지는 못하며, 신뢰, 협동, 우정, 공동체 등은 육감적인 세계에서의 접촉에 근거하는 것이라고 말하고 있다.

이는 가상공동체를 인터넷 네트워크로 구성된 새로운 공동체로 보는 이전의 입장들(Rheingold, 1993; Graham, 1995)을 정면으로 부정하는 견해이다. 그러나 최근 이루어진 카네기 멜런 대학의 연구팀의 조사 결과에 따르면, 외향적인 성격의 네티즌은 채팅이나 커뮤니티 활동 등에 가입해 그간의 활발한 사회활동을 지속하는 반면에, 내성적인 네티즌은 게임이나 인터넷 오락물 등 혼자서도 즐길 수 있는 콘텐츠에 몰입해 기존의 고립적인 행태를 강화하는 것으로 나타났다고 한다.5) 즉 인터넷은 현실세계에서 개인이 가지고 있던 기존의 성향을 더욱 강화시켜주는 역할을 한다는 것으로써, 이는 단순히 실재론과 허구론으로 양분되어 있던 기존 논의에 일대 수정이 필요함을 시사하고 있다.

둘째, 사이버스페이스를 현실과 분리된 가상의 세계로 사고할 때 빚어지는 또 하나의 오류는 사이버스페이스에서 벌어지는 일들을 현실세계와 무관한 독자적인 현상으로 간주해 버림으로써 현실세계의 문제점을 은폐시키는 효과를 낳는다는 것이다. 얼마 전 국내에서 이른바 자살사이트를 매개로 한 자살사건이 몇 차례 일어났을 때, 이 사태를 바라보는 대다수 언론의 시각이 그 단적인 예이다. 당사자가 실제로 자살까지 하게 된 것은 현실세계에서 그로 하여금 자살을 생각하게 만든 특정한 계기가 있었을 것임에도 불구하고, 자살사이트가 자살의 직접적인 원인이 되었다는 식의 단순 진단이 무비판적으로 받아들여진다는 사실은 다시 한번 심각하게 고민해봐야 할 일이 아닐 수 없

---

5) 인터넷신문 〈뉴스보이〉, 2001. 8. 11.

다. 현실세계와 사이버스페이스를 각기 독자적인 공간으로 설정하기 때문에 자살사이트가 매개된 자살 사건은 바로 인터넷의 문제라는 식의 왜곡된 해석이 만들어지는 것이다.

사이버스페이스의 두드러진 특징은 '비자족성(non-self suffi-cient)'이다. 사이버스페이스는 결코 현실세계를 떠나 홀로 존립할 수 없다(김문조, 1998). 결국 가상공동체가 허구의 공동체인가 아니면 실재하는 공동체인가의 문제는 가상공동체 자체의 독자적 논리에 의해서가 아니라 여기에 참여하는 개인이 현실세계에서 보이는 성향에 따라 결정되는 것이다. 그리고 자살사이트 역시 현실세계에서 사람들로 하여금 자살을 고민하게 만드는 제반 사회문제들이 인터넷에 그대로 반영된 결과물일 뿐이다.

이렇듯 사이버스페이스는 결코 허구의 공간이 아니며 또한 현실과 분리된 공간도 아니다. 그것은 전자적 네트워크로 새롭게 구성된 현실세계의 일부이며, 그렇기에 어디까지나 현실의 확장이자 반영인 것이다. 다만 물리적 공간에서 물질을 중심으로 작동하는 것이 아니라, 시공간을 초월하여 비트를 중심으로 작동한다는 점에서 커다란 차이가 있을 뿐이다.

이 책에서는 사이버스페이스를 '현실과 분리된 가상의 세계'로 사고하는 일반적 시각을 부정하고, 이를 '현실의 일부로 존재하는 실세계'라 규정하면서 이후의 논의를 진행시켜 나갈 것이다.

제2절 사이버스페이스의 사회적 성격과 주요 현안

인터넷에 대하여 오해를 불러일으키게 만드는 또 하나의 은유는 바로 "인터넷은 정보의 바다"라는 표현이다. 그래서인지

끝이 보이지 않는 광활한 공간 속으로 떠나는 정보 여행을 '서핑(surfing, 파도타기)'이라 부르며, 가장 널리 쓰이는 인터넷 웹브라우저에도 '익스플로어(explorer, 탐험가)'라는 이름이 붙여졌다. 물론 인터넷은 이루 헤아릴 수 없을 정도로 엄청난 양의 정보들이 집적되어 있는 거대한 정보의 바다이다. 심지어 '정보의 홍수' 혹은 '정보의 폭발'이란 말이 등장할 정도로 인터넷을 통해 생산·교환되는 정보의 양은 이미 인간 두뇌의 수용 능력마저 멀찌감치 넘어서 버렸다.

　그러나 인터넷을 정보의 바다로서만 사고하는 것은 인터넷이 가지고 있는 보다 중요한 또 다른 속성을 간과해 버리는 우를 범하게 만든다. 인터넷은 단순히 건조한 지식과 정보의 창고에 그치지 않는다. 그곳은 바로 사람이 살아가는 공간이다. 사람들 사이의 소통과 교류가 이루어지고, 감정과 정서가 흐르며, 나름의 독자적인 문화가 형성되는 엄연한 사회 공간인 것이다. 사회 공간으로서의 인터넷은 크게 다음과 같은 네 가지의 사회적 성격을 가지고 있으며, 그 각각에는 다시 정보사회의 도래와 함께 제기되는 사회 운동의 주요 현안들이 담겨 있다.

1. '데이터베이스(DB)'로서의 사이버스페이스와 '정보공개 및 접근'

　사이버스페이스의 첫 번째 사회적 성격은 '정보의 바다'라는 은유적 표현이 말하는 것처럼 방대한 정보의 데이터베이스이다. 그러나 데이터베이스로서의 인터넷은 단순한 정보의 창고에 그치는 것이 아니라 지식과 정보의 생산·유통·소비 관계에 있어 일대 패러다임의 전환을 의미한다.

　과거의 수직적이고 폐쇄적인 서버-클라이언트 방식의 비민주적인 정보의 흐름은 수평적이고 개방적 데이터베이스인 인터넷이라는 거대한 데이터베이스에게 점점 밀려나고 있다. 그 결과 데이터에 대한 일방적인 독점과 통제의 가능성은 점차 약화된다. 일단 공개된 디지털 데이터는 순식간에 무한 복제가 가능하기 때문이다. 복제된 데이터는 원형 그대로 무수히 재복제가 이루어지고 이렇게 세포 분열된 수많은 데이터들은 복잡하게 얽혀 있는 네트워크 속으로 흩어져 버린다.

　사이버스페이스의 이러한 성격은 정치적으로는 정보의 독점적 지배와 통제력을 행사해오던 중앙집권적 근대 국가에 대한 중대한 도전을 의미한다. 기든스(Giddens, 1985)의 표현을 빌리자면, 근대 국가는 바로 국가 권력에 의한 정보의 수집·저장 및 통제를 전제로 하여 성립된 것이기 때문이다.

　　　"근대 사회는…… 그 태생부터 '정보사회'였다. 모든
　　　국가가 '정보사회'인 근본적인 이유는 국가권력이 관리
　　　를 목적으로 한 지속적인 정보의 수집, 저장 및 통제를
　　　전제로 하기 때문이다. 그러나 민족국가에서는 특히 높
　　　은 정도의 행정적 통합성으로 인하여 이러한 활동이 과
　　　거 어느 때보다도 훨씬 더 높은 수준에서 이루어지게
　　　되었다"(Giddens, 1985: 178).

　이렇듯 국가는 다른 어떤 개인이나 조직보다 정보의 수집에 유리한 위치를 차지하고 있으며, 권력엘리트들은 집적한 정보를 자신들의 권력을 유지하는 데에 유용할 수도 있다(장훈, 1997). 그런데 인터넷이라는 수평적·개방적 데이터베이스는 이러한 국

가의 일방적인 정보 독점을 전면 부정하는 체계이다. 뿐만 아니라 인터넷은 기존 국경을 초월한 탈영토적인 공간이기도 하다 (Negroponte, 1995). 그러기에 데이터베이스로서의 인터넷에는 근대 국가의 중요한 존립 기반 중 하나를 뒤흔들 수 있는 가능성이 내포되어 있는 것이다.

물론 이는 아직까지는 가능성에 불과한 이야기이다. 인터넷의 존재 자체가 국가가 장악·관리하는 모든 정보의 공개를 저절로 실현시켜 주는 것은 아니기 때문이다. 여전히 국가는 주요 정보에 대한 독점권을 행사하고 있으며, 이를 공개할 의지를 가지고 있지도 않다. 국가는 자신이 확보하고 있는 핵심적인 고급 정보망에 누구나 자유롭게 접근할 수 있도록 허용하지 않는다. 따라서 시민사회 영역에서 네트워크형 조직이 확장되고 자율적·수평적 정보의 교류가 이루어진다고 해도 이러한 모든 정보활동은 국가가 접근을 허용하는 정보라는 제한된 틀 내에서만 이루어지는 셈이다. 더욱이 그러한 정보는 공개되지 않은 정보에 비해 사소하거나 보잘 것 없는 것들이 대부분이다. 인터넷을 통해 국가의 정보 독점권을 해체시키는 일은 결국 시민사회의 몫으로 돌아온다. 그리고 바로 이 지점에서 정보사회의 핵심적인 사회 현안 하나가 도출된다(Nimmon, 1985). 즉 '정보공개 및 보편적 접근'의 문제이다.

정보공개는 근대사회의 기본적 시민권 중 하나인 '알 권리'와 직결되는 현안이다. '알 권리'에 대한 근거는 세계인권선언 제9조에서 찾아볼 수 있다. 세계인권선언 제9조는 "모든 사람은 의견 및 표현의 자유에 대한 권리를 가진다. 이 권리는 간섭을 받음이 없이 자기의 의견을 가지는 자유 및 모든 수단에 의하여 또 국경에 구애됨이 없이 정보 및 사상을 구하고 받으며 또 전달하는 자유를 포함한다"고 규정하여, 표현의 자유에 정보를 구하고 전달할 권리와 함께 '정보를 받을 권리'도 포함된다는 것을 명백히 하고 있다.

그러나 국민이 정부나 매스미디어로부터 적절한 고지를 받을 수 있어야 한다는 소극적인 의미에서의 알 권리는, 방해받지 않고 정보를 수집하여 보고 듣고 읽을 자유뿐 아니라 정보의 공개도 청구할 수 있는 적극적인 알 권리로 발전하게 된다. 특히 정보접근의 중요성이 커지는 시점에 국민이 정부와 기업 정보에 법적·제도적으로 접근을 보장받아야 한다는 청구권적 의미에서의 '정보공개' 요구가 가장 일반적이며 직접적인 알 권리 주장이다(장여경, 2000).

이렇듯 수평적·개방적 데이터베이스라는 사이버스페이스 사회적 성격은 '정보공개 및 접근'이라는 정보사회의 새로운 현안을 제기한다. 그리고 이는 '국가의 주요 정보 독점권'과 맞부딪치면서 온라인 사회운동의 중요한 실천 과제 중 하나로 자리잡는다.

2. '미디어(Media)'로서의 사이버스페이스와 '표현의 자유'

사이버스페이스의 두 번째 사회적 성격은 미디어이다. 현실세계에서는 대중매체가 지배계급의 손에 독점되어 있기 때문에, 대중은 지배계급의 메시지를 일방적으로 수용할 수밖에 없는 형편이다. 하지만 사이버스페이스에서 이와 같은 상황은 완전히 뒤바뀐다. 인터넷의 출현은 미디어사적인 측면에서 볼 때, 인류 역사상 최초로 일반 대중이 일대다 혹은 다대다의 매체를 소유·운용할 수 있게 되었음을 의미한다.

미디어로서의 인터넷은 현실세계에서 스스로의 목소리를 낼 수 없는 힘없는 일반 대중들이 기성 매체에 의존하지 않고도 얼마든지 자신의 생각과 메시지를 전 지구적 차원으로 전파하고 여론을 형성시킬 수 있는 효과적인 방안을 제공해 준다. 인터넷 공간에 접속한 개개의 네티즌들은 스스로가 정보의 생산자임과 동시에 송신자이며 자기 정보의 관리자로서의 자격을 획득하였다. 그리고 사이버스페이스를 구성하고 있는 홈페이지, 웹진, 인터넷 언론, 게시판, 블로그 등 다양한 웹사이트들은 그 각각이 기성 매체들에 대한 대안 매체로서 사회적 역할을 담당하게 된다. 더욱이 사이버스페이스의 미디어적 성격은 상업적·정치적 영향력으로부터 자유롭기 때문에 일반에게 잘 알려지지 않은 사건이나 기성 매체가 보도하기 꺼려하는 금기 사안조차도 당당하게 폭로하고 지속적으로 관심을 둘 수 있게 해준다. 토플러(Toffler, 1990)가 말했던 '권력 이동(power shift)'이 미디어 권력의 대 이동에서 가장 두드러지게 진행되고 있다고 해도 그리 지나친 말은 아닐 듯싶다.

사이버스페이스가 갖는 미디어적인 성격은 기존의 사회적 권력 관계에 새로운 충돌 지점을 형성한다. 즉 인류가 근대 이후 천부인권으로 규정해 온 '표현의 자유' 개념에 대한 원론적인 문제를 제기하는 것이다. 기존 오프라인의 미디어 환경에서 표현의 자유란 언론의 편집권과 동일한 개념이었다. 즉 과거에는 우리 주변을 떠도는 수많은 담론과 정보 가운데 편집권자에 의해 걸러지는 엄격한 사실 정보와 투철한 예술혼이 담긴 표현들만이 '표현'의 적자로 인정되고 유통되었다(장여경, 2000).

그러나 인터넷은 대중들부터 직접 생산되는 정보들, 그런 만큼 사실 여부가 확인되기 힘들고 가볍기 그지없는 표현들, 심지어 유해하다는 이유로 기존 오프라인 미디어로부터 철저하게 걸러졌던 음란하거나 폭력적인 표현에게까지도 발언권과 유통 수단을 제공해 준다. 그러자 '표현의 자유를 보장받을 수 있는 표현'에 대한 개념이 충돌하기 시작했다. 근대적 시민권의 핵심 개념으로 인정되어 왔던 표현의 자유가 인터넷 시대를 맞이하여 그 정의와 범위를 새롭게 수정해야 할 필요가 생긴 것이다.

실제로 지난 1996년 미국의 통신품위법(CDA: Communi- cation Decency Act) 논쟁, 그리고 우리 사회에서 뜨거운 논란이 일었던 통신질서법과 인터넷 내용등급제 문제 속에는 인터넷에서의 표현의 자유가 중심 화두로 자리 잡고 있다. 즉 정부를 비롯하여 학부모 단체나 종교 단체들은 인터넷 공간 안의 걸러지지 않은 표현물들로 인해 발생하는 무질서와 각종 사회문제들을 지적하면서 이를 강력하게 규제해야 한다는 입장을 갖고 한쪽 진영을 형성하고 있다. 반면에 시민단체와 대다수 네티즌들은 이와 같은 규제론은 표현의 자유를 말살하고 인터넷을 검열·통제의 대상으로 전락시키는 행위라고 반대하면서 대립 진영을 구축한 채 팽팽히 맞서고 있는 실정이다.

특히 다른 미디어와 달리 탈중심적이고 쌍방향적인 특성을 띠는 인터넷에서는 현실적으로 사전심의 보다는 사후심의 위주로 검열이 행해질 수밖에 없다. 이러한 사후심의 성격의 검열은 정보의 흐름을 원천적으로 봉쇄할 수는 없다 하더라도 특정 집단(특히 정부에 비판적인 집단)이나 특정 사안에 대한 집중적인 검열을 통해 정치적 통제를 행사할 수 있는 소지는 오히려 더 크다. 또한 정보의 검열은 시민사회의 다양한 정보에 대한 취사선택의 가능성을 제한하여, 개인의 일상의 삶과 의식을 지배세력의 의도에 맞게 특정한 방향으로 유도하고 통제하는 '보이지 않는 손'으로 작용하게 된다. 그리하여 정치적 무관심이나 무력감을 만연시켜서 토크빌이 말한 것과 같은 이른바 '부드러운 전제정치'를 초래할 수도 있는 문제이다. 이와 같이 사이버스페이스의 미디어적 성격은 표현의 자유와 내용규제 및 정보검열이라는 또 하나의 중요 현안을 온라인 사회운동의 과제로 부과하고 있다.

3. '네트워크(Network)'로서의 사이버스페이스와 '정보공유'

사이버스페이스의 세 번째 사회적 성격은 네트워크이다. 사이버스페이스는 개개의 사람과 사람을 연결시키는 커뮤니케이션 통로이다. 네티즌들은 전자우편을 통해 서로의 의사를 전달하고, 뉴스그룹을 통해 관심 있는 현안을 토론하고, 채팅을 통해 실시간으로 대화를 나눈다. 네트워크로 연결된 전화줄 속에는 디지털 데이터뿐 아니라 인간들의 감정과 정서, 의견과 사상까지도 비트 단위로 흘러 다니고 있다.

네트워크로서의 사이버스페이스는 첫째, 권위적이고 불평등한 현실 세계의 장벽이 제거된 자유토운 의사 개진과 활발한 토론으로 자발적인 여론의 형성을 가능하게 한다. 거시적인 정치·경제적 담론으로부터 사사로운 연예계의 뒷소문에 이르기까지 현실 세계에서 이루어지는 모든 사회적 현안들을 아무런 제한을 받지 않은 채 공론화시킨다. 하버마스(Habermas, 1989)가 말했던 성찰적 담론이 형성되는 공공 영역(public sphere)이 인터넷을 통해 새롭게 구현될 것이라는 전망은 바로 이러한 맥락으로부터 나온 것이다.

둘째, 네트워크로서의 사이버스페이스는 시공간적 제약 및 성별, 연령, 계층, 인종 등의 사회적 조건을 초월하여 개개의 관심과 이해를 중심으로 한 사이버 공동체의 결성을 촉진시킨다. 물론 사이버스페이스를 매개로 형성된 공동체는 지리적으로 분리된 구성원들로 이루어지며, 그래서 지역적 공통성이 아니라 관심의 공통성을 기반으로 하는 공동체이다(H. Rheingold, 1993). 하지만 사이버 공동체가 물리적 공간이 아닌 사이버스페이스 안에만 존재하는 것은 아니다. 그것은 WELL과 같이 특정 지역을 기반으로 형성되기도 하며,6) 아이러브스쿨(www.iloveschool.co.kr)에 모여든 동창들처럼 오프라인의 인맥이 온라인으로 확장된 형태로 구성되기도 한다.7) 즉 사이버 공동체는 사이버스페이스를 매개로 만들어지지만, 그 영역은 현실세계의 네트워크까지 포함한다.

네트워크로서의 사이버스페이스를 유지시키는 동력은 나눔과 공유의 정신이다. 비대면적인 네트워크의 실체는 결국 사람들이 가지고 있는 지식과 정보, 그리고 관심과 정서를 끊임없이 서로 주고받는 과정이기 때문이다. 이와 같은 네트워크의 속성은 정

---

6) 대표적인 가상공동체의 사례로 널리 알려져 있는 WELL은 애초에 샌프란시스코만 지역을 거점으로 하는 네티즌들의 온라인 네트워크였다. WELL의 초기 멤버들은 타임지의 편집장이나 유명 대학의 공학박사, 예술가 등 지식인들이었다. 그들은 대부분 30대 후반에서 40대 초반으로 PC를 잘 다루는 남성들이었다.

7) 사실 인터넷에서 학교 동문들의 커뮤니티가 활발히 움직이는 것은 어제, 오늘의 일이 아니다. 국내 주요 인터넷 커뮤니티 사이트에서 보여지는 커뮤니티들의 종류별 분류와 각 항목별로 개설된 커뮤니티의 수를 살펴보면, 어느 사이트를 막론하고 '동문회' 항목 안에 분류된 커뮤니티의 수가 다른 항목보다 압도적으로 많음을 알 수 있다. 다만 커뮤니티 서비스 사이트에 만들어진 동문회가 기존에 형성되어진 연줄망을 온라인으로 가져온 형태라면, '아이러브스쿨'과 같은 사이버 동창회 사이트의 인기는 그것도 모자라서 이미 단절되었던 연줄망까지 복구하려는 강한 연줄 의식이 반영된 결과로 해석된다.

보의 사유화와 상품화를 추구하는 자본주의적 가치에게는 심각한 위기로 다가온다. 정보의 사유화와 상품화는 어디까지나 정보의 희소성 및 이에 대한 독점적 소유를 전제로 할 때 가능한 것이다. 그리고 특허권, 상표권, 저작권 등 지적재산권은 희소한 정보의 독점적 소유 및 상품화를 제도적으로 보장해주기 위한 장치에 다름 아니다.

그러나 디지털 환경은 모든 지식·정보에 대한 원본과 똑같은 무한복제를 가능하게 만들었으며, 네트워크는 바로 무한 복제된 지식·정보의 실시간 무한배포가 이루어지는 통로로 작용한다. 즉 네트워크로서의 사이버스페이스는 지금까지 오프라인 환경에 기반을 두어 형성된 지적재산권의 존립 근거 자체를 위협하고 있는 것이다. 특히 최근에는 냅스터(www.napster.com)나 소리바다(www.soribada.com) 등과 같이 인터넷 사용자들의 컴퓨터와 컴퓨터를 바로 연결하여 직접적인 데이터 교환을 가능하게 해주는 P2P(Peer to Peer) 기법의 네트워크까지 등장하면서 나눔과 공유라는 네트워크의 정신은 기술적으로 구체화되고 있는 상황이다.

바로 이 지점에서 사이버스페이스의 디지털 정보에 대해서도 지적재산권을 고수하려는 카피라이트 진영과, 정보공유론을 주장하는 카피레프트[8] 진영 간의 대립 전선이 만들어진다. 특히 정보공유 운동은 지식·정보가 핵심 자원으로 자리 잡는 정보사회에서의 자본주의 확장에 대한 전면적인 도전이라는 점에서 매우 중대한 현안이라 하겠다.

---

8) 카피레프트(copyleft)란 개념은 자유소프트웨어 운동의 창시자인 미국의 리챠드 스톨만(Richard Stallman)에 의해 처음 고안되었다. 이 말은 이중의 의미를 담고 있는데 저작권 카피라이트(copyright)에 대비되는 개념임과 동시에 '사유'가 아닌 '공유'라는 좌파적 이념을 상징하기도 한다.

4. '생활세계(Life-world)'로서의 사이버스페이스와 '프라이버시'

사이버스페이스의 네 번째 사회적 성격은 생활세계이다. 디지털 혁명은 생활세계를 실제현실과 가상현실로 갈라놓았다(백욱인, 1996). 사이버스페이스가 또 하나의 삶의 터전이라는 말은 너무나 당연하여 이제는 진부하게까지 느껴질 정도이다. 이미 많은 사람들에게 인터넷은 직업적, 사회적, 지적 삶의 중심으로 자리 잡고 있다. 사람들은 사이버스페이스를 통해 비즈니스와 쇼핑을 하고, 교육을 받는가 하면 영화나 음악 감상 혹은 게임을 즐기면서 휴식을 취하기도 한다. 사이버 대학, 사이버 은행, 사이버 기업, 사이버 교회, 그리고 사이버 섹스 등 기존의 물리적 공간을 대신한 영역은 이루 헤아릴 수가 없을 정도이다(김문조, 2000). 사이버스페이스는 우리를 연결시키는 단순한 도구일 뿐만 아니라 그 안에서 우리가 서로 연계되는 장소, 즉 네트월드(networld)로서 경험된다는 린다 하라심(Linda M. Harasim, 1993)의 지적은 사이버스페이스가 전자적으로 형성된 하나의 생활세계임을 잘 대변해 준다.

더욱이 생활세계로서의 사이버스페이스는 이제 인터넷 안에서만 존재하지 않는다. 현실세계의 일부로서의 사이버스페이스는 점차 현실세계 전체로 확장되면서 현실세계와 사이버스페이스의 개념적 경계조차 와해시키는 '현실세계의 사이버화' 혹은 '현실세계의 네트워크화'가 광범위하게 진행되고 있는 것이다. 비트는 이미 우리의 생활 구석구석을 파고들면서 현실세계를 사이버화시키고 있다. 학내에 구축된 무선 랜(lan)을 통해 잔디밭에 앉아서도 인터넷에 접속할 수 있는 대학 캠퍼스, 그리고 단말기를 통해 가전제품과 집안 상태를 원격으로 조정할 수 있는 사이버 아파트는 이미 우리가 몸담고 있는 현실 공간 자체가 곧 사이버스페이스임을 말해주는 징후들이다. 뿐만 아니라 국제자본의 디지털 화폐는 지금 이 순간에도 끊임없이 실시간으로 국경을 넘나들고 있으며, 지구를 에워싼 수많은 통신위성에서 쏘아대는 디지털 정보가 우리의 안방까지 파고들고 있다. 또한 우리는 굳이 컴퓨터 앞에 앉아 인터넷에 접속하지 않더라도 휴대전화, 현금인출기, 교통카드, MP3 플레이어 등 생활품목들을 통해서 늘 비트의 세계와 맞닿아 있다.

사이버화되어 가는 현실세계는 이제 비트가 시공의 경계뿐 아니라 현실과 가상의 이중적 경계마저 무너뜨리기 시작했음을 의미한다. 이제 사이버스페이스는 컴퓨터 저 넘어 어딘가에 존재하는 별도의 공간이 아니다. 사이버스페이스는 이미 우리가 몸담고 있는 현실세계 도처에 존재하기 시작했다. 그것은 특정한 위치에는 존재하지 않으나 모든 곳에서 동시에 존재하는 것이다(Mitchell, 1995). 사이버, 즉 실재하지 않는 가상이라는 개념이 불러 일으켰던 혼란과 오해가 종식되고 보드리야르(Baudrillard, 1981)가 말했던 "은유와 실제 간의 상징적 거리의 종말"이 가시화되고 있는 것이다.

그런데 생활세계로서의 사이버스페이스, 그리고 사이버화되어 가는 현실세계는 또 다른 사회운동의 현안을 제시한다. 바로 프라이버시와 전자감시의 문제이다. 인터넷 서비스를 이용하기 위하여 불가피하게 사업자 측에 제공해야 하는 개인 신상정보, 인터넷 이용과정에서 자동으로 기록되는 쿠키(Cookie)9) 정보,

---

9) 특정 홈페이지를 접속할 때 생성되는 방문기록의 정보를 담은 임시파일을 말한다. 쿠키는 애초 인터넷 사용자들의 홈페이지 접속을 돕기 위해 만들어졌다. 특정 사이트를 처음 방문하면 아이디와 비밀번호를

작업장과 공공장소에 설치되어 있는 감시 카메라의 시선, 뿐만
아니라 일상적으로 이용하는 신용카드의 거래 내역에 이르기까
지 우리의 프라이버시를 침해하는 감시의 눈초리는 온라인과
오프라인을 망라하여 사회 곳곳에 만연하고 있다.

  사실 개인의 사적 정보는 정부와 기업 모두에게 중요한 관심의
대상이다. 정부의 입장에서 볼 때 개인의 의사와 행동은 정치적
지지와 질서 유지에 있어 중대한 변수이며, 기업의 입장에서도
소비자 개인의 의사결정이 이윤 창출의 결정적 요인이기 때문이
다. 그리고 정보통신기술의 비약적인 발전으로 이러한 개인 정보
에 대한 수집·분석·검색·복제·유통 등이 과거에 비해 훨씬
용이하게 이루어지게 되면서 개인정보 유출로 인한 각종 피해가
지속적으로 발생하고 있다. 특히 개인정보 전산화의 문제는 전산
처리된 개인정보들이 통합 가공되면서 새로운 개인정보들을 형성
하기 때문에 더욱 치명적이라 할 수 있을 것이다.10)

  기록한 쿠키가 만들어지고 다음에 접속했을 때 별도 절차 없이 사이
  트에 빠르게 연결할 수 있다. 쿠키는 사용하는 웹브라우저가 자동으
  로 만들기도 하고 갱신하기도 하며 웹사이트로 기록을 전달하기도 한
  다. 따라서 개인의 사생활을 침해할 소지가 있다. 이용자가 인터넷에
  서 어떤 내용을 봤는지, 어떤 상품을 샀는지 등 모든 정보가 기록되
  기 때문이다. 온라인 광고업체들은 쿠키를 이용해서 인터넷 사용자의
  기호 등을 수집·분석해 광고전략을 짜는 데 유용하게 활용해왔다.
  또 보안문제를 유발하기도 한다. 회원번호나 비밀번호 등이 유출될
  가능성이 있기 때문이다. 과자를 뜻하는 쿠키란 말도 사람들이 과자
  를 먹을 때 부스러기를 흘리듯이 인터넷에서 자신의 정보를 흘리게
  된다는 점에서 따온 것이다.

10) 예를 들면, 어떤 사람의 주민등록번호로 그 사람을 인식하고 동시에
  그 사람의 자동차번호를 통해 차량의 종류를 파악할 수 있다면 그 사
  람의 대체적인 경제적 수준을 파악하는 것이 가능해진다. 또 선거 시
  기에 유권자 분석의 기준으로 그 사람의 학력정도, 출신지역, 직업 등
  을 고려하면 그 사람의 정치적 성향까지 파악할 수 있는 기준으로 작
  용할 수 있는 것이다.

따라서 종전에 단지 '혼자 있을 권리'라는 소극적 개념 정도로만 알려져 있던 프라이버시권은 정보통신기술의 발달과 함께 개인의 신상정보에 관한 수집·분석·검색·복제·유통 등 감시 기술이 확산되면서 '자신에 관한 정보를 통제할 수 있는 권리'라는 적극적 개념으로 확대되었다. 즉, 한 개인이 자기에 관한 정보를 언제, 어떻게, 어느 정도 타인에게 유통시키느냐를 스스로 결정하는 권리로서 이해되기 시작되었다는 것이다. 이런 맥락에서 정보사회의 프라이버시권은 다음의 세 가지 영역으로 보다 구체화하게 되었다.

첫째, 사생활 보호권이다. 이는 주거 등 사적인 공간을 포함한 사생활을 침해받지 아니할 권리를 말한다. 우리나라의 헌법에서는 "사생활의 비밀과 자유를 침해받지 않을 권리(제17조)"와 "주거의 자유를 침해받지 않을 권리(제16조)"라 하여 이를 명시적으로 보장하여 인간적 존재로서의 모든 국민이 자신의 사생활의 내용 및 명예·신용 등을 침해받지 아니하고, 적극적으로 자신이 원하는 대로의 자유로운 활동과 생활을 영위하는 것을 침해 또는 간섭받지 않게 하고 있다.

둘째, 의사소통의 프라이버시권이다. 이는 개인 간의 의사소통 내용의 비밀을 보장받을 수 있는 권리로 우리 헌법에서는 "모든 국민은 통신의 비밀을 침해받지 아니한다"(제18조)라 하여 이를 보장하고 있다. 여기서 말하는 통신이란 면대면 커뮤니케이션에서부터 전신, 우편, 전화, 컴퓨터통신, E-mail 등 모든 형태의 커뮤니케이션을 포괄하는 것을 말한다. 어떤 의사소통의 감시나 통제도 받지 않고, 자유로운 의사표현을 할 수 있는 권리도 프라이버시권으로 이해할 수 있는 것이다.

셋째, 정보의 프라이버시권이다. 이는 앞서 지적한 프라이버시의 적극적 개념으로서 자신의 개인정보에 대한 통제권을 행사할 수 있는 권리를 가리키며, 타인에게 제공된 자신의 개인정보의 유통과 활용 과정까지 관여할 수 있는 권리를 포함한다. 즉 이는 감시당하지 않을 권리와 감시당하지 않음을 보장받기 위해 국가나 제3자의 개인정보 수집활동을 감시할 권리를 말한다(김주환, 1996).

한편 최근에는 이러한 프라이버시권 개념에 대해서도 적지 않은 문제제기가 나오고 있다. 왜냐하면 프라이버시권에서 추구하는 개인정보의 유통과 흐름에 대한 통제는 현대 정보사회에서 사실상 불가능한 것으로 여겨지기 때문이다. 컴퓨터와 정보통신 기술의 발달에 따라 일단 입수된 개인정보는 무한복제가 가능하며, 특히 유통 과정에서 발생하는 개인정보의 생성에 대해서는 적극적인 통제가 곤란하다. 즉 개인정보의 유통과 흐름에 대한 통제만으로는 프라이버시에 대한 적절한 통제권을 행사한다고 보기 어렵다는 지적이다(홍석만, 2001).

그래서 프라이버시권을 개인정보에 대한 '유통'을 통제하는 것에서 더 나아가 개인정보의 '수집 및 생산' 자체에 대한 통제가 이루어질 수 있는 권리로 구성해야 한다는 주장이 최근 새롭게 제기되고 있다. 뿐만 아니라 프라이버시권이 추구하는 통제의 대상인 '자기정보'의 개념 역시 '자기와 관련된 정보'라는 개념으로 확장되어야 한다는 주장까지도 나오고 있다.

그럼에도 불구하고 프라이버시권은 곧잘 기술의 '합리적 감시'와 '범죄 예방' 논리와 충돌하는 양상을 보인다. 실제로 최근 일본, 영국 등지에서는 '조직범죄 방지'를 명분으로 한 도감청법 제정이 크게 증가하고 있는데 이는 강력한 감청·감시 기술이 권력의 통제·감시 기능을 정당화하는 기반이 되고 있음을 보여준다. 범죄자와 시민을 분리하는 이런 논리는 보호관찰자 전자족쇄 제도에 대한 사회적 침묵으로도 이어졌던 바 있다(장여경, 2000).

하지만 전자감시는 개개인의 모든 일상적 삶이 '보이지 않는 눈'에 의해 속속들이 관찰되고 있다는 느낌을 갖게 하는 '팬옵티콘' 효과11)를 불러일으키며, 이는 국민들로 하여금 권력에 대한 두려움을 갖게 만들어 지배엘리트들의 보다 효과적인 권력행사를 뒷받침 해준다는 점 때문에 사회운동에 있어 중요한 이슈가 되고 있다.

제3절 사이버 시민사회의 고찰

1. 사이버 시민사회의 형성과 발전

이제 인터넷의 사회적 의미는 단순히 정보사회를 살아가는데 필수적인 도구나 전자적 커뮤니케이션(CMC: Computer-Mediated Communication)의 통로에만 머물지 않는다. 인터넷은 여러 가지 방식과 의도로 사용될 수 있는 기술적 도구인 동시에 새로운 미디어이자 그 자체가 하나의 공동체이다. 나아가 인터넷은 그 자체가 거대한 사회 공간이기도 하다. 그리고 이 공간에는 네트워크로 연결된 수많은 사람들의 관계가 만들어내는 사이버 시민사회

---

11) 팬옵티콘이란 영국의 철학자이자 사회개혁가인 제레미 벤담 (J.Bentham)이 고안해낸 원형감옥으로, 중앙에 하나의 감시소와 그 주변둘레에 여러 방을 둔 건물을 말한다. 이런 구조에서는 죄수들은 감시자의 시야에 노출되어 있지만 죄수들은 감시자를 볼 수 없다. 그 결과 죄수들은 자신들이 감시당하고 있는지 아닌지 정확히 알 수는 없지만 당연히 감시당하고 있다고 가정해야 했으며, 복종만이 그들이 선택할 수 있는 가장 합리적인 선택이 된다. 즉 죄수들로 하여금 보이지 않는 눈으로부터 감시당하고 있다는 느낌을 불러일으킴으로써 효과적인 통제가 이루어지는 것이다.

가 자리 잡고 있다.

사실 사이버 시민사회의 첫 태동이 군부에 의해 이루어졌다
는 사실은 매우 역설적인 일이다. 주지하다시피 인터넷의 모태
가 그 첫 모습을 드러낸 것은 1969년 미 국방성의 군사 네트
워크 프로젝트였던 알파넷(ARPANET)이었다. 국방성은 냉전
상황에서 미 본토가 적국의 핵무기에 의해 피폭을 당할 경우
기존의 중앙집중식 네트워크 시스템으로는 통신망의 부분적인
파괴만으로도 전체 군사 네트워크의 운영이 실질적으로 곤란해
지는 상황이 발생할 것을 우려했다. 때문에 중심이 여러 곳으로
흩어져 존재하는 분산적 네트워크의 구축이 시작되었고, 그 결
과물이 바로 알파넷이었다.

이렇듯 애초에 군사적 목적으로 개발된 알파넷은 이후 국방
성의 의도와는 달리 전혀 예기치 않았던 방향으로 발전하게 되
는데, 바로 1979년 듀크대(Duke University)의 대학원생인
탐 트러스코트(Tom Truscott)와 짐 엘리스(Jim Ellis)에 의
해 처음 만들어진 유즈넷 뉴스(Usenet News)의 등장이 그것
이다. 유즈넷은 다양한 주제로 나누어진 여러 가지 뉴스그룹들
에 속해 있는 사람들이 뉴스를 읽고, 자신의 글을 올리고, 다른
사용자의 글에 대한 의견을 제시하고, 혹은 자신이 독자적으로
새로운 뉴스그룹을 만드는 과정에서 형성되는 쌍방향적 담론
공동체이다.

유즈넷에는 경계를 규정하거나 행위를 감시할 단일한 권력의
원천이 존재하지 않는다. 질서와 구조를 가지고 있지만 중앙통
제는 존재하지 않는 일종의 무정부적 공간이라고도 할 수 있다.
유력한 정치적 커넥션과 10만 달러를 지불할 수 있는 능력이
있어야 가입이 허용되었던 폐쇄적인 알파넷과는 대조적으로 유
닉스를 사용하는 컴퓨터와 모뎀, 그리고 전화사용료만 부담하면

누구나 이용할 수 있었기 때문에 유즈넷은 흔히 "가난한 사람들의 알파넷"이라고 불리기도 했다(윤영민, 1996). 유즈넷을 시발로 하여 인터넷은 사이버 시민사회로서의 모습을 갖추기 시작한 셈이다.12)

〈표 2-1〉 유즈넷 뉴스그룹 주제별 분류

뉴스그룹	주 제
alt	포괄 분류
biz	비즈니스
comp	컴퓨터 관련
news	뉴스
rec	예술, 레크리에이션
sci	과학, 공학
soc	사회문제, 문화
talk	토론
misc	기타 구분하기 어려운 것
han	한글사용 뉴스그룹

그러나 인터넷이 본격적으로 대중화하게 된 것은 월드와이드 웹(WWW: World Wide Web)의 기원을 연 모자익(Mosaic)이 등장한 1993년부터이다. 웹 이전에는 인터넷을 사용하려면 매우 복잡한 명령어 체계를 알아야 했고, 텍스트 정보를 사용하거나 파일을 다운로드 받는 정도였다(윤준수, 1998). 그런데

---

12) 현재 인터넷 공간에 산재해 있는 유즈넷 뉴스그룹의 수는 약 10,000 ~30,000개 정도로 추산된다.

모자익은 기존의 유닉스(UNIX) 중심의 복잡한 명령어 방식의 사용자 인터페이스를 그래픽 중심으로 전환시키는 한편, 하이퍼 텍스트(Hypertext)라는 새로운 형태의 인터페이스를 창안하 고, 멀티미디어 환경을 지원함으로써 오늘날과 같은 인터넷의 대중화를 가능케 한 직접적인 요인으로 작용하였다.

보다 구체적으로 웹은 ① 문자자료 처리 위주였던 데이터 통신 을 멀티미디어 통신 네트워크로 바꾸었고 ② 디지털화된 것이라면 어떠한 정보라도 생산, 전송, 검색, 다운로드하게 함으로써 인터 넷의 상업적 이용을 촉진했으며 ③ 신문이나 방송이 인터넷으로 진입하게 함으로써 미디어 혁명을 촉발하였다. 그리고 ④ 인터넷 의 사용이 전문가들의 전유물에서 어린 학생들까지도 자유자재로 E-mail을 보내고 정보를 검색할 수 있게끔 쉬워져서 네티즌의 폭 발적 증가를 가져오게 하였다(유광수 외, 2000).

실제로 웹의 등장과 함께 인터넷 인구는 급격하게 늘어나기 시작했다. 일례로 미국에서 5천만 이용자를 확보하는데 라디오 가 38년, TV가 13년이 걸렸으나 인터넷은 단 4년 만에 이를 달성했다는 보고도 나오고 있다.13) 미국 조사기관인 닐슨/넷레 이팅 발표에 따르면 현재 세계 인터넷 이용 인구는 약 4억 5천 9백만 명에 이르고 있는 것으로 집계되고 있으며, 그 숫자는 앞으로도 기하급수적으로 계속 늘어날 전망이다.

---

13) 미 상무국(Department of Commerce), 1998. 4. 15일자 발표.

〈표 2-2〉연도별 세계 인터넷 이용자수(단위: 100만 명)

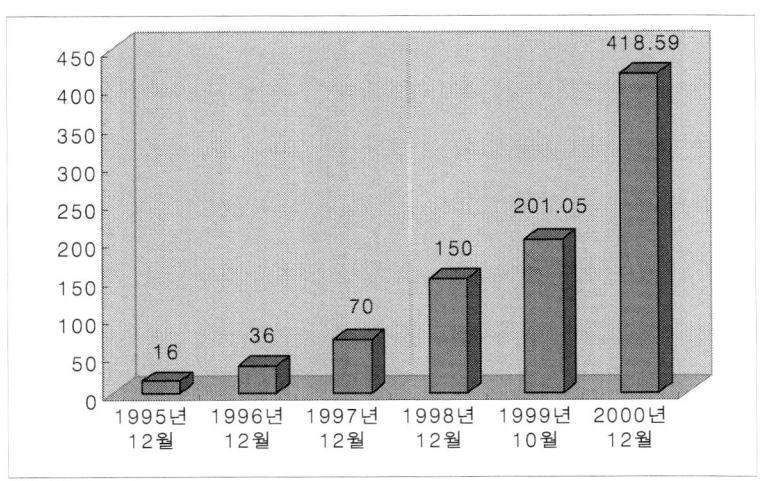

자료: Nua(www.nua.ie)
* 1995~1997년 자료는 IDC, 1998년~2000년 자료는 Nua Ltd.에서 집계

사이버스페이스에 접속한 사람들은 단순히 고립 분산적으로 개별화된 개인이 아니다. 그들은 자발적 참여 속에서 사이버스페이스 안에 다양한 온라인 모임, 토론 그룹, 게임 그룹, 메일링 리스트 등 수많은 공동체를 만들어 가면서 끊임없이 관계를 맺고 상호작용을 하고 있다. 그들의 관계는 권력관계도 거래관계도 아닌 상호 이해와 동의 자체를 목표로 하는 만남으로 이루어진다. 즉 인터넷이 일종의 "작은 문화들이 모여 큰 생태계를 이루는" 하나의 거대한 사이버 사회가 된 것이다(홍성욱, 1999). 사이버 사회의 시민들은 수많은 논쟁과 시행착오를 거치면서 외부 기관의 간섭을 배제하고 자기들 나름대로의 공동체 규범을 형성하면서 사이버스페이스라는 전자적 공간 안에 새로운 대안의 사회를 건설해 나가고 있는 중이다.

2. 사이버 시민사회의 특성

인터넷은 ① 네트워크로 연결되어 있는 컴퓨터, ② 네트워크를 통해 전달되는 정보, ③ 네트워크를 사용하는 사람들로 구성된다 (백욱인, 1999). 그리고 이것들은 바로 사이버 시민사회의 근간을 이루는 구성 요소이기도 하다. 즉 사이버 시민사회의 사람들은 물질적 환경으로 구성되는 현실세계의 시민사회와 달리 컴퓨터 네트워크와 디지털 정보라는 비물질적 환경 속에서 생활하게 되는 것이다. 따라서 사이버 시민사회는 다음 몇 가지 점에서 현실세계의 시민사회와 매우 다른 특성을 지닐 수밖에 없다.

첫째, 사이버 시민사회는 탈영토적 영역이다. 이것은 구체적으로 두 가지 의미를 지닌다. 하나는 국경을 초월한 전 지구적 공동체라는 점이다. 아날로그 세계에서 국가의 경계선이 전통적으로 중요한 의미를 가졌던 것은 주민들에게 통제를 가할 수 있는 권력의 공간적 한계를 설정하기 위함이었다. 그러나 땅 위에 그어진 경계선은 비트의 세계에서는 아무런 효력을 발휘하지 못한다. 사이버스페이스는 전세계를 하나의 네트워크로 연결함으로써 국가의 경계를 무력화시켜 버린다. 비트는 뉴욕, 런던, 도쿄 등 어디든 마음대로 돌아다닐 수 있다. 책이라는 물질 매체에 실린 정보는 국경 검문소의 허락을 받아야만 통과되지만 전자책(e-book)으로 전송되는 디지털 정보를 검문할 수 있는 곳은 아무데도 없다.

또 다른 하나의 의미는 물리적 공간으로부터 독립된 커뮤니케이션 공동체라는 점이다. 즉 거리 개념의 무한 압축과 무한 확장을 말한다. 사이버스페이스에서 나의 육체와 신경은 네트워크를 통해 모든 장소에 연결되어 있다. 그곳의 물리적 위치가 어디든 상관없이 네트로 연결된 곳이라면 그곳과 나와의 거리는 0(Zero)이나 마찬가지이다. 즉 공간은 나에게로 무한대로 압축되며, 동시에 나는 공간을 향해 무한대로 확장된다. "손끝으로 열리는 세상"이라는 빌 게이츠(Bill Gates)의 말처럼 나의 육체는 비록 컴퓨터 앞에 앉아 있지만 나의 존재는 무한대로 펼쳐진 여러 장소에 동시적으로 머무르게 된다. 그래서 사이버 시민사회의 사람들은 상대방이 어디에 존재하는가보다는 그들이 누구인가에 기초하여 사회화되고 일하고 학습하게 되었다(Linda M. Harasim, 1993).

둘째, 사이버 시민사회는 탈육체화된 영역이다. 육체는 개인의 성별, 연령, 인종 등 사회적 즈건을 나타내는 코드이다. 현실세계에서 사람들은 자신의 육체에 부여된 각종 사회적 조건으로부터 결코 자유롭지 못하다. 육체는 주체화의 조건이자, 주체 생산의 지점으로 작동한다. 푸코가 〈감시와 처벌〉에서 육체에 가해지는 권력의 작동을 통해 '정상적인 개인'이 어떻게 만들어지는지를 고찰하였던 것이나, 들뢰즈와 가타리가 '기관 없는 신체'라는 개념으로 신체에 가해지는 욕망의 코드화를 통해 주체화의 과정을 설명하였던 것은 바로 육체가 단순한 주체의 거처가 아니라, 그가 만들어지고 형성되는 구체적인 물리적 지형이었기 때문이다(라도삼, 1997).

그러나 사이버 시민사회의 시민들은 육체를 벗어 던지고 아이디(ID)와 아바타(Avata)14)의 모습으로 자유롭게 네트워크

---

14) 아바타는 원래 "내려오다, 통과하다'라는 의미의 산스크리트어 'ava'와 "아래, 땅"이란 뜻인 'Terr'의 합성어로 고대 인도에선 지상에 내려온 신의 화신(化身)을 뜻하는 말로 쓰였다. 현재 사이버스페이스에서는 사용자의 역할을 대신하는 애니메이션 캐릭터를 지칭하는 용어로 사용되고 있다. 처음엔 롤플레잉 게임 같은 곳에서 주로 쓰였으나, 요즘에는 인터넷 채팅, 커뮤니티 사이트 등에서도 사용된다. 인터넷 공간에서의 다중 정체성과 자아 분열의 문제를 이야기할 때 많이 거론되고 있다.

를 항해한다. 마크 포스터(Poster, 1990)의 표현을 빌자면 디지털 시대의 인간은 시공간에 고착된 농경민적 존재로부터 매일 전 지구를 마음대로 가로지르는 유목민과도 같은 존재로 변모하는 것이다. 노트북, 휴대전화, 현금인출기, 교통카드, MP3 플레이어와 같은 디지털 제품들이 그를 위한 현대판 유목물품이다. 그리고 자크 아탈리(Attali, 1990)의 말처럼 역사상 처음으로 인간은 주소를 갖지 않게 되었다. 그의 주소는 물리적인 육체가 머무르는 곳이 아니라 단지 그가 존재하는 네트워크상의 주소로만 남을 뿐이다.

셋째, 사이버 시민사회는 '소유' 중심의 사회가 아닌 '관계' 중심의 사회이다. 흔히 비트(bit)의 세계와 아톰(atom)의 세계로 대비해서 불리듯 사이버스페이스는 비물질적인 비트로 구성되는 가상의 전자 공간이다. 현실 세계에서는 물질의 '소유'가 중요한 관심사일 수밖에 없었지만, 비물질적 공간인 사이버스페이스에서 '소유'란 무의미하다. 비트는 무한 복제를 거듭하며 흘러 다니는 것이지 결코 소유할 수 있는 대상은 아니기 때문이다. 즉 도시사회학자인 까스텔(Castells, 1996)의 표현을 빌리자면, 장소 공간(the space of space)보다 흐름 공간(the space of flow)이 우위에 서는 것이다. 사이버스페이스에서 정작 중요한 것은 비트가 어떠한 경로를 거치면서 흘러 다니는가의 문제, 즉 '관계'이다. 사람들은 사이버스페이스로 접속하는 그 순간 '소유 위주의 사회'가 아닌 '관계 위주의 사회'로 들어오게 된다.

넷째, 사이버 시민사회는 수평적인 인간관계로 형성된다. 사이버스페이스에서는 부, 권력, 명예 등 사회적 지위나 외모처럼 수직적인 사회적 관계를 드러낼 수 있는 단서들은 쉽게 커뮤니케이션 될 수 없기 때문에 영향력이 줄어든다(Linda M. Harasim, 1993). 또한 사이버스페이스는 쌍방향적 의사 소통구조를 갖고 있기 때문에 현실 세계와는 달리 강압적 물리력보다는 여론의 영향력과 동의에 근거하여 헤게모니가 성립된다. 설령 누군가가 현실 세계의 권위를 나에게 행사하려 해도 익명의 보호막 뒤로 숨어버리거나 접속을 끊어버리면 되는 간단한 해결책이 언제나 마련되어 있다. 따라서 현실세계에서 형성된 사람들 사이의 수직적인 관계는 사이버 시민사회에서 수평적인 관계로 재구성된다.

다섯째, 사이버 시민사회의 인간관계는 '점의 관계'이다. 사이버스페이스에서의 관계망은 일정한 방향으로 고정된 모습을 띠고 있지 않다. 그것은 때로는 타인과 연결되어 있는 그 순간에만 존재했다가 접속의 종료와 함께 사라지는 인스턴트적인 것일 수도 있고, 때로는 어디로 튈지 모르는 럭비공처럼 비정형적인 하이퍼링크일 수도 있다. 사이버 시민사회의 인간관계는 개개인이 하나의 점, 즉 노드(node)가 되어 유연한 관계망이 형성되는 무정형적인 '점의 관계'로 이루어진다.

3. 사이버 시민사회에 대한 이론적 전망

공통의 물리적 공간에 기반을 둔 시민 공동체를 전제로 형성된 전통적 의미의 시민사회와 달리 사이버 시민사회는 인터넷 네트워크를 통하여 구성된다. 이제 시민사회는 개인이 몸담고 있는 고착된 공간에만 존재하는 것이 아니라 현재 그가 접속해 있는 네트워크의 어디인가에서도 유동적으로 형성된다. 이는 결국 정보사회를 살아가는 현대인들이 이중의 시민사회, 즉 전통적 의미의 오프라인 시민사회와 사이버 시민사회를 동시적으로 경험하면서 살아가고 있음을 의미한다. 물론 이미 지적했듯이 이들 두 개의 시민사회는 전혀 상관없는 별개의 영역이 아니다.

그것들은 마치 동전의 앞 뒤 양면처럼 불가분의 관계로 밀접하게 연결되어 끊임없이 상호 영향을 주고받는다.

사실 사이버스페이스에는 사이버 시민사회만 존재하는 것은 아니다. 현실세계를 구성하는 국가, 경제, 시민사회라는 3가지 영역15)은 사이버스페이스에서도 마찬가지로 적용된다. 국가의 입장에서 볼 때, 사이버스페이스는 일종의 전자적인 영토이며 네티즌 역시 통치의 대상인 국민으로 설정된다. 그래서 국가는 법과 권력을 동원하여 끊임없이 사이버스페이스를 규제하고 통제하려고 한다. 한편 자본의 입장에서 사이버스페이스는 새롭게 형성된 거대한 시장이며, 네티즌들은 소비자 집단이다. 그럼으로 자본은 사이버스페이스를 통해 최대한의 이윤을 창출하기 위한 노력에 전력을 기울인다. 반면 시민사회의 관점에서 볼 때, 사이버스페이스는 현실세계에 대한 일종의 대안적 공간으로 위치 지워진다. 그리고 네티즌들은 자유와 자율을 영위하고자 하는 전자적 시민공동체의 구성원으로 자리매김 한다.

특히 사이버스페이스는 현실세계처럼 국가, 자본, 시민사회의 영역이 명확하게 분리되어 있지는 않다. 사적 영역과 공적 영역의 경계가 불분명하게 혼재되어 있는 것이 바로 사이버스페이스의 주요한 특징이기도 하다. 따라서 현재 사이버스페이스는

---

15) 물론 현실세계의 사회 구성을 위와 같은 3분법적 모델로 볼 것이냐 아니면 국가와 시민사회라는 2분법적 모델로 볼 것이냐에 대해서는 여전히 논쟁이 계속되고 있다(이에 대한 자세한 내용은 『시민사회와 시민운동 Ⅰ, Ⅱ』, 한울. 참조). 그리고 사이버 시민사회의 구성에 대해서도 마찬가지로 보다 깊이 있는 연구가 있어야 할 것이다. 하지만 이와 같은 논의는 이 책의 연구 영역을 넘어서는 것이기 때문에 여기서는 일단 코헨과 아라토(Cohen & Arato, 1992)가 정리한 3분법적 모델에 근거하여 서술하기로 한다. 이는 사이버스페이스에서는 시장의 주도력과 독립성이 현실세계보다 훨씬 강하게 나타난다는 연구자의 판단 때문이다.

이들 국가, 자본, 시민사회의 영역이 복잡하게 뒤얽힌 상태에서
각종 사회적 현안을 둘러싸고 상호 간에 치열한 헤게모니 각축
이 진행되고 있는 형국을 보이고 있다.

〈그림 2-1〉 사이버스페이스의 사회적 세력

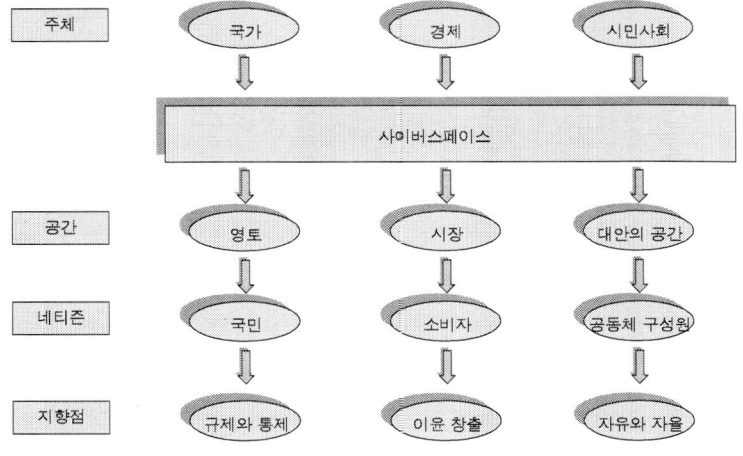

사이버스페이스에 형성된 전자적 국가, 자본, 시민사회의 영
역, 그리고 오프라인과 사이버스페이스라는 시민사회의 이중화
현상은 우리에게 새로운 문제를 제기한다. 즉 새롭게 출현한 사
이버 시민사회는 오프라인 시민사회에 어떤 영향을 미칠 것인
가? 그리고 사이버 시민사회는 향후 국가 및 자본과의 관계에
있어 어떠한 위치를 차지할 것인가?

그 첫 번째 전망으로는 '시민사회 강화론'이 제시된다. 한마디
로 사이버 시민사회의 발전으로 오프라인 시민사회 역시 동반
발전하게 될 것이라는 견해이다. 버만과 와이츠너(Berman &
Weitzner, 1997)는 사이버스페이스의 민주적 잠재력을 구조

적 측면과 접근성의 측면으로 나누어 설명하고 있다. 구조적 측면에서 사이버스페이스의 탈중심적·개방적 구조는 위계적인 중앙의 통제를 무력화시킨다. 또한 접근성의 측면에서도 저렴한 비용으로 다양한 영역에의 접근이 가능하다. 이는 곧 누구든지 사회적 제약으로부터 자유롭게 자신의 의견을 표현하거나 사회적 현안에 참여할 수 있고, 이러한 의견과 행동들이 모여 다원적인 사회를 구현한다는 것이다.

한편 해리슨과 스테팬(Harrison & Stephen, 1999)은 인터넷 네트워크가 3가지 차원의 민주주의, 즉 정보에 대한 무료 접근권을 제공하는 '정보 민주주의', 민주적·공동체적 상호작용을 촉진하는 '자유주의적 민주주의', 그리고 시민단체의 활성화를 촉진하는 '참여 민주주의'를 강화시킬 것이라고 전망했다. 보다 구체적으로 정보 민주주의 차원에서는 정보에 대한 무료 접근권과 공개적 접근 제공이, 자유 민주주의 차원에서는 정부 및 관료와의 접촉 강화 및 정책 의사결정에의 참여가, 그리고 참여 민주주의 차원에서는 네트워크를 활용한 공동체의 구성 및 운영이 획기적으로 신장하게 된다는 것이다.

사이버 시민사회에 대한 두 번째 대한 전망으로는 '시민사회 확장론'이 있다. 즉 인터넷은 기존에 국민국가 단위의 시민사회를 넘어 전 지구적 시민사회 공동체를 가능하게 만들었다는 견해이다. 정보사회는 곧 네트워크 사회이기도 하다. 그리고 인터넷의 쌍방향적 커뮤니케이션 네트워크는 지역적·문화적·민족적 경계를 넘어 전 지구적 차원으로 뻗쳐 있다. 그래서 루만(Luhmann, 1981)은 일찍부터 이러한 보편적 커뮤니케이션의 공유에 주목하면서 이제 지구상의 모든 사람들에게 세계의 공통성과 체험의 동시성이 가능해지는 세계 사회만이 의미를 가진다고 말하기도 했다. 즉 인터넷 공간의 등장과 확산은 지역사

회나 국민국가의 경계를 뛰어넘은 커뮤니케이션의 가능성을 구
현함으로써 '세계 사회'라는 의도하지 않은 결과를 우리 앞에 펼
쳐 보여주고 있는 것이다(김종길, 1999).

프레드릭(Fredrick, 1997) 역시 다음과 같은 말로 '세계적
시민사회(global civil society)'의 등장을 선언하면서, 앞으로
시민사회가 국지적 차원을 넘어 지구적 현안까지도 적극적으로
개입할 수 있게 되었다고 주장한다.16)

> "이제 하나의 세계적 컴퓨터 커뮤니케이션 네트워크
> 가 발생했다. 그것은 커뮤니케이션 미디어에 대한 시장
> 의 굴레와 정부의 억압을 완화시키고, 상업적인 또는
> 정부차원의 이해관계 때문에 생겨난 장벽을 넘어서 의
> 사소통을 이루려는 세계적 시민사회라고 알려진 인류의
> 노력을 가능하게 함으로써 '인류의 공동선'에 기여하고
> 있다"(Fredrick, 1997: 351~352).

사이버 시민사회가 오프라인 시민사회에 긍정적 기여를 한다
는 앞의 두 가지 전망과는 반대로 마지막 세 번째 소개할 입장
은 '시민사회 분절론'이라 지칭할 수 있다. 즉 사이버 시민사회
의 출현은 기존 시민공동체를 분산시킴으로써 오히려 시민사회
의 약화를 초래하게 된다는 것이다.

대표적으로 펀백과 톰슨(Fernback & Thompson, 1995)
은 사이버스페이스의 가상공동체가 사람들을 점점 더 원자화시
키고 있으며, 공공 영역의 파편화를 촉진시켜 가고 있다고 본
다. 사실 유즈넷이나 온라인 동호회와 같은 가상공동체들은 공

---

16) 여기서의 지구적 현안이란 환경문제와 같이 국내 관할권을 벗어난 문
제는 물론이요, 나아가 지속가능한 발전과 같이 어떤 초월적 목표를
성취하기 위한 인류 공동의 노력까지 포괄하는 보다 폭넓은 개념이다.

통의 관심사를 중심으로 형성된 현안공동체 혹은 의미공동체적인 성격이 짙다. 이는 자칫하면 공동체 구성원들이 보다 거시적이고 구조적인 현안을 간과한 채 자신들의 미시적인 관심 영역에만 과도하게 매몰될 수 있는 위험을 안고 있다. 뿐만 아니라 가상공동체는 공동체 유지에 대한 사회적 압력이 거의 없는 약한 공동체이기 때문에 성원들의 의견이 첨예하게 대립하거나 깊은 수준의 숙의를 필요로 하는 문제에 직면하면 언제든지 쉽게 해체될 가능성이 크다고 하겠다.

한편 이와는 다른 각도에서 사이버 시민사회에서의 커뮤니케이션이나 인간관계가 오프라인 세계와 달리 수평적이고 탈권위적이라는 주장은 허구라는 의견도 제시되고 있다. 미국의 경우 인터넷 이용자에 대한 사회인구학적 조사에서 가장 전형적인 네티즌은 대학 이상의 교육을 받은 20~30대 중산층 백인 남성이라 보고가 이미 여러 차례 제출된 바 있다. 이는 사이버 시민사회에서도 여전히 계층적, 인종적, 성적 위계관계가 만들어지고 있음을 시사하는 것이다. 일례로 머드(MUD)게임17) 참여자에 대한 실증적 분석을 시도했던 터클(Turkle, 1996)의 연구에 따르면, 미국의 머드게임 이용자 대부분은 중산층 이상의 대학생들이며, 머드게임의 진행 과정에서 참여자들 사이에 중산층 동료 의식이 만들어진다고 보고 되었다. 즉 사이버 시민사회 내에서 오프라인 세계의 전통적 계급관계나 위계구조들은 해체되는 것이 아니라 오히려 재생산되고 있다는 것이다.

---

17) 머드는 Multi User Dungeon의 약자로 온라인 네트워크를 통해 수천 명의 플레이어가 동시에 게임 속에서 게임의 내용을 만들어가면서 즐길 수 있는 온라인 게임을 말한다. 최초의 머드게임은 1978년 영국의 University of Essex의 한 대학생이 만든 텍스트 게임이었다고 한다. 이후 컴퓨터 그래픽이 도입되면서 보다 시각적인 게임으로 발달해 갔다.

  지금까지 살펴본 바와 같이 사이버 시민사회의 출현은 어떤 형태로든 전통적인 오프라인 시민사회에 영향을 미치면서, 기존의 국가, 자본, 시민사회의 관계에 새로운 지각변동을 일으킬 수 있는 잠재적 가능성을 가진다. 그러나 그 변화가 어디를 향하여 어떤 모습으로 나타나는가는 결국 인간의 의식적·능동적 행위에 달려 있다. 사이버 시민사회에 기반을 둔 온라인 사회운동의 중요성이 강조되어야 함은 바로 이 때문이다.

제3장 사이버스페이스에서의 사회운동론 검토

제1절 공론장 가설

인터넷은 분명 전혀 새로운 의사소통 수단이다. 지금까지 인류가 가졌던 어떠한 의사소통 수단도 ① 비동시적이고 ② 쌍방향적인 방식으로 ③ 시공간을 초월하여 ④ 익명성이 유지되는 ⑤ 다수 대 다수의 의사소통을 가능하게 해 주지는 못했다. 그러나 인터넷은 최초로 이러한 모든 조건들을 동시에 충족시켜 줄 수 있는 의사소통 수단이다. 이는 사이버스페이스를 통해 전자적 네트워크로 이루어지는 공론장이 형성되었음을 말해준다.

공론장이란 정치 문제에 대한 공론, 여론 형성의 제도적 장소로서, 정치적 정당성을 부여하는 근대 정치의 핵심적인 공간이다. 그리고 이 책에서 말하고자 하는 공론장 가설은 사이버스페이스가 사회구성원들의 다양한 목소리를 수용하면서 집단 간의 의사소통이나 상호작용을 증대시켜 시민사회의 발달과 민주주의의 진전에 기여할 것이라는 가설이다. 즉 사이버스페이스가 집단 간의 커뮤니케이션 수단 및 공간으로 기능하면서 공론장의 형성을 촉진할 수 있다는 의미이다. 전 지구적 차원으로부터 지역적 단위에 이르기까지 사이버스페이스를 매개로 이루어지는 네티즌들의 무수한 담론은 새로운 전자 공론장의 가능성을 시사한다.

여기서는 아렌트(Arendt)의 공론장에 대한 논의와 하버마스(Habermas)의 1989년 저작 『공적 영역의 구조적 변동』에서 서술된 근대 사회의 공론장에 대한 논의를 통해서 사이버스페이스가 공론장으로서 갖는 가능성과 그 문제점을 짚어보도록 하겠다.

1. 아렌트의 공론장 이론

공론장으로서의 사이버스페이스의 가능성에 대한 논의는 먼저 아렌트(Arendt, 1973)에서부터 찾아질 수 있다. 아렌트는 공적(public)이라는 개념을 다음 두 가지 의미로 보고 있다. 하나는 '공개성(publicity)'이다. 즉 모든 것이 모두에게 공개되는 영역인 것이다. 또 다른 하나는 '공동의 세계(common world)', 즉 우리가 함께 살아가는 다른 이들과의 관계 속에서 만들어지는 공동의 영역인 것이다.

그리고 서로 다른 다양한 위치와 입장을 가진 많은 사람들 사이에 존재하는 공통의 관심이 공개화되는 지점에서 공론장이 형성된다. 따라서 아렌트가 말하는 공론장은 공동의 일이 생기면 필요에 따라 주변의 사람들끼리 모여 논의하고 행동하는 가운데 만들어지며, 현안이 해결되면 동시에 해체되면서 우리 주변에 항상 잠재해 있는 공간이다.

이러한 공론장은 어떤 경계를 지니고 있거나 지정된 장소에만 존재하는 것은 아니다. 그것은 사회 어디에나 편재하며, 끊임없이 생성, 변화, 소멸의 과정을 되풀이하는 역동적인 공간인 것이다. 또한 공론장에는 특정한 인물만이 참여할 수 있는 것도 아니다. 언제 어디서나 참여자들 사이의 평등한 행동과 발언을 통해 창조되는 공간인 것이다. 공론장을 유지시키는 동력은 권력(power)이다. 물론 여기서의 권력은 한 개인의 소유물이 아니다. 권력은 집단에 속하며 집단이 함께 유지되는 한에서만 존재한다. 즉 권력은 사람들이 모여서 발언하고 행동하면 생성되고 흩어지면 다시 소멸하는 유동적인 존재이다.

이와 같은 아렌트의 공론장 논의는 오늘날의 사이버스페이스에 많은 시사점을 던져준다. 뉴스그룹과 토론 게시판에서 끊임없이 생성, 소멸하는 무수한 사회적 발언과 토론들은 아렌트가 언급한 공론장이 사이버스페이스에서 그대로 재현되고 있음을 보여주는 것이다. 특히 사이버스페이스에서 이루어지는 대부분의 토론들은 특정 현안이 발생하면 거기에 공통의 관심사를 갖고 있는 익명의 대중들이 참가하여 일정 기간 뜨겁게 이루어지다가 현안이 해결되거나 관심이 식으면 자연스럽게 소멸하는 역동적인 모습을 보이고 있다. 뿐만 아니라 이렇게 임시적으로 모여진 사람들, 그리고 그들 개개인의 발언은 그 자체가 여론으로 결집되어 하나의 권력을 행사한다.

그러나 아렌트의 공론장에는 역사성의 개념이 결여되어 있다. 공론장은 개개인의 이해관계 혹은 특정한 현안만을 중심으로 형성되었다가 사라지는 제한적이고 임시적인 영역으로만 그치는 것이 아니라, 보다 폭넓은 범위에 걸쳐서 항존해 왔던 시민 사회 고유의 영역인 것이다. 하버마스는 바로 이러한 공론장의 역사성을 복원해내고 있다.

2. 하버마스의 공론장 이론

하버마스(Habermas, 1989)는 시민들이 모여서 자유롭게 토론하고 행동하는 자발적 결사로서 공론장을 이해한다. 즉 하버마스에게 있어 공론장이란 무엇보다도 여론에 근접하는 어떤 것이 형성될 수 있는 사회적 삶의 영역이다. 다시 말해서 시민들이 공공 문제에 대해 협의·숙의할 수 있는 과정임과 동시에, 이러한 협의·숙의 과정이 자연스럽게 나타날 수 있는 공간을 의미하는 것이다.

근대적 공론장의 발전에서 중심적 역할을 담당했던 것은 사교 공간과 언론이었다. 18세기 유럽에서 살롱과 커피 하우스는 지식인들이 서로 접촉하고 의견을 교환하는 중요한 공론의 장이었다. 그리고 여기서 형성된 공론은 다시 다양한 정기간행물들의 지면을 통해 체계적인 토론과 논쟁으로 이어졌다. 이는 지식인 사회의 비판적 담론을 크게 증가시켰고, 사회적으로 중요한 이슈에 대한 공론의 형성을 가능케 했다. 하버마스는 이와 같은 공론장의 존재 영역을 아래와 같이 도표화하고 있다(Habermas, 1989: 30).

〈표 3-1〉 근대적 공론장의 존재 영역

사적 영역	매개 영역	공적 권위의 영역
시민사회(상품 교환과 사회적 노동 영역)	정치적 공론장 문화적 공론장 (클럽, 신문)	국가(경찰의 영역)
소규모 가족의 내적 공간 (부르조아 지식인)	소도시 (문화 상품 시장)	궁정 (우아한 귀족 사회)

하지만 이러한 공론장은 국가와 시장사회가 고도로 발전하면서 점차 쇠퇴하게 된다. 공론장에 대한 국가의 개입이 한층 강화됨

과 동시에 언론의 상업화가 급격하게 진행되었다. 그에 따라 공론장은 비판적 담론 공간으로서보다는 문화적 소비의 공간으로 변질되어 갔다. 하버마스의 표현을 그대로 빌리자면 공론장의 '재봉건화(refeudalization)'가 일어난 것이다. 그에 따라 근대적 이성에 기반을 둔 '비판적 공공성(critical publicity)'은 대중의 환호와 묵인을 조작해 내려는 '조작적 공공성(manipulative publicity)'으로 전락하고 말았다.

그는 이렇게 변화된 상황 속에서도 공론장의 재활성화 또는 공공성의 재창출을 주장한다. 즉 대중을 재정치화시키고 비판적 공공성을 확대할 필요가 있다는 것이다. 따라서 각종 사회집단 내부의 커뮤니케이션 과정에 대한 시민들의 참여를 활성화시키고, 이 집단 간의 상호 견제를 보장해야 한다고 말한다.

그런데 하버마스가 주창한 공론장의 재활성화는 현실세계보다도 사이버스페이스에서 더 많은 가능성이 찾아지는 듯 하다. 그렇다면 하버마스의 공론장은 사이버스페이스에서 어떻게 재현되고 있는지 알아보자.

하버마스의 공론장 개념은 개인들이 일정한 공간에 함께 모여 동등한 참여자로서 서로 대화한다는 이념을 기반으로 한다. 구체적으로 그는 18세기 공론장의 역사적 유형들을 고찰하면서 이들 공론장에는 다음과 같은 공통된 조건이 있었다고 분석하고 있다.

첫째, 보편적 접근 가능성(general accessibility)을 갖추어야 한다. 즉 모든 참여자들이 동등한 발언 기회를 가져야 한다.

둘째, 보편적 규범과 합리적 정당화가 이루어지는(general norms and rational legitimations) 공간이어야 한다. 즉 모든 담론의 비판 및 반박가능성이 열려있어야 한다.

셋째, 명령, 반대, 허락, 금지 등 규제적 언술 행위(regulative

speech act)에 대해 어느 한쪽이 특권을 갖지 말아야 한다.

넷째, 자기 자신의 태도, 감정, 의도 등을 솔직히 드러낼 수 있어야 한다(박형준, 1996).

3. 공론장 가설의 적용 가능성

위와 같은 맥락에서 볼 때, 사이버스페이스에서 익명의 네티즌들에 의해 이루어지는 자유로운 대화와 다양한 논쟁은 공론장 가설의 중요한 단서가 된다. 사이버스페이스를 통해 이루어지는 쌍방향적·수평적 의사소통은 다음과 같은 점에서 공론장의 개념과 매우 잘 부합하고 있다.

첫째, 사이버스페이스의 의사소통은 대면적 상호작용에서 불가피하게 작용하는 여러 가지 사회적 제약요인들을 넘어서 수평적 관계의 대화를 가능케 한다. 네티즌들은 재산, 소속, 신분, 지역, 나이 등에 관계없이 누구나 동등한 발언 주체로 토론에 참여할 수 있다. 현실세계에서의 사회적 지위나 개인의 카리스마는 사이버스페이스에서 별반 위력을 발휘하지 못한다.

둘째, 사이버스페이스에서는 쌍방향적 커뮤니케이션이 가능하다. 따라서 개인이 일방적인 정보의 수혜자에 그치지 않고 정보의 전달자로 나설 수 있으며, 그 결과 의견교환이 활성화될 수 있다. 특정 현안에 대한 다양한 반응과 의견이 표출되는 과정은 풀뿌리 시민들 사이에서 자율적으로 사회적 해석의 틀이 형성되는 모습을 확연하게 보여준다.

셋째, 사이버스페이스에서의 커뮤니케이션은 편집 과정을 거치지 않으므로 참여자의 발언이 가감이나 첨삭 없이 그대로 전달될 수 있다. 즉 개인의 자유로운 정치적 발언이 별 다른 여과

없이 여론의 한 부분으로 흡수될 수 있다. 누구나 자신의 의견을 공개하고 평가받을 수 있으며, 또 타인의 의견을 확인하고 반박할 수도 있다. 이러한 과정에서 여론이 형성되고 또 공론화되어 민주주의를 운영하기 위한 조건을 갖출 수 있다.

넷째, 사이버스페이스가 제공하는 익명성은 현실세계에 비해 훨씬 직접적이고 솔직한 표현을 할 수 있도록 해준다. 실제로 전자게시판이나 인터넷 뉴스그룹 등에서는 민감한 정치적 이슈에 대해서도 부담 없는 토론과 비판적 논쟁이 활발하게 벌어지고 있다.

이처럼 사이버스페이스는 새로운 공론장으로서의 가능성을 보여준다. 영국의 커피하우스, 프랑스의 살롱, 독일의 탁상사회(Tischgeelschaft)와 같이 하버마스가 공공 정신의 요람터라며 아쉬워하던 담론 형성의 거점들이 사이버스페이스에서 전자적으로 부활되고 있는 것이다. 그리하여 기존의 대면 접촉에 의해 공론장이 형성되던 시대가 끝나고 이제부터 민주주의의 문제는 전자 매체를 통해 이루어지는 새로운 담론 형식에 의해 설명되어야하는 것이다(Poster, 1990).

그래서 캘훈(Calhoun, 1995)은 '복수의 공론장(Multiple Public spheres)'이란 개념을 통하여 보다 직접적으로 사이버스페이스의 공론장으로서의 가능성을 말하고 있다. 그는 사이버스페이스가 갖는 정치적 함의 중 하나로 그것이 '복수의 공론장'을 가능하게 한다는 점에 주목한다. 즉 사이버스페이스는 무수히 많은 공론장을 창출해 내며, 이는 곧 개인들이 사회적 공론 과정으로부터 배제당하는 것을 방지할 수 있기 때문에 민주주의 발달에 도움이 된다는 것이다.

물론 공론장으로서의 사이버스페이스에 대한 위협 요인도 분명 존재한다. 그것은 첫째, 사이버스페이스에 대한 국가와 시장

68

의 개입, 그리고 사이버 시민사회의 미성숙이다. 18세기의 고전적인 부르조아 공론장이 재봉건화 과정을 통해 쇠퇴했듯이, 새로운 공론장으로서의 사이버스페이스 역시 이러한 경험을 되풀이 할 수도 있는 것이다. 이미 사이버스페이스의 많은 부분이 상업화의 영향에 노출되어 가고 있으며, 사이버스페이스에 대한 국가의 개입과 규제 역시 날로 더해가고 있다. 하버마스가 언급했던 '체계에 대한 생활세계의 식민지화'의 조짐이 사이버스페이스에서도 또다시 나타나고 있는 것이다.18)

둘째, 익명성을 전제로 한 사이버스페이스의 커뮤니케이션은 자칫 무책임한 언어의 유희나 감정의 배설에 그치고 말 가능성이 크다. 사이버스페이스에서 이루어지는 토론들은 대부분 참가자들의 입장 차이만 재확인시켜주고 말 뿐 일정한 합의에 도달하는 경우가 드물다. 그래서 사이버스페이스에서의 토론은 합의 지향적이 아니라 분열 지향적이라는 지적도 여러 차례 제기되고 있다(윤영철, 1998; 김휘석, 1999).

실제로 유즈넷 뉴스그룹을 대상으로 한 실증 연구에서도 이곳에서 이루어지는 정치 토론의 내용은 대부분 보수와 진보의 양 극단적인 내용에 몰려 있다는 분석이 나오기도 했다(Hill & Hughes, 1998). 즉 자유롭고 이성적인 담론보다는 특정한 개인들의 극단적인 견해가 담화 헤게모니를 장악해버리는 결과가

---

18) 미국의 공공 도서관을 분석한 쉴러(Schiller, 1994)의 연구는 이러한 우려의 한 단면을 보여준다. 미국의 정보산업화는 점차 전통적으로 비수익사업으로 간주된, 그리고 공중의 이해가 깊이 얽힌 분야로 확대되어 갔다. 그중 하나가 바로 공공 도서관이다. 도서관 단체와 소비자들, 공공 도서관들, 학문적 정보이용자들은 정보에 대한 자유로운 접근이라는 오랜 원칙을 고수해 왔다. 그러나 도서관의 정보화와 함께 이제는 도서정보 서비스에 요금이 책정되는 등 상업화 기제가 침투하면서 정보의 보편적 접근 원칙이 위협받고 있다는 것이 쉴러의 주장이다.

나타난다는 것이다(김철규, 1998). 이처럼 익명성의 베일 뒤에서 내뱉어지는 극단적이거나 자극적인 언어의 남발은 이성적인 토론이 이루어져야 할 공론장의 형성을 방해하는 장애물이다.

사실 협의·숙의라는 것은 시민들이 공개적으로 공공 문제들에 관한 의제를 설정하고, 여러 가지 해결방안들에 대한 진지하고 이성적인 토론을 통해 합의에 도달하는 과정을 말한다. 즉 현안에 관한 충분한 정보와 다양한 관점을 검토하고 공동체를 위한 최선의 대안을 찾아나가는 대화인 것이다(윤영민, 2000). 그렇다면 오늘날 사이버스페이스에서 이루어지는 대다수의 발언들처럼 자신의 입장에 대한 일방적인 선언은 진정한 협의·숙의라고 하기 힘들다. 상호 토론을 통해 합리적 해결책을 발견하고 공동의 이익을 위해 자신의 이익을 포기할 줄도 아는 성숙된 시민문화가 전제되지 않는 한 공론장으로서의 사이버스페이스의 전망은 분명 한계에 부닥칠 수밖에 없다는 우려의 목소리가 나오고 있는 것도 이 때문이다.

셋째, 사이버스페이스에서 만들어지는 공론장은 시민사회의 강화가 아니라 역으로 시민사회의 약화를 결과할 수도 있다. 근대 초기 오프라인의 공론장은 참여자들 사이의 대면적 상호작용 속에서 사적인 친밀감이나 일정한 집합적 정체성을 기반으로 공공성을 표현하였다. 하지만 사이버스페이스에서의 커뮤니케이션은 이러한 사회적 관계의 토대가 없는 상태에서 이루어지는 경우가 많다. 즉 인터넷의 확산은 오히려 모든 커뮤니케이션을 분산시키며, 그 결과 지구적 의사소통의 공동체는 서로에게서 고립된 채 어지럽게 확대되는 경향을 띠게 될 가능성이 크다. 그래서 하버마스도 공론의 장을 위해서는 사람들이 서로 다른 곳에서라도 유사한 적합성을 갖는 주제에 관하여 동시에 말할 수 있는 의사소통의 구조가 있어야 한다고 지적하기도 했다. 공론장 사이의 상호 커뮤니케이션이 이루어지지 않는다면 공론장은 시민사회의 파편화(fragmentation)로 귀결될 수밖에 없다는 것이다.

이와 같이 사이버스페이스에 잠재된 공론장으로서의 가능성과 현재 네티즌들의 인터넷 이용 실태 사이에는 아직까지 커다란 간극이 존재한다. 결국 사이버스페이스를 통한 전자 공론장의 실현은 시민들의 합리적이고 적극적인 공론에의 참여로 이러한 간극을 줄여나가려는 노력이 이루어질 때야 비로소 가능한 일이라 하겠다.

제2절 연대 가설

사이버스페이스를 통해서 이루어지는 사회운동에 있어 빼놓을 수 없는 중요한 요소 중 하나는 집단과 집단, 개인과 개인, 그리고 집단과 개인 사이의 다양한 연대를 가능하게 해 준다는 점이다. 사이버스페이스는 지역적으로나 계층적으로 흩어져 있는 상이한 집단들이 공통된 이슈를 중심으로 모여서 정보를 공유하고 압력과 비판의 강도를 높이는데 유리한 조건을 제공한다. 즉 사이버스페이스를 매개로 한 연대는 기존에 지역적 · 계층적 범주 내에서 이루어지던 오프라인 운동에서의 연대와 달리, 각종 이질적인 구성원들 사이의 중층적이고 복합적인 연대가 손쉽게 이루어질 수 있다는 것이다. 나아가 사이버스페이스는 실제공동체와 가상공동체의 결합, 그리고 연대된 공동체 조직의 정치적 확장을 용이하게 해준다(한상진, 1995).

이러한 맥락에서 볼 때, 들뢰즈와 가타리(Deleuze & Guattari)

의 논의는 온라인 사회운동 과정에서 이루어지는 다각적인 연대 전략에 많은 시사점을 던져준다. 또한 멜루치(Melucci)는 사회운동 참여자들 간의 연대가 무엇을 매개로 이루어지는지에 대한 단서를 제공한다. 지금부터는 이들의 논의를 통하여 사이버스페이스가 온라인 사회운동 주체들 간의 연대에 어떠한 의미를 가지고 있는지 살펴보기로 하겠다.

1. 들뢰즈와 가타리의 '분자 운동'과 '횡단성의 정치'

들뢰즈와 가타리의 문제의식은 비록 과거와 같은 전체주의의 가시적 폭력이나 억압은 사라졌을지라도 현대 사회의 다양한 장 속에는 여전히 대중의 욕망을 왜곡하고 나아가 대중을 억압하고 소외시키는 은밀한 파시즘이 존재한다는 것에서 출발한다. 즉 오늘날의 파시즘은 미시권력이라는 새로운 형태로 가족, 학교, 인종주의 등 사회의 다양한 영역에서 발전하고 있으며, 그것은 사회적 장 전체에 걸쳐 파편적으로 흩어져 어디에서든 세력관계를 작동시킨다는 것이다(Guattari, 1977).

이들은 현대 자본주의의 미시적 파시즘을 혁파할 수 있는 사회운동의 전략으로 '분자 운동'과 '횡단성의 정치'를 제안한다. 분자 운동이란 각각의 분자적 개개인이 상이한 이해관계에 근거해 자신의 주변에 퍼져 있는 일상적 파시즘에 문제를 제기하고, 이것들이 마치 '눈덩이 효과'처럼 대규모로 모아지면서 보다 거시적인 사회문제로 확대 발전되어 나가는 것을 말한다. 그리고 횡단성이란 명령의 수직적 위계질서와 전통적 역할 분배를 거부하고 수평적인 관계를 수립해 나가는 한편, 이미 구획되어 있는 사회적 경계와 틀을 뛰어넘어 타인과 다른 집단 그리고 자신 외의 영역과 끊임없이 접촉을 시도하는 행위를 의미한다. 즉 일상적 영역에서 이루어지는 미시적인 분자 운동들과 그것들 간에 형성되는 횡단성의 정치가 바로 들뢰즈와 가타리의 새로운 사회운동 전략인 것이다.

분자 운동과 횡단성의 정치는 사이버스페이스를 통해서 보다 명확하게 드러난다. 사이버스페이스에서 나타나는 사회운동의 독특한 양상 중 하나는 오프라인에서의 일반적인 사회운동과 달리 특정한 현안문제에만 관심을 갖는 '단일현안 운동'이 활발하게 나타나고 있다는 점이다(윤영민, 2000). 자신의 관심사나 이해관계를 중심으로 의제를 설정하고, 사회운동을 전개함으로써 문제해결이나 대중적 설득을 도모하는 행위들은 사이버스페이스 곳곳에서 일상적으로 계속되고 있다. 빔버(Bimber, 1998)는 이렇게 모여진 사람들을 '현안 집단(issue group)'이라고 지칭하는데, 현안 집단은 현안 자체와 명멸을 함께 해야 하기 때문에 기존의 일반적인 운동단체들보다 훨씬 유동적이고 수명이 짧다고 말한다. 즉 현안을 중심으로 일시적으로 모였다가 현안이 해소되면 순식간에 흩어지는 '임시적 현안집단'인 것이다.

사이버스페이스의 임시적 현안집단에 참여하는 사람들은 계급이나 계층과 같이 획일적이고 총체적인 기준에 따라 조직된 몰적(molar) 집단[19]이 아니라 들뢰즈와 가타리가 언급한 분자적(molecular) 개인이다. 즉 자신의 일상적인 욕망의 흐름에 따라 각자의 생각을 자유롭게 표출하는 존재인 것이다. 그리고 이러한 분자적 개인 하나 하나가 연대를 형성하면서 그 사회적

---

19) 몰적(molar)인 것은 분자적(molecular)인 것과 대조적인 개념으로, 어떤 하나의 모델이나 특정 대상을 중심으로 모든 것을 집중해 가는 상태를 의미한다. 따라서 몰적 집단이란 계급이나 경제적 이해관계 같은 단일한 객관적 기준에 따라 움직이면서 개인의 다양한 욕망의 흐름을 가로막고 생성을 통제하는 집단을 말한다.

힘은 순식간에 눈덩이처럼 불어난다. 이때 사이버스페이스는 이들 분자적 개인들이 횡단성을 경험할 수 있게 해주는 매개체이다. 그들은 온라인 네트워크를 통해 자신이 속해 있는 지역, 계층 등 온갖 사회적 경계를 가로질러 오직 공통의 관심사나 이해관계를 중심으로 연대하는 것이다.

이처럼 사이버스페이스에서 이루어지는 횡단적 연대는 들뢰즈와 가타리가 『천개의 고원』(Deleuze & Guattari, 1980)에서 언급했던 수평적이고 유동적인 '리좀 모델(rhizome model)' 바로 그것이다. 리좀(rhizome)이란 뿌리가 없는 식물을 의미하는 것으로서, 나무유형의 뿌리가 있는 식물, 즉 수목(arborescent)과 대비되는 개념이다. 어느 한 지점에 뿌리를 박고 있는 수목은 위계적 질서의 체계를 갖고 있다. 따라서 수목적 구조 속의 개인은 권력에 포획됨으로써 사회의 지배적 질서를 내면화하고 그것에 포섭되는 '정착민(sedentary)'적 존재로 남는다. 반면 리좀은 중심이 없이 유동적으로 뻗어나가면서 끊임없이 새로운 연결을 만들어낸다. 그리고 리좀적 네트워크 속의 개인은 기존의 사회질서에 포섭되지 않고 끊임없이 변화하면서 새로운 가치를 창출해가는 능동적 주체인 '유목민(nomad)'적 존재인 셈이다.

수목이 '경직의 선(rigid line)'이라면 리좀은 '유연의 선(supple line)'이다. 그리고 이 수목으로부터 뿌리를 제거하고 욕망의 자유로운 흐름을 추구하는 움직임을 들뢰즈와 가타리는 '탈주의 선(escape line)'이라고 명명하면서, 사물에 특정한 코드를 부여하기보다는 그들의 욕망의 자유로운 흐름 속에서 마치 '천개의 고원'처럼 분절적인 복수의 코드와 영토를 구성하고자 하는 것이다.

특히 들뢰즈와 가타리는 이러한 욕망을 자유롭게 분출하고 사회의 지배적 질서에 맞설 수 있는 사람을 소수자라고 정의하고 있다. 여기서 소수자란 단지 수적으로 소수의 사람이 아닌 다수자의 권력에 저항하고 욕망의 탈주 선을 따라 행동하는 주변적 존재들을 지칭하는 개념이다. 권력을 가진 다수자들이 권력에 포획되어 사회의 지배적 질서를 내면화하는 '정착민'적 존재라면, 바로 이들 소수자들이야말로 자신들이 직면하고 있는 현실에 대해 문제를 제기하면서 권력과 국가장치에 맞서 새로운 사회적 질서와 가치를 만들어내는 '유목민'적 존재인 것이다.

〈표 3-2〉기존의 사회운동과 새로운 사회운동 전략 비교

	기존의 사회운동	새로운 사회운동
정치 양식	거시정치	미시정치
주체	몰(molar)적 집합체 정착민(sedentary)	분자적(molecular) 개인 유목민(nomad)
사회 구조/ 조직 양상	수목적(arborescent) 전체주의 수직적 위계질서	리좀적(rhizome) 네트워크 수평적 네트워크

이런 측면에서도 사이버스페이스는 사회적 소수자들이 다원화된 사회에서 작동하는 미시 권력의 억압에 저항하는데 있어 매우 효과적인 연대의 수단으로 작용한다. 조직, 자금 등의 자원의 부족과 사회적 냉대에 시달리는 사회적 소수들이 자신과 유사한 입장에 있는 다른 개인들을 찾아내고, 네트워크를 형성하며, 나아가 정치적 동원을 하는데 사이버 공간은 매우 유용하게 활용될 수 있다(김철규 1998). 사이버스페이스는 원자화된 시민들을 집결시키고 있는 것이다.

그래서 뢰이(Wray, 1998)는 들뢰즈와 가타리가 제시한 리

좀 모델을 곧바로 사이버스페이스에 적용시킨다. 즉 리좀 모델이 인터넷의 수평적 연결과 유사한 점에 착안하여, 인터넷은 중앙집중적 권력을 부정하는 다양한 개체들 간의 수평적 연대와 결속을 통해 강력한 저항을 조직할 수 있게 해 준다고 말하고 있는 것이다.

리좀적 네트워크를 통해 사회운동에 참여하는 주체 집단은 다른 집단이나 영역과 대화나 상호 간섭을 통해 끊임없이 접합을 시도하면서 현안에 대한 문제의식이나 목표를 공유한다. 뿐만 아니라 이들 사이에는 새로운 의미가 창출되고 이를 확산시켜 나가면서 집합적 정체성이 형성되기도 한다. 그리고 바로 이 지점에서 멜루치와의 접점이 생성된다.

2. 멜루치의 '집합적 정체성'과 '의미의 네트워크'

들뢰즈와 가타리의 논의를 통해 사이버스페이스에서 '누가 어떤 방식으로' 연대를 맺는가를 탐색해 볼 수 있다면 멜루치(Melucci, 1989)의 가장 핵심적인 개념인 '집합적 정체성(Collective identity)'은 이러한 사이버스페이스에서의 연대가 무엇을 매개로 하여 이루어지는가에 대한 중요한 실마리를 던져준다.

주지하다시피 멜루치는 신사회운동론의 대표적인 이론가 중의 한 사람이다. 신사회운동은 1970년대 이후 서구에서 산업화와 도시화를 바탕으로 한 소비사회가 도래 하면서 태동된 것이다. 소비사회로의 진입은 시민들의 일상생활을 파편화하고 소외의식을 증대시켰다. 따라서 신사회운동에서는 일상생활 자체를 주요한 정치적 주제로 상정한다. 즉 과거 사회운동의 궁극적 관심이 '해방'이었다면, 신사회운동의 관심은 '삶'에 맞추어져 있는

것이다(Giddens, 1991).[20)

특히 멜루치는 신사회운동의 발생 배경을 정보사회가 갖는 통제의 위협으로부터 찾고 있다. 그는 후기 산업사회에서의 축적 메커니즘은 복합적 조직체계의 조작과 정보에 대한 통제 등 관료적 체계에 의해 이루어진다고 본다. 이에 따라 멜루치는 새로운 사회운동에서는 사적 영역과 공적 영역의 분리가 나타나지 않고 일상을 구성하는 모든 것이 운동의 영역이라고 말한다. 즉 정보사회 속에서 개인과 집단들은 자신 및 자신의 삶의 공간을 규정짓는 정보자원을 할당받는 동시에, 그 같은 과정을 규제하는 사회통제는 공적 영역을 넘어 개인들의 행동의 의미가 형성되는 영역까지 침투한다는 것이다. 따라서 전통적으로 사적인 것(육체, 성, 정서적 관계) 또는 주관적인 것(인지적·감정적 과정, 동기, 욕망), 심지어는 생물학적인 것(두뇌구조, 유전학적 코드, 생식능력)으로 간주되던 차원들이 사회적 통제와 조작의 대상이 된다(박형신, 2000).

그 결과 정보와 의사소통적 자원의 생산에 가장 직접적으로 관여하는 체계 영역으로 갈등의 발생 지점이 옮겨지고, 자아정체성의 방어와 연속성, 그리고 개인적 존재의 예측 가능성이 점차 새로운 갈등의 소재를 구성한다(Melucci, 1994). 따라서 정보화가 진행될수록 사회적 상징이나 담론을 둘러싼 경쟁의 중요성은 더욱 높아지며, 개인들은 점점 더 자기 정체성을 실현

---

20) 해방의 정치가 ① 전통과 관습의 굴레로부터 사회생활이 해방되는 것이고 ② 착취, 불평등, 억압의 감소 또는 제거가 목표이며 ③ 정의와 평등 그리고 참여윤리가 제시하는 절대 명령에의 복종으로 특징지어진다면, 삶의 정치는 ① 삶의 양식에 관련된 정치이고 ② "우리는 어떻게 살 것인가"라는 이슈를 후기 근대의 실존적 문제들과 연결지어 동원하려 하며 ③ 자아의 성찰적 기획에서 유도되는 토론과 항의의 정치라고 하겠다(박형준, 2001).

하기 위한 권리를 요구하게 된다. 새로운 사회운동은 물질적 생산구조를 바꾸기 위해서가 아니라 자율성과 정체성을 위해 싸우는 것으로 운동의 방향이 바뀌었다. 저항의 뿌리는 생물학적, 심리학적 수준 그리고 인간적 관계 수준에서의 정체성에 대한 요구와 정체성의 방어에 놓여진다. 상징적 부호, 정체성 주장 및 개인적이거나 표출적인 요구 등의 영역에서 새로운 사회운동이 발생하게 된다는 것이다.

> 성적 관계, 대인관계, 생물학적 자기 정체성 등 이전에는 개인적인 교환과 보상의 영역이었던 것이 이제는 다양한 갈등 상황의 투쟁목표가 되었으며 집합행동의 무게가 된다. 동시에 공적이고 정치적인 영역이 개인적인 필요와 요구의 압력의 지배 아래 놓이게 된다. 탄생과 사망, 병듦과 나이 듦이 모두 집합행동을 동원할 수 있는 중요한 지점이 된다. 이러한 주제들이 공적 갈등의 장으로 돌아오고 그와 동시에 여러 집단들이 요구하는 재소유의 대상이 되어 간다. 성과 육체, 여가, 소비재, 자연과의 관계 등이 모두 이제 더 이상 사적인 보상의 장소가 아니라 집합적인 저항의 장소이며 질서를 지키는 기관들의 수단합리성에 대립하여 제기된 표현과 즐거움을 요구하는 장소가 되었다(Melucci, 1980, 정수복, 1993: 153에서 재인용)

멜루치는 아예 사회운동 자체를 행위자들이 의미를 창출하며 의사를 소통하고 협상하여 의사를 결정해 나아가는 과정이라고 규정한다. 그리고 이 과정에서 사회운동에 참여하는 행위자들의 집단 내부에서 '집합적 정체성'이 형성된다(임희섭, 1999). 집합적 정체성이란 다수의 개인들이 상호작용을 통해 사회운동의 목표와 수단 및 환경에 대한 정의를 공유해 나아가는 과정을 의미한다. 즉 행위자들이 스스로를 동일성(unity)과 연속성(continuity)을 지닌 행위자로 정의하고 자신과 환경과의 관계를 정의할 수 있을 때 비로소 사회운동을 만들어 나갈 수 있게 된다는 것이다.[21]

그렇다면 사회운동에 참가하는 개인들 사이에 집합적 정체성은 어떻게 형성되는가? 멜루치는 "다양한 행위지향성을 가진 행위자들 간의 상호작용을 통한 협상(negotiation)과 적응(adaptation)의 과정을 통해서"라고 말한다. 보다 구체적으로 행위자들은 다음의 세 가지 차원에서 행위지향들을 서로 조정하고 협상함으로써 '우리'라는 집합적 정체성을 형성한다는 것이다. 즉 ① 행동의 목표(ends)와 관련된 행위지향들(행동이 자신들을 위한 행동이라는 인식), ② 행동의 수단(means)과 관련된 행위지향들(행동의 가능성과 한계에 대한 인식 ③ 환경(environment)과의 관계에 대한 행위지향들(행동이 일어나는 장에 대한 인식)을 끊임없이 조정하고 협상하고 유지해 나아가는 것이 집합적 정체성이 형성되는 과정이라는 것이다(임회섭, 1999).

결국 멜루치가 강조하려는 것은 다양한 행위지향 안에서의 협상적 상호작용을 통해 개인들이 집합행위자로 자신을 정의하

---

21) 사회운동의 참여자들 사이에 형성되는 집합적 정체성의 중요성은 다른 신사회운동론자들의 논의에서도 부분적으로 발견된다. 오페(Offe, 1993)는 "과거 사회운동에서의 행위 주체는 집단의 이해관계에 따라 활동하고 분배상의 갈등에 관계하는 사회경제적 집단이었다면, 신사회운동의 행위 주체는 집단으로서가 아니라 귀속적인 집합성을 위해 활동하는 개인들이다"라고 하며, 그래서 투렌(Touraine, 1992)은 "신사회운동에서는 행동 자체가 목표로 되는 경향이 크다. 참여자들은 그들이 수행하는 임무의 역사적 사명의식보다는 운동 자체의 경험에서 더 많은 성취감을 얻는 것이다"라고 말한다.

게 되는 과정의 중요성이다. 행위자들은 이 과정에서 아무리 덜 조직되었다 하더라도, 그들의 행위를 구성하며 의미를 생산할 뿐 아니라 서로 간에 일정한 '의미의 네트워크'를 구축한다고 보는 것이다.

의미의 네트워크란 사회운동의 행위자들 간에 형성된 집합적 정체성을 공통분모로 하여 연결된 능동적인 관계의 망이라 할 수 있다. 즉 운동에 참여하는 행위자들이 정보의 교환과 해석적 의사소통에 의해 서로 연결되어 있는 상태를 말한다. 의미의 네트워크는 행위자들이 특정 조직의 성원으로 강한 집합적 정체성에 의존하기보다는 행위자들 자신의 사적·공적 생활의 자율적 결합을 통해 느슨하게 연결된 수평적 조직이다(박형준, 1995). 기존에 이미 형성되어 있는 해석 틀에 맞추어 의미를 부여하고 정체성을 형성하는 것이 아니라, 스스로가 의미 구성의 주체로서 직접적인 참여의 형식을 취하는 것이다. 또한 의미의 네트워크는 여기에 포함된 다양한 집단들이 특수한 이슈들에 대해 일시적으로만 반응하여 동원된다. 멤버십은 다원적이고, 개입은 제한적이며 일시적이다. 즉 개별적 관여가 참여의 조건이 된다(Melucci, 1989).

3. 연대 가설의 적용 가능성

멜루치가 말한 의미의 네트워크는 집합적 정체성을 형성하고 사회운동에 참여하고 있는 유형의 네트워크에 한정된다. 하지만 의미의 네트워크는 사이버스페이스를 통해서 그 영역이 대폭 확장될 수 있다. 즉 유형의 네트워크뿐 아니라 사이버스페이스를 매개로 언제든지 즉각적인 연대가 가능한 무형의 잠재적 네트워크를 주목할 필요가 있는 것이다(박형준, 1995).

시공간의 한계를 초월하여 정보의 확산이 이루어지는 사이버 스페이스에서는 특정 정보를 순식간에 보편적인 정보로 만들어 버린다. 또한 네티즌들은 단순히 정보의 소비자에 그치지 않고 일정한 수준에서 이를 해석하고 전달하며 새로운 의미를 창출 해내는 능동적 주체로서의 자격을 획득하고 있다. 따라서 사이 버스페이스에서는 집합적 정체성이 형성되는데 소요되는 협상 과 적응의 과정이 대폭 축소되는 동시에, 의미의 네트워크를 구 성하는 행위자들의 범위는 무제한적으로 확장되는 효과가 나타 난다.22)

이처럼 온라인 사회운동은 새로운 집합적 정체성을 낳는다. 과거의 사회운동처럼 실질적 조직에 의해 담보되는 정체성이 아니라 유형 무형의 네트워크에 의해 의사소통적 연대에 기초

---

22) 연대의 범위는 국민국가의 경계선을 넘어 전 지구적 영역으로 확산되 기도 한다. 물론 사이버스페이스 출현 이전에도 사회운동 단체들이 일상적인 활동범위를 벗어난 현안에 대해 관심을 갖지 않았던 것은 아니지만, 지역적 활동범위를 갖는 단체는 지역적 현안이나 기껏해야 민족적 현안에 대해서만 관심을 가졌지 지구적 현안에 대해서 관심을 갖는 경우는 극히 예외적이었다. 그러나 사이버스페이스에서는 공간 의 제약을 초월하여 커뮤니케이션이 가능하기 때문에 사회운동단체들 은 기존의 활동범위를 넘어 보다 다양한 현안에 관심을 가질 수 있게 되었다는 것이다. 특히 오늘날 정보화와 한 쌍을 이루는 세계화의 본 질 가운데 하나는 자본의 세계화이며, 이러한 초국적 자본의 세계화 에 대응하는 사회운동의 세계화가 사이버 공간을 통해 빠르게 성장하 고 있다. 아직 그 영향력이 크다고 보기 어렵다 하더라도 사이버 공 간을 통해 지구적 시민운동의 연대를 활성화하는 것은 신자유주의적 세계화가 가속화되고 있는 현실을 지켜 볼 때 매우 중대한 과제라 할 수 있다(조효제, 2000). 즉 사이버스페이스를 현실세계 지배세력들 의 침입으로부터 방어하고, 또 그것이 진정한 커뮤니티로 새롭게 탄 생되어 현실세계로부터 해방되기 위해서는 전 지구적 시민사회의 네 트워크를 사이버스페이스에 강력하게 구축해야 한다는 요구가 제기되 고 있는 것이다.

한 유동적이고 느슨한 정체성을 형성하는 것이다. 사이버스페이스의 사회적 비중이 커질수록 의미의 네트워크가 사회운동에서 차지하는 비중 역시 점점 더 커질 것이다. 비록 물리적 압력의 행사라는 측면에서는 한계를 갖지만, 반면에 비판적 담론의 사회적 확산이라는 점에서는 대단히 폭넓은 토대를 확보해 낼 수 있는 것이다.

물론 사이버스페이스를 통한 연대에는 분명 나름의 한계가 있다. 효과적인 운동을 위해서는 참여자들 사이의 친분을 통해 의식을 공유하고 서로의 관계에 대해 장기적 전망을 공유하는 것이 필요하다. 오프라인에 기반을 둔 사회운동은 이념이나 목적을 위해 사람들을 모으고 이 공동의 목적과 개인의 가치가 상호작용하거나 마찰을 일으키면서 이것이 개개인으로 하여금 운동에 더 깊숙이 간여하거나 헌신하는 계기를 마련해 준다.

하지만 온라인 사회운동에서는 이러한 친분과 안정적인 관계가 유지되기 어렵다. 온라인을 통한 사회운동은 참여자 개개인이 가지고 있는 취향과 지향점이 합쳐져서 운동의 방향을 결정한다. 이렇게 느슨하게 구성된 공동체는 개개인의 취향이나 지향점과 거리가 있는 운동을 위해서 재조직되기는 어렵다(Bimber, 1998). 즉 참여하는 것도 쉽지만 빠져나가는 것도 그만큼 쉬운 것이 바로 온라인 사회운동이다. 지속적인 면대면 커뮤니케이션을 통해 신뢰 관계가 형성되는 오프라인에서와 달리 익명의 네트워크로 형성되는 사이버스페이스에서의 연대는 분명 느슨하고 약한 연대임에 틀림없는 것이다.23)

---

23) 그래서 콜록(Kollock, 1997)은 원활한 연대를 위한 조건으로 구성원 상호 간에 깊은 신뢰 관계가 유지되어야 하며, 이를 위해서는 ① 미래에 다시 만날 가능성 ② 서로에 대한 인지도 ③ 다른 개인의 참여 역사에 대한 정보 축적도 등이 높아야 한다고 말한다.

제3절 동원화 가설

1. 자원동원론

지금까지 살펴본 공론장 가설이나 연대 가설에서는 사이버스페이스가 네티즌 대중의 자발적인 참여와 결합을 촉진시켜 줄 것이라는 점에 강조점이 놓여있었다. 즉 네티즌은 정부나 기업 등에 직접 자신의 주장을 제시하거나, 또는 스스로의 연대를 통해 그 영향력을 확대시킬 기회를 확보하게 된 것이다. 따라서 지금까지 일반 시민들과 정부나 기업 사이를 이어주던 시민단체나 이익단체와 같은 매개집단은 더 이상 필요 없게 된다. 그래서 사이버스페이스의 발달로 가장 큰 피해를 입은 것은 정치적 매개집단이라는 주장도 제기된다(Grossman, 1995).

이에 반해 동원화 가설은 사회운동은 주체집단의 기획에 의해 '만들어지는 것'이며, 사이버스페이스는 이러한 의도된 동원을 효과적으로 수행할 수 있도록 기여하는 것으로 설정된다. 따라서 동원화 가설에서는 조직화된 매개집단의 역할이 오히려 한층 강화되는 것이다.

동원화(mobilization)란 특정집단이 집합적 행위를 위해 필요로 하는 자원에 대해 집합적 통제를 가능케 하는 과정을 지칭한다. 그리고 자원동원 이론에 따르면 사회운동에서 무엇보다도 중요한 점은 집단에 의해 통제 가능한 자원이다. 즉 사회운동이란 단지 발생요인만 존재한다고 해서 자연발생적으로 출현하지 않는다는 것이다. 그것은 누군가가 의도적으로 조직하고 동원해야만 한다. 사회운동의 발생 요인을 사회변동에 따른 구조적 긴장이나 개인적인 불만의 증가로부터 찾았던 고전적인 사회운동론들과 달리 자원동원 에서는 이러한 요인들은 이차적인 문제일 뿐이라고 주장한다. 사회적 불만이나 변동을 지향하는 신념을 가진 사람들은 어느 사회에나 항상 존재하며, 따라서 사회운동의 발생과 전개과정은 축적된 사회적 불만의 양보다는 자원동원의 가능성 여부와 그 정도에 의해 결정된다는 것이다(임희섭, 1999).

불만은 사회운동에 필요조건이긴 하지만, 이는 어디까지나 권력관계의 변화에 의해 설명되거나 아니면 사회제도 속에서 형성된 구조적인 이익갈등의 측면에서 설명되어야 하는 것이다. 따라서 불만이란 상대적으로 불변하는 요소일 뿐이다. 오히려 집단이 가지고 있는 유형·무형의 자원, 조직, 집합행동의 기회 등과 같은 요인들이 사회운동의 발생을 결정하는 주요 변수로 작용하는 것이다(Tilly, 1978; Oberschall, 1978). 따라서 사회운동이 형성되는 데 가장 중요한 요소는 자원의 이용가능성 정도이다. 자원동원 이론의 설명을 좀 더 구체적으로 정리해 보면 다음과 같다.

첫째, 운동행위들은 서로 다른 행위노선들의 비용과 보상에 관계된 합리적이고 순응적인 반응이다.

둘째, 사회운동의 기본적인 목표는 제도화된 권력관계에서 만들어진 이익갈등에 의해 규정된다.

셋째, 그와 같은 갈등, 즉 사회운동의 형성과 동원화는 자원, 조직, 집행적 행위의 기회 등에 의해 결정되며 이러한 갈등이 만들어내는 불만은 어디에나 편재하고 있는 현상이다.

넷째, 집중화되고 공식적으로 구조화된 사회운동은 현대 사회운동에서 더욱 전형적이라고 할 수 있으며, 분산되고 비공식적인 운동구조보다 자원의 동원과 운동의 유지에 훨씬 더 효과적이다.

84

다섯째, 사회운동의 성공은 대개 전략적인 요인들과 사회운동이 처한 정치적 과정에 의해 결정된다(Jenkins, 1983; 조대엽, 1999: 77에서 재인용).

이와 같이 사회운동이 "왜(why)" 나타나는가에 관심을 두는 신사회운동론과는 달리 자원동원 이론에서는 운동이 "어떻게(how)" 전개되는가에 관심을 두고 있다. 그리고 그것을 참여자들의 합리적 선택에 근거하여 설명하고 있는 것이다. 즉 참여자들이 지니는 성공의 가능성에 대한 기대가 사회운동의 중요한 요인으로 작용하며, 그 성패는 결국 투입되는 자원의 양과 질에 달려 있는 것이다.[24]

물론 사회운동의 참여자들이 전적으로 자기 이익에 대한 합리적 계산에 의해서만 움직이는 것은 아니다. 여기에는 참여자들의 내면적 가치나 감정의 맥락이 작용하며, 그래서 동원화의 주된 과제는 집합체로의 연대성과 도덕적 실천을 만들어 내는 일이다(조대엽, 1994). 이를 위해서는 무엇보다도 사회운동에 투입되는 비용 중 상당 부분을 일반 시민들과의 커뮤니케이션에 사용하여야 할 것이다. 집단의 동원능력은 대개 기존의 조직화 수준에 의해서 결정되며, 높은 수준의 조직화를 이끌어내는 관건은 바로 집단 간의 성원들에게 있어 강한 동질의식과 개인 간의 친밀한 네트워크이기 때문이다(Tilly, 1978).

---

24) 이는 자원동원 이론이라는 명칭을 처음 제안한 매카시와 잘드(McCarthy & Zald, 1973)의 논의를 사회운동의 '기업가론(entrepreneurial theory)'적 관점이라고 부르는 데에서도 잘 드러난다.

2. 동원화 가설의 적용 가능성

오프라인 공간의 사회운동에서는 불특정 다수의 개인들을 동원하는 과정에서 투입되는 자원의 양과 그러한 자원을 획득하는데 많은 비용이 소요되었다. 그러나 사이버스페이스는 바로 운동 조직과 시민 대중과의 커뮤니케이션 비용을 대폭 낮춤으로써 극히 적은 자원의 투입만으로도 효과적인 조직화와 동원을 이루어 낼 수 있게 해줄 것으로 기대된다. 사이버스페이스를 통한 동원의 이점을 보다 구체적으로 살펴보면 다음과 같다.

첫째, 사이버스페이스에서는 전문화되고 개별적인 이익들이 쉽게 결집될 수 있다. 기존 사회운동 단체들의 경우에는 보편적이고 추상적이고 거시적인 이해를 반영하는 집단의 대표성만을 강조해왔다. 하지만 사이버스페이스에서는 아주 좁은 범위를 이해를 중심으로 세분화된 집단이 결집할 수 있는 가능성이 높다(염재호, 2000). 어떤 공통의 관심사와 운동의 요구가 발생하면 인터넷의 네트워크를 통해 순식간에 엄청난 인원을 동원해 낼 수 있다는 점에서 그 잠재력은 실로 대단하다고 할 수 있다.

둘째, 사이버스페이스는 참여의 용이성을 높인다. 즉 사이버스페이스를 통한 조직의 참여는 아주 적은 시간이나 물질의 투입을 통해서도 가능해진다. 오프라인에서는 참여에 따른 제반 비용이 과다하게 요구될 뿐 아니라 익명성이 보장되지 않기 때문에 개인적으로 위험 부담까지 감수해야 한다. 하지만 사이버스페이스에서는 참여와 탈퇴가 개인의 능동적인 선택에 의해 얼마든지 손쉽게 이루어지며, 지극히 낮은 비용만으로도 조직의 활동에 참여할 수 있다.

셋째, 사이버스페이스를 통해서 사회운동의 목표 대상에 손쉽게 접근할 수 있다. 사이버스페이스는 탈공간적·초경계적 공간이다. 누구나 이용가능하고, 어디든지 들어갈 수 있으며, 따라서 상당부분 사적인 영역을 넘어선 공공성을 갖고 있다. 사이버스페이스에서는 누구든 청와대 앞마당에 들어가서 소리를 지를 수 있고, 대기업의 홈페이지에 들어가 소비자로서 항의의 메시지를 보낼 수 있다.

넷째, 사이버스페이스는 동시성과 신속성을 갖고 있기 때문에 참여자의 행위에 대한 피드백이 곧바로 나타난다. 따라서 운동과정의 접근이 직접적으로 이루어짐으로 참여자들의 소외의식이 줄어들고, 자신의 행위에 대한 반응을 즉각적으로 확인할 수 있다.

다섯째, 사이버스페이스를 매개로 한 다른 집단과의 유연한 연대가 가능하다. 온라인 네트워크는 다양한 개별 집단과의 연대조직 형성을 용이하게 해준다. 따라서 현안별로 이해관계에 따른 임시적 연대를 이루고, 현안이 해소되면 다시 개별 조직으로 환원될 수 있는 유연성이 있다.

여섯째, 사이버스페이스를 이용한 조직의 구성 및 운영이 용이해진다. 오프라인을 근간으로 조직을 구성하는 경우에는 복잡한 절차와 많은 시간, 그리고 구성원의 물리적 참여가 요구된다. 하지만 사이버스페이스에서는 이해를 공유하는 사람들을 중심으로 손쉽게 조직을 구성할 수 있다. 또한 조직 운영에 필요한 제반 비용도 대폭 절감할 수 있으며, 온라인 모금 등을 통하여 자금조달도 용이하게 할 수 있다.

제도화된 권력에 도전하기 위한 사회운동의 성공적인 동원은 분명 방대한 시간, 자원 및 지속적인 헌신, 분명한 목적의식, 그리고 험난한 장애에 대처하는 탄력적인 행동방향 등을 요구한다. 사이버스페이스는 이러한 요구들을 해결할 수 있는 효과적인 대안인 것이다. 특히 지금까지 인력, 재정 등 제반 동원비용의 부족 때문에 오프라인 활동에 많은 제약을 받았던 사회운동 단체들이 사이버스페이스를 통해 보다 많은 활동 기회를 갖게 될 것으로 전망된다(윤영민, 2000).

뿐만 아니라 자원동원 이론에서는 폐쇄적 발전체계 내에서 불만이 사회운동에 이르는 과정을 인과적으로 설정한 고전적인 사회운동 이론들과 달리 사회운동의 외부집단에 의해 구조화된 기회와 비용을 적극적인 설명변수들로 사용하고 있다(조대엽, 1999). 사회운동의 지속과 성공을 위해서는 공식적 집단과 그 외부의 비공식적 집단 간의 일정한 결합을 통해 안정된 자원이 지속적으로 투입되어야만 하는 것이다. 여기서도 사이버스페이스가 사회운동의 주체들이 외부집단에 의해 안정된 자원을 지속적으로 투입 받을 수 있는 효과적인 통로라는 점에서 사회운동의 성공기회를 확장시켜 줄 것이라는 가설이 성립될 수 있다.

제4장 서구의 온라인 사회운동

　사이버스페이스는 결코 현실세계의 권력관계나 문화적 제약으로부터 완전히 자유로울 수는 없다. 그러나 적어도 현실의 질서에 중대한 변화를 일으킬 수 있는 진원지가 될 수는 있다. 물론 현실세계와 마찬가지로 사이버 시민사회를 이끌어 나가는 것은 여전히 인간의 능동적인 실천이다. 기술 그 자체가 사회를 결정짓는 것은 아니다. 사이버스페이스가 전자적 시민사회라는 새로운 영역을 만들어 내었다면, 이러한 공간이 어떠한 모습을 갖추고 어떤 방향으로 나아갈 것인가는 결국 인간의 의식적인 행위에 의해서 결정지어진다. 그리고 여기서 가장 핵심적인 문제는 사이버스페이스 시민들의 사회적 참여이다.

　날로 압력이 강해지는 사이버스페이스에 대한 국가의 개입과 규제 의지, 갈수록 더해 가는 사이버스페이스의 상업화 경향, 그리고 사이버 시민사회 내부의 각종 일탈과 혼란에 이르기까지 네티즌들의 적극적인 사회 참여를 필요로 하는 영역은 이루 헤아릴 수 없이 많다. 온라인 사회운동은 바로 이 지점에서 출발한다. 그러면 지금부터 가장 으식적이고, 또 가장 조직적인 형태의 시민 참여로서의 온라인 사회운동은 지금까지 어떠한 과정을 거치면서 성장해 왔고, 또 현재 사이버 시민사회 내에 어떠한 지형도를 그리고 있는지 살펴보도록 하겠다.

　서구의 경우 인터넷과 사회운동의 결합은 인터넷의 보급 초기 단계부터 모색되어져 왔다. 어찌 보면 인터넷의 보급 과정 자체가 사회운동의 과정이었으며, 인터넷이 대중적으로 사용된 것 자체가 사회운동의 결과라고도 할 수 있는 일이다. 그래서 피에르 레비(P. Levy, 1997)는 인터넷의 개척기를 이렇게 묘사하기도 했다.

　　"사이버 공간을 확대시킨 사람들은 유명 인사들과 국가 원수 혹은 그 미디어가 귀에 못이 박히도록 떠드는 대기업 사장들이 아니라, 대부분 익명의 사람들이며, 끊임없이 통신 소프트웨어 도구를 개선하는데 몰두한 무상 협력자들이다

　　　　…… 중략 ……

　　맨 처음 전자 우편과 포럼이 기능하도록 노력한 기술자들, 컴퓨터 간의 통신 소프트웨어를 개발·보급·개선한 학생들, 그리고 수천의 사용자와 전자 게시판 관리자들의 공로도 인정해야 할 것이다. 사이버 공간의 상징이자 꽃인 인터넷은 국제적 협력의 가장 빛나는 예 가운데 하나이며, 이것은 아래로부터 자발적으로 발생한 운동의 기술적 표현이자 수많은 지역의 이니셔티브에 의해 끊임없이 충전되고 양분을 공급받는 커뮤니케이션의 장이다"(P. Levy, 1997, 김동윤/조준형 역, 2000: 177~178).

　그러나 온라인 사회운동이 본격화된 것은 1980년대 이후이다. 인터넷의 대중적 보급 이후 온라인 사회운동의 대상과 지평은 점차 확장되어 가기 시작했고, 현재 크게 전자적 저항운동, 사이버 자유주의 운동, 정보 공동체 운동이란 3가지 노선으로 분화되어 있다. 전자적 저항운동의 초점은 현실세계에, 사이버 자유주의 운동의 초점은 사이버스페이스에 그리고 정보 공동체 운동의 초점은 다름 아닌 '정보' 그 자체에 놓여져 있다는 점에서 크게 구분된다.

제1절 전자적 저항운동

인터넷 시대가 도래 하면서 사회운동가들은 인터넷을 자신들의 운동에 활용할 수 있는 방안에 대하여 고민하게 된다. 이들이 가장 먼저 인터넷을 활용했던 용도는 운동가들 혹은 운동 집단들 간의 효과적인 커뮤니케이션 수단이었다. 유즈넷 뉴스그룹, 사설 BBS, 전자우편 혹은 상용 통신망에 개설한 CUG(Closed User Group, 폐쇄이용자그룹) 등을 통하여 서로 정보나 자료를 주고받고 연락을 나누는 통로로 인터넷이 활용되는 것이다.

그러나 일부 사회운동가들은 이와 같은 소극적인 인터넷 이용에 만족하지 않고 보다 적극적인 활용 방안을 모색하게 된다. 즉 자신들의 운동이념을 널리 전파하고, 대중들을 폭넓게 동원·조직해내며, 나아가 사이버스페이스 안에서 직접적으로 압력을 행사하고 실천을 이끌어내기 위한 움직임들이 나타나기 시작한 것이다. 이처럼 사이버스페이스를 현실세계의 변혁을 위한 진지이자 도구로 활용하는 사회운동의 다양한 활동들을 총칭하여 '전자적 저항운동'이라고 총칭하겠다.

보다 구체적으로 전자적 저항운동가들이 사이버스페이스를 활용하는 방식은 다음의 세 가지로 분류된다.

첫째, 인프라 전략이다. 사회운동을 전자적으로 확장시키기 위한 정보통신 기반을 구축하는 것을 말한다. 즉 ① 부문별 사회운동에 관련한 각종 자료와 정보들의 DB를 만들어 제공하고 ② 운동단체나 활동가들 간의 원활한 커뮤니케이션이나 연대를 위하여 접근 가능한 네트워크를 구축하는 등의 행위이다.

둘째, 미디어 전략이다. ① 정부나 일반 시민들에게 자신들의

주장을 직접 전파함으로써 대중들의 각성을 촉구하며 ② 구체
적인 현안에 대한 대중들의 토론을 이끌어 냄으로써 공론을 형
성하여 압력을 행사하는 행위이다.

셋째, 동원화 전략이다. ① 사회운동에 필요한 인적·물적 자
원을 사이버스페이스를 통해 조직·동원해 내고 ② 각종 온라
인 캠페인을 통하여 대중들을 사회운동의 실천의 장에 직접 참
여시키는 행위이다.

그러면 전자적 저항운동에 입각한 활동을 전개하고 있는 대
표적인 운동사례들을 몇 가지 만나보자.

1. 세계통신기구(IGC: Institute for Global Communications)

IGC는 각종 사회운동 단체들의 네트워크의 네트워크이다. 이
들은 세계 각지의 사회운동 단체들에게 접근 가능한 네트워크 도
구를 개발하고 제공해 줌으로써 환경의 지속가능성, 인간과 노동
자의 권리, 비폭력적 분쟁의 해결, 사회적 경제 정의, 여성의 평
등성 확장 등을 목표로 하고 있다. 이를 위하여 IGC는 PeaceNet
(평화), EcoNet(환경), ConflictNet(분쟁), LaborNet (노동),
WomansNet(여성)이라는 다섯 개의 하부 네트워크를 구성하고 있
는데 그 각각의 내용을 간략히 소개하면 다음과 같다.

　　·PeaceNet-인종주의와의 투쟁, 인간의 권리, 사회
　　적·경제적 정의, 군비 축소 및 평화 유지 등의 영역에
　　서 사회운동에 참여하는 개인 및 조직을 위한 네트워크
　　이다.

· EcoNet – 환경의 보전과 지속을 위한 사회운동에 참여하는 개인 및 조직을 위한 네트워크이다. 반핵 운동과 관련한 각종 자료를 제공하며, 세계 각국 환경단체들의 DB를 구축·제공하고 있다.

· ConflictNet – 세계 각지 분쟁의 건설적인 해결을 위해 노력하는 단체들의 네트워크이다.

· LaborNet – 노동단체들의 네트워크이다. 각국 노동조합들의 노동운동을 지원한다.

· WomansNet – 여성의 권리 증진을 목적으로 하는 여성운동가들과 여성단체들의 네트워크이다. 특히 네트워크 도구에 대한 여성들의 인식을 증가시키기 위해 노력하며, 여성들의 원활한 인터넷 이용을 위한 교육과 훈련을 제공하고 있다.

(www.igc.org)

2. 진보통신연합(APC: Association for Progressive Communications)

APC는 비정부기구(NGO)와 활동가들을 위한 범지구적 인터넷 네트워크로서 '환경, 인권, 발전, 평화를 위한 전 지구적 인터넷 공동체'를 모토로 1987년에 설립된 단체이다. APC는 현재 133개국의 사회운동 네트워크에서 제공하고 있는 26개의 회원 네트워크(member network)와 38개의 협력 네트워크(partner network)로 구성되어 있으며, 50,000개 이상의 비정부기구(NGO), 정책입안자, 지역지도자들 등이 네트워크로 연결되어 있다. APC 네트워크들은 대규모 상업적 서비스들과 달리 고도로 분산적이며 지역적 자율성을 유지하고 있다. 한 대의 마이크컴퓨터가 한 지역을 서비스하며 다른 노드들과 접속된다. 그 지역 노드는 국제적 전자우편을 받아서 묶음으로 만들고 압축한 다음 그것을 적합한 제휴시스템에 전송한다. APC가 스스로 밝히고 있는 자신들의 활동목표는 다음과 같다.

> APC는 사회와 환경의 변화를 위해 일하는 지리적으로 떨어져 있는 모임들을 위한 정보시스템을 개발하고 유지한다. 상용 컴퓨터 네트워크, 팩스, 전화보다 훨씬 저렴한 가격으로 여러 모임들의 활동을 온라인으로 협력하기 위해 노력한다. APC는 세계 모든 지역의 사람들이 유용하게 사용할 수 있는 이런 틀을 만드는데 전념한다.
>
> (www.apc.org)

APC의 활동내용을 구체적으로 살펴보면 첫째, 사회운동 단체들의 조직 관리적 요구, 지지 및 협력활동, 정보의 생산을 위해 필요한 여러 가지 인터넷 기술과 수단, 소프트웨어 등의 개발한다. 이들이 최근 주도적으로 벌이고 있는 사업은 APC Toolkit Project이다. 이것은 운동단체들의 온라인 캠페인과 이벤트, 그리고 인터넷 공간에서의 상호 협력을 더욱 쉽고, 편리하게 해주기 위한 소프트웨어이다.

둘째, 지역별 사회 이슈를 개발하고 이를 온라인 캠페인으로 연결시킨다. 사이버스페이스에서 효과적인 모임들을 조직해내고 이를 바탕으로 온라인 시민행동을 촉진시키고 있다. APC는 앞의 Toolkit을 이용하여 전자우편 시스템 및 900여 개에 달하는 전자회의를 운영한다. 이 전자회의를 통해 사람들은 이벤트를 공표하고 공동계획을 준비하며 핵심적인 정보를 널리 알리고 최신 정보를 찾아낸다.

셋째, 사회운동 단체들이 인터넷을 효과적으로 사용할 수 있도록 다양한 훈련프로그램들과 정보들을 제공한다. APC는 운동단체들이 인터넷을 전략적으로 사용할 것을 권고하고 있는데 이들이 대중과 호흡하는 커뮤니케이션 전략은 전통적인 커뮤니케이션 방식들과 라디오, 팩스, 직접미팅, 구전들을 복합적으로 연결시켜 정보를 공유하는 전자적 방식들을 효과적으로 결합시켜내는 것이다.

실제로 국제적인 주요 분쟁에서 APC는 온라인을 통해 주요한 역할을 수행해 왔다. 1989년 중국 천안문 사태가 벌어졌을 때, APC는 자신의 네트워크를 통해 항의 집회, 모금, 연설 여행, 정치적 호소 등의 운동을 활발히 할 수 있었다(최영, 1998). 1990년 소련에 쿠데타가 일어났을 때도 APC 회원들은 전화 회선을 이용해 쿠데타 세력의 정보 통제를 무력화 시켰으며 인터넷을 통해 소련 내부의 상황을 전세계에 알렸다. 또한 1991년 걸프전 당시에도 APC는 미 국방성의 검열에 의해 가로막혀 있었던 주류 통신 채널과는 대조적으로 제3세계, 이스라엘, 여타 아랍국가에 걸프전이 미칠 영향에 대한 보고서들과 세계 각지의 반전운동 뉴스들을 전하기도 했다.

96

3. 멕시코 사빠띠스따(Zapatista) 게릴라[25]

멕시코 남동부 치아빠스(Chiapas) 지역의 라깡도나(Lacandona) 정글을 근거지로 삼아 치열한 반정부 게릴라전을 펼치고 있는 사빠띠스따 민족해방군은 자신들의 저항 활동에 사이버스페이스를 효과적으로 활용하고 있는 가장 전형적인 사례로 손꼽힌다. 원주민 농민들로 구성된 사빠띠스따 게릴라는 북미자유무역협정(NAFTA)의 실행 개시일인 1994년 1월 1일, 남부 멕시코 치아빠스 인근의 소도시 산 크리스토발(San Cristobal)을 기습적으로 점령하면서 세계인의 이목을 끌게 되었다. 멕시코 정부의 신자유주의 정책과 글로벌 자본의 침투는 과거 수십 년간 멕시코 소농민들의 농지 박탈, 궁핍과 함께, 사회적인 양극화와 환경파괴를 자행했고, 결국 이 응축된 모순의 폭발이 1994년 벽두에 발생하게 된 것이다.

사빠띠스따 게릴라 활동에서 특히 눈길을 끄는 것은 이들의 활동이 인터넷의 위력을 이용한 최초의 정보 게릴라운동이라는 점이다(Castell, 1997). 1996년 멕시코 산악지역에서 열린 '인간성 옹호와 신자유주의 타파를 위한 대륙 간 대회'에서 사빠띠스따 부사령관 마르코스(Marcos)가 했던 연설은 인터넷 네트워크를 활용한 이들의 전략을 그대로 대변해 주고 있다.

"우리는 모든 투쟁과 저항 사이의 의사소통을 위한 네트워크를 만들 것입니다. 국제적인 신자유주의에 반

25) '사빠띠스따'의 근원은 1911년 멕시코 혁명의 원주민 영웅, 에밀리아노 사빠따(E. Zapata)로부터 출발한다. 오랜 기간에 걸친 그들의 억압적 상황은 20세기 초 사빠따의 농민 운동을 시작으로, 최근 20여 년간 멕시코 정부와 해외 기업자본의 무자비한 억압과 침탈에 대응한 치아빠스의 신(neo)사빠띠스따 혁명으로 이어진다.

대하는 대안적 의사소통의 조직체, 국제적인 인간성 옹
호를 위한 대안적 의사소통의 네트워크를 말입니다. 이
대륙 간의 대안적 의사소통의 네트워크는 저항의 모든
길, 언어들이 소통되도록 통로들을 조직화하도록 고민
할 것입니다. 이 네트워크는 각각의 저항운동이 다른
것과 소통하는 매체가 될 것입니다. 그것은 지도부나
위계구조를 갖지 않습니다. 말하고 듣는 우리 모두가
그 네트워크 자체입니다."

  그들은 지역적 투쟁의 고립성이 패배의 운명을 자초할 수밖에
없다는 점을 잘 알고 있었다. 멕시코 사회를 비롯한 전세계적인
연대의 도모가 필요했고, 이에 인터넷은 최상의 도구였다(이광
석, 1998). "사빠띠스따 민족해방군(EZLN)의 정치력은, 비트
에서 비트로 연결되는 조용한 힘의 축적에 의해 세워졌다"는 부
사령관 마르코스의 말처럼, 이들은 인터넷을 통해 자신들의 지역
적 기초를 글로벌 운동과 결합시키는 '전자미디어 이벤트' 전략을
취했다. 즉 자신들에 대한 지지를 조직화하는 주요 매체로써 인
터넷이 갖는 속성을 충분히 활용하여, 현실의 게릴라전뿐 아니라
담론과 이미지의 정보전을 동시에 실행했던 것이다.
  사빠띠스따의 정보전은 특히 미디어 전략과 동원화 전략에서
돋보인다. 먼저 미디어 전략에서는 초보적 형태의 팩스, 전화에
서, 투쟁현장 비디오의 신속한 제작과 유통, 오디오 테이프와
시디롬에 담긴 인터뷰와 음악, 라디오와 텔레비전 등에 이르기
까지 다양한 전술적 기제들이 동원되고 있다. 뿐만 아니라 투쟁
자료의 영구 보존을 위한 FTP나 고퍼사이트의 구축, 웹페이지
를 통한 홍보, 비공식적 토론과 논쟁을 위한 포럼 등이 만들어
지기도 했다.
  한편 동원화 전략의 일환으로 지역적·국제적 연대 네트워크

를 형성하였다. 치아빠스와 멕시코 지역을 엮는 대안적 커뮤니
케이션 네트워크인 라 네따(La Neta)의 구축과 IGC와 같은
전세계 NGOs와의 연결을 꼽을 수 있다. NGOs는 사빠띠스따
의 외곽에서 그 공동체의 말들과 메시지가 사이버 공간의 외진
구석까지 확산되도록, 그리고 궁극적으로는 멕시코 정부의 무력
진압을 무위화 하도록 이끌었다(이광석, 1998). 실제로 1997
년 말 치아파스에서 45명의 원주민이 학살되는 사건이 일어나
자 이 소식이 사빠띠스따를 지원하는 네트워크를 타고 확산되
면서 전세계 멕시코 영사관과 대사관 앞에서는 시위가 잇달아
조직되었으며, 멕시코 정부의 웹사이트에 대한 온라인 공격이
가해지기도 하였다.

제2절 사이버 자유주의 운동

　다음 문장은 전자프런티어재단의 창립자인 존 페리 발로우
(John Perry Barlow)가 쓴 〈사이버스페이스 독립선언문〉의
일부이다.

　　"산업세계의 정권들, 너 살덩이와 쇳덩이의 지겨운 괴
　물아. 우리는 희망의 새 고향, 사이버스페이스에서 왔노
　라. 미래의 이름으로 너 과거의 망령에게 명하노니 우리
　를 건드리지 마라. 너희는 환영받지 못한다. 네게는 우리
　의 영토를 통치할 권한이 없다. '자유'보다 더 큰 '권위'는
　없기에 우리는 정권 따위는 선출하지 않으며, 가지지도
　않을 것이다. 따라서 우리는 이 지구 규모의 사회적 공간

을 우리를 강제하려는 학정으로부터 독립된 공간으로 세울 것임을 선언한다. 네게는 우리를 통치할 어떠한 윤리적, 도덕적 권리도 없으며, 우리를 두려움에 떨게 할 어떠한 방법도 없다.

정치권력, 통치, 그 힘은 그 권위 하에 있는 사람들의 '동의'에서 온다. 그러나 너는 우리에게 동의를 받지도 않았으며 달라고 요청하지도 않았다. 우리는 너를 초대하지도 않았다. 너는 우리를 모르며 우리의 세계도 모른다. 사이버스페이스는 너의 틀 안에 있지 않다. 네가 사이버스페이스를 마치 공공건축사업처럼 만들 수 있을 것이라고 생각하지 마라. 너는 할 수 없다. 사이버스페이스는 우리의 실천들이 모이면서 이를 통해 스스로 성장해나가는 것이기 때문이다.

…… 중략 ……

우리 육체는 비록 너의 통치하에 있지만, 너의 통치권으로부터 독립적인 가상공간에서의 우리 자신을 선언한다. 우리는 우리 자신을 이 행성 위에서 펼쳐나갈 것이며 그 누구도 우리의 생각을 감금할 수 없다. 우리는 사이버스페이스에서 희망의 문명사회를 창조할 것이다. 이는 너희 정권들이 이전에 만들었던 그 어떤 것보다 더 인간적이며 공명정대할 것이다!"

(www.eff.org)

다소 장황하게 소개한 이유는 이 선언문이 온라인 사회운동의 비중 있는 노선 중 하나인 사이버 자유주의 운동의 이념과 성격을 그대로 말해주고 있기 때문이다. 그리고 존 페리 발로우는 사이버 자유주의 운동을 대표하는 인물이다.

위 선언문에도 언급되어 있다시피 사이버 자유주의 운동은 사이버스페이스와 현실세계 간의 단절을 강조하면서, 사이버스페이스를 현실 권력으로부터 해방된 독립적이고 자율적인 세계로 만들고자 한다. 즉 전자적 저항운동과 달리 이들에게 인터넷은 현실의 사회운동을 위한 도구가 아니라 사회운동이 이루어지는 공간이자 동시에 사회운동의 궁극적인 목표가 되는 셈이다.

따라서 현실세계에 대한 이들의 도전은 사이버스페이스에 직접적으로 영향을 미치는 법과 제도에 국한된다. 사이버스페이스에 대한 정부의 통제와 개입, 사이버스페이스의 상업화, 사이버스페이스에서의 표현의 자유, 네티즌들의 프라이버시 침해와 전자감시 등이 바로 이들의 주요 관심사이며, 현실의 사회질서에 정면으로 도전하려는 의지를 가지고 있지 않다. 물론 그렇다고 해서 사이버 자유주의자들이 현실질서에 전혀 관심이 없다는 것은 정확한 평가가 아니다. 그들은 사이버스페이스가 자유로운 공간으로 성장한다면 먼 훗날 현실의 정치질서에 변화를 가져오리라 믿는다(윤영민, 2000).

아무튼 사이버 자유주의 운동의 실천가들은 현실세계의 질서와 무관하게 사이버스페이스 내에서 가치 있는 새로운 세계가 독자적으로 만들어 질 수 있을 것이라고 기대한다. 그리고 이러한 기대는 자율성과 합리성에 기초한 인간상을 전제하고 있으며, 자유를 지상의 가치로 추구하는 신념으로부터 비롯된다. 따라서 이들은 근대성의 울타리를 굳이 벗어나려고 하지는 않는다. 오히려 근대성의 이상이 사이버스페이스 안에서 가장 잘 구현될 수 있다고 생각하고 이를 위한 실천에 나서고 있는 것이다.

그러면 사이버 자유주의에 입각한 활동을 전개하고 있는 대표적인 운동사례들을 몇 가지 살펴보자.

1. 전자프런티어재단(EFF: Electronic Frontier Foundation)

EFF가 결성된 계기는, 1990년 미국에서의 일명 '선데블 작전(Operation Sun Devil)'이라 불리는 디지털 지하세계에 대한 대검거 작전이었다. 미 재무부 산하 연방 사법기구인 '시크릿 서비스(Secret Service)'가 주도한 이 사건으로 수많은 해커들의 검거가 이루어졌는데, 그 과정에서 정부의 과잉 검거, 컴퓨터장비와 데이터에 대한 과잉 수색과 압류, 출판 등의 표현물에 대한 제한, 부당한 폭력 등이 시민의 인권과 표현권을 침해할 수 있다는 사회적 여론이 형성되었다.

EFF는 이와 같은 해커사냥에 대응하여 존 페리 발로우를 비롯하여, 제리 버만(J. Berman), 마이크 고드윈(M. Godwin), 미첼 케이퍼(M. Kaper), 스튜어트 브랜드(S. Brand), 에스더 다이슨(E. Dyson), 존 길모어(J. Gilmore) 등 지식인들의 주도로 1991년에 창설된 시민자유론자들의 단체이다. 이들은 '선데블 작전' 당시 자행된 정부의 독단적, 억압적, 비합의적 월권에 대하여 기금 모금, 법적 행동과 후원 등으로 여론을 모으며 맞서 나갔다. 또한 부당하게 혐의를 받고 재판에 기소되는 해커들을 보호하기 위한 제도적·법률적 투쟁을 전개함으로써 일명 '해커 변호재단(hacker defense fund)'이라는 별칭도 얻게 된다(이광석, 1998).

컴퓨터는 인간에게 봉사하고 인간이 컴퓨터의 주인이 되는 컴퓨터 시대를 꿈꾸던 해커의 이상을 실현시키는 것이 이 단체의 목적이다. 구체적으로 EFF는 그들의 활동 영역을 크게 다음의 네 가지로 나누고 있다.

첫째, 근본적인 시민권의 보장을 위해 노력한다. 이를 위해 온라인에서의 시민권을 침해하는 각종 재판에서 국가로부터 고소당한 개인을 위한 후원자 역할을 자임하고 있으며, 법적 권리에 문제가 있는 회원에 대한 자유로운 전화서비스 제공, 시민권과 관련된 정보백서 발간 등의 활동이 이루어지고 있다.

둘째, 네티즌의 권익을 보호한다. 구체적으로 인터넷에서의 표현의 자유, 네티즌의 정보접근권 확보, 네티즌의 프라이버시 보장, 정보의 자유로운 공유 원칙 등에 입각하여 국가 및 거대 자본으로부터 네티즌의 권익을 보호하기 위한 각종 정책적·사법적·기술적 수단을 동원하고 있다.

셋째, 풀뿌리 커뮤니티를 구축한다. 이를 위하여 다양한 네티즌 커뮤니티의 건설과 이에 대한 지원, 그들에 대한 법적·기술적 자문이 이루어지고 있다. 그리고 웰(WELL), 컴퓨서브(CompuServe), 제니(Genie), 워먼스 와이어(Women's Wire) 등의 네트워크에서 온라인 활동가들의 토론 게시판을 운영하고 있다.

넷째, 인터넷 관련 정책을 개발, 실천한다. 인터넷 정책과 관련한 방대한 전자도서관을 구축하여 서비스를 제공하고 있으며, EFF 기관지인 계간 〈이펙터 EFFector〉와 온라인 뉴스레터인 〈이펙터 온라인 EFFector Online〉 등 각종 발행물을 통한 선전 및 홍보 등의 활동이 이루어지고 있다. 특히 EFF는 클린턴 정부의 '통신품위법(CDA)'을 반대하는 '블루리본 캠페인(Blue Ribbon Campaign)', FBI의 반테러법안에 반대하면서 개인의 프라이버시 보호를 외쳤던 '골든키 캠페인(Golden-Key Campaign)' 등을 주도하면서 네티즌들의 폭넓은 연대와 지지를 이끌어 내기도 하였다.

이러한 일련의 활동을 통해 EFF는 온라인 사회운동 단체 중 가장 영향력 있는 집단으로 떠올랐으며, 그 같은 영향력 하에

EF-오스트레일리아, EF-캐나다, EF-아일랜드, EF-일본, EF-노르웨이, EF-스페인 등 각국에도 수많은 온라인 사회운동 단체들이 잇달아 출현하게 되었다.

2. 사회적 책임을 위한 컴퓨터 전문가 모임(CPSR: Computer Professionals for Social Responsibility)

CPSR은 제록스 팔로알토 연구소(Xerox/PARC)의 비공식 토론그룹이 성장하여, 1983년 정보기술 전문가들을 중심으로 한 사회운동 단체로 정식 출범하였다. 이들은 1980년대 중반까지는 주로 컴퓨터기술의 군사적 이용에 대한 위험에 주목하여, 미 국방성의 전략방위구상(SDI)에 반대한 캠페인을 집중적으로 펼쳤다. 1986년부터는 '사생활과 시민자유 프로젝트'를 시작함으로써, 컴퓨터기술에 대한 한층 확대 된 시야를 갖고 사회운동을 펼치고 있다. 1993년 이후로는 정책적으로 클린턴 행정부의 국가정보인프라(NII: National Information Infrastructure) 사업에 관여하기도 했다.

CPSR은 미국 내에서 대중과 정책입안자에게 정보기술의 힘, 전망, 문제점 등에 대한 실제적인 평가를 제공하는 것을 목적으로 한다. 이들은 정보기술의 활용에 관련된 중요한 정책 결정과정에 개입하고, 시민들에게 그러한 결정이 사회에 미치는 영향에 대하여 알리는 일에 주력하고 있다.

CPSR의 활동취지와 목적은 그들이 정해놓은 다섯 개의 원칙에 잘 드러나 있는데, 자세한 내용은 다음과 같다.

첫째, 우리는 사회에 결정적인 영향을 미치는 결정에 대한 공공의 토론과 의미 있는 개입을 지지하고 촉진한다.

둘째, 우리는 사회적 기술에 대한 이해하기 쉽고 사실적인 분석을 통해 잘못된 정보를 고치기 위해 일한다.

셋째, 우리는 기술이 독자적으로 정치적·사회적 문제를 해결할 수 있다는 가정에 반대한다.

넷째, 우리는 국내와 국외 모두의 컴퓨터 전문가들과 함께 사회적이고 기술적인 문제들을 비판적으로 연구한다.

다섯째, 우리는 정보기술이 삶의 질을 높이는데 사용되는 것을 장려한다.

(www.cpsr.org)

그동안 CPSR에서 관여했던 구체적인 현안들을 살펴보면 '국가정보 고속도로 건설', '시민의 자유와 프라이버시', '작업장 내의 전자 감시', '컴퓨터 시스템의 위험성' 등이 있었다. 이 중 특히 CPSR이 사회적 주목을 끌었던 것은 개인 디지털통신 암호화 칩의 미국 정부 표준인 클리퍼 칩(Clipper Chip)에 대한 문제 제기를 통해서였다. 클리퍼 칩은 미 국가안보국(NSA)에서 개발한 칩으로, 이 안에는 정부에 의한 통신 검열을 자유롭게 할 수 있도록 해주는 백 도어(back door)라는 회로가 내장되어 있었다. 물론 정부의 명분은 국제테러에 대비한 해외 정보 수집과 자국내 범죄에 대한 경찰의 증거 수집이었으나, 시민의 프라이버시 침해로 악용될 수 있다는 여론에 밀려 결국 미국 정부의 의도는 무산되고 만다. 당시 CPSR은 EFF와 함께 클리퍼 칩의 위험성을 경고하면서, 개인의 프라이버시 보호를 위한 캠페인을 적극적으로 주도한 바 있었다.

3. 핵티비즘(Hacktivism)

핵티비즘은 해킹(hacking)과 행동주의(activism)의 합성어로서, 보통 '해커 행동주의'라고도 불린다. 인터넷이 급성장하면서 현실세계에서만 활동해 온 급진 정치·사회 운동가들 중 일부가 투쟁대상이 현실보다는 가상공간에서 더 취약하다는 해커들의 논리를 받아들여 해킹을 투쟁의 수단으로 삼게 된 것이다. 사실 컴퓨터의 발전사는 곧 해커들의 성장사이기도 하다. 바로 해커들이 개인용 컴퓨터를 만들었고, 인공지능을 연구했으며, 최초의 컴퓨터 게임을 만들었다. 1980년대 초반까지 해커라고 불리는 이들 천재들의 번뜩이는 아이디어는 컴퓨터 산업을 끌어올리는 원동력 노릇을 했다고 평가된다. 즉 그들은 정보사회의 불청객이라기보다는 정보사회 형성의 주역이었다.

핵티비즘의 전통은 일찍이 1950년대로 거슬러 올라간다. MIT 인공지능(AI) 연구소 내의 '테크모델철도클럽(TMRC: Tech Model Railroad Club)'을 중심으로 형성된 제1세대 해커들은 다음과 같은 내용의 '해커 윤리강령'을 토대로 해커 운동을 만들어 나가기 시작했다.

첫째, 컴퓨터 접근권에 대한 완전한 보장
둘째, 정보의 공개성
셋째, 권력에 대한 불신과 분권화
넷째, 해커의 평등성,
다섯째, 디지털기술의 적극적 활용

이상과 같은 해커의 윤리와 전통을 통해 수렴해낼 수 있는 핵심적인 정신 중 하나는 '정보해방의 첨병으로서의 해커'라는 측면이다. 그러나 핵티비즘이 보다 정치적인 성격으로 진화한 것은 해킹 기술과 아나키적인 히피운동을 결합시킨 지하 해커 그룹 '이플(YIPL)'이 등장한 1970년대부터이다. 청년국제파티 라인의 약자를 딴 이플의 탄생은 미국 사회에 새로운 충격을 던져주는 사건이었다. 그동안 지하세계에 머물러 있었던 해커그룹이 반전 운동과 독점적인 통신사업의 폐해를 지적하며 공개적인 활동을 선언했기 때문이다. 이플은 이후 1973년 미국기술협회로 명칭을 바꾸면서 '인류를 위한 기술정보의 제공'을 모토로 새로운 도약을 시도하기도 했다.

이플의 등장을 계기로 일부 히피적 전통의 계승자들은 컴퓨터 기술이 아나키적 해방에 필수적 도구라 보았고, 스스로 테크노아나키즘의 전통을 세우는데, 이것이 바로 해커의 히피적 유산이다. 그 당시 해커 사회에서 정보와 컴퓨터는 곧 권위의 기반이었다. 해커들이 컴퓨터를 사용하여, 예컨대 패스워드 파괴, 트랩도어(trap doors)[26], 트로이 목마(Trohan Horse)[27] 등의 기술을 개발하고 전수한 행위는 권위에 대한 기술적 도전이자, 테크노아나키즘의 궁극적 실천 방식이 되었다(이광석, 1998).

이후 '카오스 클럽'(Chaos Club), '홈블루 클럽', '뉴프로메테우스 동맹'(New-Prometheus League), '리전 오프 둠(Lod: Legion of Doom)', '마스터즈 오브 디셉션(MoD: Masters of Deception)' 등 수많은 아나키스트 해커 그룹들이 잇달아 등장하였다. 또한 〈프랙phrack〉, 〈2600〉, 〈몬도2000〉 등 수

---

26) 트랩도어는 어떤 프로그램 작성자가 프로그램의 오류 수정을 위해 설정해 놓은 비밀 접근경로를 활용하는 방법이다.

27) 트로이 목마는 특정 컴퓨터에서 사용되는 프로그램에 은폐프로그램을 트로이의 목마처럼 들여보낸 뒤, 원하는 결과를 얻어내는 방법이다.

많은 해커 잡지와 해커들이 전자게시판이 출현하기에 이른다. 아울러 전설적인 해커들도 등장하는데, LoD의 3인방으로 불리던 프라핏(Prophet), 레프티스트(Leftist), 그리고 MoD의 회원이자 디지털시대의 로빈 후드로 불렸던 파이버 옵틱(Phiber Optik), 프랙지의 편집자였던 타란 킹(T. King), 이플의 존 드레이퍼(J. Draper), MIT대학 TMRC의 리처드 그린블러트(R. Greenblatt)와 빌 고스퍼(B. Gosper), 그들의 제자이자 이후에 자유 소프트웨어재단(Free Software Foundation)을 설립한 리처드 스톨만(R. Stallman), 그리고 사이버 공간의 검은 황제로 알려진 케빈 미트닉(K. Mitnick) 등이 대표적인 인물들이다(이광석, 1998).

핵티비즘은 사적인 이해관계나 지적 호기심 등으로 이루어지는 '개인적 해킹' 혹은 시스템 파괴적인 크래킹과는 달리 정치적 저항의 성격이 강한 '사회적 해킹'이라 할 수 있다. 즉 디지털 정보 독점에 대한 저항과 정보의 자유로운 흐름이 핵티비즘의 기본 정신이다. 일례로 1980년대 미 국방성 전산망을 해킹하여 유명해진 독일의 해커 그룹 '카오스 클럽'은 악의적인 해킹을 범법 행위로 간주하는 사회적 여론에 대한 자구책으로 "단지 파괴를 목적으로 하는 해킹은 허용하지 않는다"는 자체의 행동규칙을 제정 발표하기도 했다. 이들은 자신들의 목표를 다음과 같이 규정하고 있다.

"정보사회로 발전하기 위해서는 전세계와 자유로운 커뮤니케이션을 가능하게 하는 새로운 인권이 필요하다. 인간사회 및 개인에 대해 기술적 영향을 미치는 정보 교류에 있어 국경은 사라져야 한다. 우리들은 지식과 정보의 생성에 기여할 것이다."

또한 1989년 네덜란드 암스텔담 근교에서 열린 전세계 수백 명의 해커들이 참가한 토론회에서는 다음과 같은 내용의 결의 문이 발표되기도 했다.

"자유로운 정보교류는 기본권이다. 이 자유를 방해받을 수 없다는 원칙은 어떠한 상황에서도 지켜져야 한다. 각국 정부는 국민이 정보공개를 요구할 경우 언제라도 정보를 열람하게 해야 한다. 정보 관련 기술은 국민의 권리를 축소시키는 것보다 확장하는데 사용돼야 한다. 개인에 대한 자유 보장은 우리의 최대 관심사이며 어떠한 사적인 정보도 전자적 방법을 통해 저장되거나 변경할 수 없음을 강조한다. 사적 정보가 보호된다는 전제로 데이터와 네트워크는 개방되어야 한다. 정부와 기업은 컴퓨터 기술을 일반인을 통제하고 억압하기 위한 수단으로 악용해서는 안 된다."

실제로 세계적인 해커 그룹인 '전자시민불복종(ECD: Electronic Civic Disobedience)' 같은 집단은 선진국의 정보망 '에셜런(Echelon)'[28]이 전세계의 정보를 감청·도청하는 것에 대항하

---

28) '사다리'라는 이름을 가진 이 도청망의 실체는 아직까지 많은 부분이 베일에 싸여져 있으며, 미국은 그 존재 자체를 공식적으로 인정하지 않고 있다. 에셜런의 존재는 던컨 캠벨이라는 영국의 기자에 의해 처음 알려졌는데, 그는 1988년부터 줄곧 에셜런의 존재를 추적해왔고, 마침내 1998년 유럽 의회에서 발표한 '감시기술의 발달과 경제정보 남용의 위험성'이라는 보고서를 통해 에셜런의 통신감청 실태를 폭로했다. 캠벨의 보고서에 따르면 에셜런은 지난 1947년 공산국가들에 대한 정보 수집을 위해 미국 국가안보국(NSA) 주도로 설치되었다. 현재는 미국, 영국, 캐나다, 오스트레일리아, 뉴질랜드의 5개국에 첨단 도청 기지를 설치하고 전화나 팩스는 물론 휴대전화와 E-mail, 전자상거래 정보에 이르기까지 지구상의 모든 통신수단을 통해 교환되는 정보를 검열하고 있다. 이를 위해 120여 개의 첩보위성과 해저

는 "에셜런 파괴의 날"을 선언하고 온라인 시위 등 전자적 저항을 펼치고 있다. 특히 이들은 스스로가 해커임을 밝히고 있으면서도 익명을 고집하지 않고 공개적으로 활동을 전개함으로써 자신들의 행동이 저항적 운동임을 분명히 하고 있다.

이러한 핵티비즘의 전술은 한 마디로 기술에 의한 권력의 전복이다. 평등하고 자유로운 사회의 건설은 사이버스페이스를 벗어나서 맨주먹으로 일구는 것이 아니라, 바로 사이버스페이스의 힘을 통해 키우는 것이다. 이들은 정보자원을 독점하는 기득권 세력에 대한 도전적 성격을 강하게 띠고 있다. 또한 기성의 권위주의 질서를 거부하고 개인들의 자발적 참여와 연대에 기반을 둔 새로운 세상을 꿈꾼다.

나아가 이들은 반전, 반핵, 생태, 인권 등에 관심을 갖고 있으며, 미연방수사국(FBI), 펜타곤, 핵관련 연구소, 해커 탄압에 대한 언론사 홈페이지 등이 이들의 주된 공격 대상으로 지목되곤 한다. 지난 1998년 9월에는 인도네시아의 동티모르 탄

케이블이 동원되고 있는데, 더욱 놀라운 사실은 세계 각국의 주요 인터넷 접속점에 '스나이퍼(sniffer)'라는 탐지 소프트웨어를 설치하고 이를 통해 인터넷상의 모든 데이터를 검열하고 있다는 것이다. 또 음성인식 컴퓨터와 사전이 탑재된 컴퓨터를 통해 ▲법▲FBI▲백악관▲공격▲플루토늄▲간첩▲도청▲총▲무기▲음모▲폭발물▲핵 등의 키워드가 포함된 통신내용을 집중 검열하고 있다고 한다. 에셜론은 이와 같은 방법을 통해 매월 약 1억 건의 통신을 컴퓨터로 분류한 뒤 사안별로 관리하고 있는데, 특히 1998년 이후부터는 산업스파이 용도로 본격적으로 이용되기 시작했다는 것이다. 이에 유럽 의회는 '에셜런 조사위원회'를 구성하여 진상 규명에 나섰고, 2001년 5월 에셜런의 실체를 확인했다고 발표했다. 유럽의회의 보고서에 따르면 에셜런은 당초 냉전시대 공산권국가에 대항한 군사·외교 통신이었으나 이제는 훨씬 더 정교해진 컴퓨터의 도움으로 대상이 산업, 상업분야와 일반 개인들로 바뀌었다고 한다. 아울러 유럽 의회는 미국 기업들이 에셜런을 이용해 전세계 기업들의 비밀을 훔치고 있다는 뚜렷한 증거는 없지만 경계를 늦춰서는 안 된다고 권고했다.

압에 반대하는 해커들이 인도네시아 정부 사이트를 해킹했는가 하면 2000년에는 중국 해커들이 타이완 정부 사이트를 여러 차례 공격하기도 했다. 또 지난 1월 다보스 포럼에서는 반세계화를 주장하는 해커 그룹이 포럼에 참석한 인사 1,400여 명의 신용카드 정보 등을 빼내 사이트에 게시하기도 했다.

하지만 핵티비즘이 정보사회의 테크노적 사회운동의 대안으로 자리 잡을 수 있는가는 아직 미지수이다. 무엇보다도 이들의 불분명한 계급적 성격은 사회운동으로서의 핵티비즘의 정체성을 모호하게 만든다. 서구의 경우 대부분의 해커들은 10~20대의 백인으로 중류층 이상에 소속되어 있는 사람들이다. 특히 해킹 테크닉과 엘리트적 기반 덕분에 언제든지 제도권으로의 편입을 통한 신분 상승의 가능성이 잠재되어 있는 것이다. 실제로 1980년대 이후 정보통신 기술을 중심으로 한 거대한 산업군이 형성되면서 상당수의 해커들은 스스로 벤처기업의 창업주가 되거나 기업의 사립 보안 전문가로 발탁되는 등 핵티비즘의 대열에서 이탈해 제도권과 타협해 나가는 모습을 보여주고 있다.

또한 해킹 자체가 공격적이고 파괴적인 행위이기 때문에 사회적 공감대를 폭넓게 얻어내기 힘들다는 태생적 한계가 있다. 더욱이 대부분의 해킹은 익명의 개인 혹은 소수 그룹의 차원에서 은밀하게 이루어질 수밖에 없는 까닭에 아무리 정당한 이념에 근거하여 이루어지는 해킹일지라도 대중적 참여와는 거리가 먼 고립된 행위로 남을 수밖에 없다.

결국 핵티비즘은 상업화로 치닫고 있는 사이버스페이스 속에서 지하세계의 이단아로 영원히 남을 것인가 아니면 제도권과 타협하고 정보사회의 디제라티(digerati)29)로 신분 상승할 것

---

29) '디지털(digital)'과 '지식인(literati)'의 합성어로서 말 그대로 '디지털 시대의 지식인'을 의미한다. 미국의 디지털출판사 콘텐츠컴의 존

인가 하는 기로에서 끊임없이 선택을 강요받게 되는 것이다.

제3절 정보 공동체 운동

마지막으로 살펴 볼 온라인 사회운동의 노선은 '정보 공동체 운동'이다. 즉 지적재산권의 행사를 통하여 사이버스페이스의 디지털 정보들을 상품화·독점화하려는 자본주의의 논리에 맞서 정보에 대한 자유로운 공유와 분배를 실현하기 위한 의식적인 실천들을 말한다. 정보 공동체 운동은 정보사회의 도래로 인해 새롭게 제기되는 사회운동이다. 즉 모든 정보가 디지털형태로 변환되고 모든 정보가 인터넷 네트워크를 통해 무한대로 배포되는 새로운 상황에서, 이들 디지털 정보를 자본주의의 새로운 상품으로 위치 지우려는 기존의 지적재산권 체제에 대한 심각한 도전인 것이다.

> "내 초에서 불을 붙여 가는 사람이 내 초의 불빛을 조금도 흐리게 하지 않고서도 자신의 초에 불을 밝힐 수 있는 것과 마찬가지로, 나에게서 어떤 아이디어를 받은 사람은 나의 아이디어를 하나도 해치지 않으면서 그 자신을 가르칠 수 있다."

브록만(J. Brockman) 회장이 『Digerati: Encounters With the Cyber Elite, 1996』(국내에서는 「디지털 시대의 파워 엘리트」라는 제목으로 번역 출판되었음)라는 책에서 처음 사용한 신조어이다. 그는 과거의 지식인과 달리 디제라티는 정보사회에서 스스로 권력을 갖게 되어 디지털 시대의 파워 엘리트를 이룬다고 말한다.

112

200여 년 전 토머스 제퍼슨이 남긴 이 말은 디지털 정보시대인 오늘날 훨씬 더 유효적절하게 받아들여진다. 촛불을 나눠줘도 내 초의 불빛은 조금도 흐려지지 않듯이, 디지털의 세계에서 1-1=0이 아니다. 오히려 1-1=2로 증식하는 것이 바로 디지털 정보의 특징이다. 이처럼 디지털 기술의 발전은 정보의 생산, 유통, 소비의 방식에 다음과 같은 혁명적인 변화를 가져왔다.

첫째, 복제를 할수록 질적 저하를 일으키는 아날로그 생산물과는 달리 원본과 복제물의 구분이 무의미한 완벽한 복제가 가능하다.

둘째, 정보의 변형과 융합이 손쉽게 이루어지며, 이를 통해 새로운 저작물을 재생산할 수 있게 되었다.

셋째, 네트워크의 발달로 시간과 공간에 제약을 받지 않고 자유로운 정보의 교환과 배포가 가능해 졌다.

넷째, 정보의 복제 및 전달에 드는 시간, 돈, 노력 등 제반 비용이 0에 가깝게 줄어들었다.

그 결과 상품으로서의 정보를 강화하려는 기존의 지적재산권과 디지털 정보 사이의 다음과 같은 몇 가지 불가피한 모순이 발생한다.

첫째, 복제(Copying)란 개념에 대한 재해석이 요구된다. 지적재산권은 기본적으로 저작물의 복제를 금한다. 하지만 인터넷에서는 무엇이 복제인지에 대한 해석의 문제가 어렵다. 인터넷 사용자가 정보를 띄우기 위해서는 컴퓨터의 램, 하드 드라이브, 플로피디스크 등을 통해 정보가 복제되어야 한다. 만일 복제의 의미를 기존 지적재산권의 기준에 따라 포괄적으로 규정한다면 인터넷을 통해 정보를 보거나 전송하는 모든 행위 자체가 지적재산권 침해로 간주된다. 이러한 문제를 해결하기 위한 방안으로 정보가 하나의 접속지점을 지날 때마다 전송료를 받아야 한다는 주장도 나오고 있으나, 그렇게 될 경우 수용자들은 그 정보의 내용이 무엇인지 잘 모르는 상태에서 그 정보를 전송 받을 것인가에 대해 미리 결정해야 하는 불합리한 처지에 놓이게 된다(우지숙, 1999). 즉 디지털 환경에서는 지적재산권의 근간인 '복제 금지'란 개념 자체가 통용될 수 없는 것이다.

둘째, 지적재산권 보호의 대상이 불분명해진다. 기존의 지적재산권은 창작적으로 표현된 것을 보호한다. 그러나 디지털 환경에서는 기존의 정보를 선택, 재배열, 편집하여 새로운 저작물을 손쉽게 만들 수 있다. 나아가 인터넷의 쌍방향 커뮤니케이션은 정보의 생산자와 수용자의 구별도 희미해지는 생산소비자를 낳는다. 따라서 어떤 행위를 창조적인 것으로 인정하고, 누구를 저작자로 인정할 것인가를 결정하기가 매우 어려워진다.

셋째, 탈물질화된 디지털 정보에 대한 통제가 사실상 불가능해 진다. 기존의 지적재산권이 실효성을 가질 수 있었던 것은 기존 아날로그적인 사회 환경에서 정보가 책이나 음반, 비디오테이프 등과 같은 물질과 고착된 상태에서 유통되었기 때문에 가능한 일이었다. 그래서 정보에 대한 배타적 권리를 보장하는 기존의 지적재산권은 정보가 아니라 정보를 실어 나르는 매체에 초점을 두고 있었다. 존 페리 발로우가 쓴 '아이디어의 경제'란 논문의 표현을 빌리면 "병 안에 든 포도주가 아니라 그 포도주가 담긴 병이 보호받는 것"이다. 하지만 이제 포도주는 병을 떠나서 독자적으로 존재할 수 있게 되었다. 즉 정보는 아날로그적 물질을 매개하지 않고도 비트의 형태로 무한한 인터넷 공간을 자유롭게 떠다닐 수 있게 됨으로써, 기존의 지적재산권은 더 이상 실효성을 갖기 어렵게 되었다.

넷째, 정보의 희소성에 따른 가치가 현저하게 줄어들었다. 오늘날의 지적재산권의 배경에는 기본적으로 정보에 자본주의적 상품가치를 부여하기 위한 의도가 자리 잡고 있다. 그리고 정보에 상품가치를 제공하는 가장 일차적인 요인은 바로 정보의 회소성이다. 비교적 회소하고 그래서 가치가 있는 정보에 대한 대가를 지불함으로써 정보의 생산에 인센티브를 주자는 것이 지적재산권의 기존 전제인 것이다. 하지만 정보의 무한 복제와 실시간 전달이 이루어지는 인터넷 공간은 이미 정보의 홍수 상태이다. 이제는 정보의 회소성에 가치가 부여되는 것이 아니라 무한히 흘러넘치는 정보들 속에서 보다 유용한 정보를 찾아내는 일에 더 중요한 가치가 부여된다. 즉 정보의 '생산' 부분을 보호하기 위한 기존의 지적재산권은 정보의 '소비' 부분에 강조점이 놓여지는 인터넷 시대의 새로운 가치체계에 역행할 수밖에 없는 것이다.

물론 지적재산권을 옹호하는 카피라이트 진영에서는 지적재산권이 저작자를 보호하여 더 많은 창작활동을 촉진시키기 위해 반드시 필요한 장치라고 말한다. 즉 저작자들에게 독점권을 주어 확실한 보상을 제공함으로써 과학과 예술의 발전을 도모할 수 있다는 논지이다. 지적재산권이 등장하기 이전에는 창작자나 기술자들이 자신의 아이디어를 사회적으로 감추는 방식을 통해서만 지적재산권을 행사할 수 있었다. 그러나 지적재산에 대한 개인의 소유욕은 그 폐쇄성 때문에 기술, 정보, 지식의 사회적 확산과 발전을 저해하는 주된 원인이 되었다. 따라서 국가는 지적재산권을 통해 저작자에게 일정한 독점권을 부여하는 대신, 그 내용을 사회적으로 공유할 수 있도록 제도화시킨 것이다.

결국 저작권자들에게 재정적인 보상과 독점권을 보장해 주는 것은 지적재산권의 궁극적인 목적이 아니라 저작자들로 하여금 창작활동을 계속하게 하기 위한 인센티브를 주는 하나의 방법이라는 것이다. 때문에 아무리 매체 환경이 디지털로 바뀌었다

하더라도 저작자의 권리 보호와 이를 통한 지적 자산의 발전이
라는 지적재산권의 취지는 여전히 유효하며, 타인의 저작물을
무단으로 가져가 쓰는 행위는 해적질과 다름없다는 것이 카피
라이트 진영의 입장이다.

반면 카피레프트 진영에서는 정보의 공유라는 철학을 내세우
며 정보의 상품화와 독점에 반대 입장을 보인다. 카피레프트란
저작권을 뜻하는 카피라이트를 패러디하여 반대의 의미를 담은
신조어로서, 공유저작권으로 해석된다. 이는 정보의 이용자들에
게 저작물에 대한 복사 및 수정의 권리를 주는 것을 말한다. 카
피레프트의 입장에서 볼 때 정보란 사용을 위한 것이지, 상품화
의 도구나 개인적 소유를 위한 것이 아니다. 즉 창작은 보호해
야 하지만 발표된 저작물의 자유로운 활용을 막아서는 안 된다
는 것이 카피레프트의 기본 전제이다. 나아가 이들은 다음의 세
가지 근거를 통하여 카피라이트 진영의 지적재산권 옹호론에
반박한다.

첫째, 순수한 창작이란 있을 수 없는 일이다. 우리가 흔히 지
식, 정보, 기술이라고 말하는 것들은 사실 그 이전에 이미 존재
해왔던 다른 이들의 공헌을 기초로 해서 나온 것이다. 즉 "하늘
아래 전혀 새로운 것은 없다"는 것으로, 순수한 창작 혹은 독창
적인 지식이라는 이름으로 배타적인 권리란 원칙적으로 성립될
수 없다.

둘째, 인터넷 공간에서 창작을 촉진하는 것은 정보의 독점이
아니라 정보의 공유이다. 인터넷의 기본 정신은 정보의 공유와
나눔의 미덕이다. 인터넷이 지금까지 발전한 것도 대가를 바라
지 않고 공헌해온 수많은 사람들의 정보공유 의식 때문이었다.
지적재산권은 오히려 정보의 상품화를 촉진시켜 인터넷의 발전
을 저해할 것이다.

 셋째, 지적재산권이 창작자들 보호한다는 명제도 허구이다. 현대사회에서 지적재산권은 결코 원작자의 창조적 노동을 장려해주지 못한다. 마이크로소프트(MS)사의 전세계적인 독점에서 보이듯이 현실적으로 지적재산권을 행사하는 것은 대기업이며, 창작자는 대부분 단지 그 기업에 고용된 노동자일 뿐이다. 따라서 지적재산권은 창작자가 아닌 기업의 독점적 이익만을 제공해 주고 있다.

 이러한 논리에 비추어 볼 때, 정보 공동체운동은 정보사회의 사회운동에 있어 가장 핵심적인 영역이라고도 말할 수 있다. 주지하다시피 오늘날 선진 자본주의 국가들은 지식정보를 전 지구적 경제 전쟁의 최첨단 자원으로 설정하고 있다. 1994년에 선진국들의 주도로 세계무역기구/무역관련 지적 재산권 협정(WTO/TRIPs)이, 그리고 1996에는 세계지적재산권기구(WIPO) 저작권 조약이 체결된 것도 궁극적으로는 전 지구적인 차원에서 단일한 지적재산권 규범을 설정하기 위한 것이다(홍성태 & 오병일, 2000). 이처럼 현실 정보사회가 자본주의와의 단절이 아니라 오히려 확장·강화라는 점을 감안한다면, 정보사회의 가장 핵심적인 자원인 지식정보의 상품화와 소유권을 부정하는 정보 공동체운동은 정보 자본주의 체제 자체에 대한 직접적인 도전을 의미하는 것과 다름없는 것이다.

 이제부터는 정보 공동체운동이 어떠한 발전 과정을 거치며 분화되어 왔는지 구체적 사례를 통해 정리해보도록 하자.

1. 자유소프트웨어(Free Software) 운동

 정보 공동체 운동이 처음 주창된 것은 1984년 미국의 해커

출신 프로그래머 리처드 스톨만(Richard Stallman)에 의해서
였다. 스톨만은 1970년대에는 프로그래머들이 모든 소프트웨어
를 자유롭게 공유할 수 있는 정보 공동체가 형성되어 있었다고
회고한다. 그 시절에는 상업적 컴퓨터회사조차도 자유 소프트웨
어들 배포했고, 프로그래머들은 아무런 제약 없이 정보를 나눠
가졌다는 것이다. 그러나 1980년대 들어 소프트웨어에 대한 소
유와 독점을 규정하는 법률에 의해 이와 같은 분위기는 사라졌
고 독점 소프트웨어 소유자들은 돈벌이를 위해 높은 장벽을 쌓
기 시작했다.

스톨만 이러한 독점의 장벽이야갈로 자유의 구속이라고 주장
한다. 그리고 컴퓨터 개발 초기의 왕성했던 상호 협력의 공동체
정신을 재건하자는 취지에서 자유소프트웨어재단(FSF: Free
Software Foundation)을 창설하고 '그누(GNU) 프로젝트'30)
를 주창한다. 그누 프로젝트는 저작권(copyright)에 반대하여
카피레프트(copyleft)를 주장하며, 그 일환으로 자본의 이윤 증
식 과정을 거치지 않은 자유소프트웨어를 개발하고 이를 널리
배포하고 있다.

스톨만 자유소프트웨어에는 다음과 같은 네 가지 기본 정신
이 담겨있다고 말한다(Stallman, 2000).

· 목적에 상관없이 프로그램을 실행시킬 수 있는 자유

---

30) GNU는 'GNU is Not Unix', 즉 'GNU는 유닉스가 아니다'라는 의
    미를 담은 독특한 신조어이다. 여기서 스톨만이 유닉스가 아니라고
    강조한 것은 그동안 자유롭게 사용되던 유닉스 체계가 1984년 유닉
    스의 소유자인 AT&T가 반독점법에 의해 분할되면서 컴퓨터 산업에
    진출할 수 있게 되자 갑자기 이를 고가의 상업용 소프트웨어로 둔갑
    시킨 까닭이다. 스톨만 이에 맞서 유닉스보다 더 뛰어난 성능의 컴퓨
    터 운영체계를 개발하려고 했던 것이다.

· 필요에 따라서 프로그램을 개작할 수 있는 자유
· 무료 또는 유료로 프로그램을 재배포 할 수 있는 자유
· 개작된 프로그램의 이익을 공동체 전체가 얻을 수 있도록
  이를 배포 할 수 있는 자유

그누 프로젝트에서 흔히 오해를 불러일으키기 쉬운 게 정보의 '공유'가 곧 '공짜'라는 생각이다. 그러나 카피레프트 운동도 창작에 대한 원작자의 권리는 인정하고 있다는 점에서 무단복제나 와레즈(warez)[31]와 같이 저작권 자체를 무시하는 행위와는 분명히 구분되어야 한다. GNU 프로젝트는 공개된 자유소프트웨어를 누군가가 변형시켜 독점하는 것을 막기 위한 목적으로 저작권을 행사함으로써, 원작자의 창조적 노동을 장려한다는 카피라이트 본래의 취지에 충실함과 동시에 정보의 자유로운 공유를 실질적으로 보장하기 위한 것이다. 이런 취지에서 그는 지적재산권과 구별되는 개념인 공유저작권(PGL: General Public License)을 제안한다. 즉 단순히 지적재산권을 인정하지 말자는 주장이 아니라, 오히려 지적재산권을 공동의 사용과 개발이라는 이상을 위해 이용하자는 것이다.

GNU 프로젝트는 1991년 핀란드의 프로그래머인 리누스 토발

---

31) 와레즈란 프로그램의 복사방지장치(Copy Protection)나 등록 장치, 셰어웨어(shareware)의 시간제한 등을 풀어서 누구나 제한 없이 사용할 수 있게 만든 소프트웨어를 일컫는 말이다. 인터넷에는 굳이 비싼 정품을 구입하지 않고도 원하는 프로그램을 다운로드 받을 수 있는 와레즈 사이트들이 수없이 존재한다. 그 어원에 대해서는 몇 가지 주장이 있으나 'Where is it'의 구어체적 발음표기라는 주장과 'ware'의 복수형 'wares'의 표기가 일부 바뀐 것이라는 설이 있다. 그 시작은 1980년대 사설게시판(BBS)의 활성화로 통신을 통한 파일의 교환이 가능해지면서 정품을 공짜로 얻으려는 이용자의 요구와 활발해진 해커활동이 맞물려 만들어진 것으로 보인다.

즈(Linus Torvalds)가 개발한 리눅스(Linux)와 결합되면서 급속하게 확산되기 시작한다. 윈도우즈를 개발한 후 지적재산권을 행사하여 독점권을 확보한 마이크로소프트사(MS)의 빌 게이츠(Bill Gates)와 달리 토발즈는 자신이 개발한 리눅스의 소스코드를 인터넷에 공개함으로써 다른 개발자들의 이용을 허락한다. 이후 전세계의 수많은 프로그래머들이 인터넷을 통해 의견을 나누면서 프로그램을 지속적으로 향상시키고 갖가지 매뉴얼을 만들어 제공하는 등 자발적이고 헌신적인 개발 과정이 이어지면서 오늘날 MS의 윈도우즈를 견제할 대안적 운영체제로까지 부상했다.

미국의 전문 조사기관인 IDC(International Data Corp.)의 조사 결과에 따르면 리눅스의 시장 점유율은 1997년 전체 시장의 6.6%에서 1998년 17.2%로 221%가 증가하여 여타 운영체계들 중 가장 빠른 성장세를 보이고 있는 것으로 나타났다. 그리고 2000년 6월을 기점으로 서버용 OS 시장에서 리눅스 프로그램은 25%를 차지하고 있다(성동규, 2000). 전세계적으로 리눅스의 사용자 수는 1999년 현재 1천만 명(16%)에 이르렀으며, 국내 사용자는 약 5만~7만 정도로 추정된다.

〈표 4-1〉 리눅스 사용자 추정 구모(단위: 명)

연도	리눅스 사용자 수
1993	20,000
1994	100,000
1995	500,000
1996	1,500,000
1997	3,500,000
1998	7,000,000
1999	10,000,000

자료: www.linuxkorea.co.kr/linux-info/linux-review/doc/history.html

2. 공개소스(Open Source) 운동

'공개소스발의(OSI: Open Source Initiative)'라는 조직을 결성하여 리처드 스톨만의 자유 소프트웨어 운동이 지닌 폐쇄성에 이의를 제기하며 독자적으로 공개소스 운동을 전개하고 있는 에릭 레이몬드(Eric Raymond)는 자신의 논문 '성당과 시장(The Cathedral and Bazaar, 1997)'에서 리눅스의 개발방식을 다음과 같이 비유하고 있다.

> "고요하고 신성한 성당의 건축방식은 여기에서 찾아 볼 수 없었다. 대신 리눅스 공동체는 서로 다른 의견과 접근방법이 난무하는 매우 소란스러운 시장 같았다."
> (http://gnu.kldp.org/cb/cathedral-bazaar)

레이몬드는 리눅스가 그누 프로젝트에서 수행하는 역할과 사회적 의미보다도 그것이 개발되고 향상되는 방식에 주목했다(주철민, 2000). 즉 몇몇 우수한 해커들에 의해 소프트웨어가 개발되는 폐쇄적 방식과, 수많은 사람들이 인터넷을 통해 자유롭게 토론하고 정보를 교환하면서 소프트웨어를 개발하고 발전시키는 개방적 방식을 비교한 것이다. 전자가 중세 시대 몇몇 뛰어난 건축가들에 의해 만들어지는 성당식 모델이라면, 후자는 많은 사람들이 함께 참여해서 무질서하게 보이지만 나름의 질서를 형성하며 개발되는 시장식 모델인 셈이다. 이 두 가지 개발 방식을 비교 분석하면서 레이몬드는 시장의 방식이 훨씬 우월하다고 주장한다. 그는 시장식 모델이 성당식 모델에 비해 더 우수할 수밖에 없는 이유를 다음과 같이 말한다.

"충분히 많은 베타테스터와 공동개발자가 있으면 거
의 모든 문제들이 빨리 파악될 것이고, 이를 고치는 사
람이 있게 마련이다"
(http://gnu.kldp.org/cb/cathedral-bazaar)

레이몬드의 공개소스 운동은 스톨만 자유 소프트웨어 운동에
비해 보다 실용주의적인 입장을 추하고 있다. 자유소프트웨어의
빠른 확산을 위해 산업계와의 제휴 가능성을 적극적으로 모색하
고 있는 것이다. 즉 스톨만 방식의 엄격한 카피레프트를 따른다면
자유소프트웨어로 상업적 사유 소프트웨어를 만드는 것은 원천적
으로 봉쇄될 수밖에 없다. 레이몬드는 이 방식이 자유소프트웨어
에 대한 산업계의 불신을 초래해 자유소프트웨어 자체의 확산을
저지하고 있다고 본다. 레이몬드는 소스 코드의 공개와 자유로운
이용이 보장되는 한, 프로그램의 저작권 자체를 문제 삼을 이유는
없다고 보는 것이다. 즉 소스 코드만 공개된다면, 상업적 사유 소
프트웨어에 반대하지 않는다(홍성태, 2001).
　이처럼 공개소스 운동의 핵심은 바로 소스 코드의 공개와 자
유로운 이용에 있다. 그리고 그 즈요 원칙을 '공개소스 정의'를
통하여 다음과 같이 규정하고 있다.

① 자유 배포
　특정한 소프트웨어의 라이선스에는 해당 소프트웨어의 일부
나 전부가 다수의 프로그램으로 구성되는 배포 판의 일부로 포
함되어 재배포 되지 못하도록 배포나 판매상의 제한을 설정할
수 없다. 또한 이러한 종류의 배포 판에 대한 판매나 양도에 있
어서 별도의 라이선스 비용을 징수할 수 없다.

② 소스 코드

프로그램 저작물에는 반드시 소스 코드가 포함되어야 하며, 컴파일 된 형태뿐만 아니라 소스 코드의 배포 또한 허용되어야 한다. 만약, 소스 코드를 제외한 상태로 배포하고자 한다면 일반적으로 통용되는 매체를 이용해서 제작 실비에 준하는 비용으로 소스 코드를 제공해야만 한다. 이 경우 가장 바람직한 방법은 인터넷을 통해서 소스 코드를 무료로 다운로드 받을 수 있도록 하는 것이다. 소스 코드는 프로그래머들이 개작하기에 용이한 형태로 제공되어야 하며, 고의로 복잡하고 혼란스럽게 만들어진 형태와 선행 처리기나 번역기에 의해서 생성된 중간 형태의 코드는 허용되지 않는다.

③ 2차적 저작물

라이선스에는 프로그램 원저작물의 개작이나 이를 이용한 2차적 프로그램의 창작이 허용되어야 하며, 이러한 파생적 프로그램들은 최초의 프로그램이 갖고 있던 라이선스의 규정과 동일한 조건하에서 재배포 될 수 있어야 한다.

④ 소스 코드 수정의 제한

빌드 과정을 통해서 프로그램을 개작할 목적으로 소스 코드와 패치 파일을 함께 배포할 경우에는, 정상적인 빌드를 보장하기 위해서 라이선스 안에 소스 코드의 수정을 제한하는 항목을 추가할 수 있다. 그러나 이러한 경우에도 수정된 소스 코드를 이용해서 만들어진 소프트웨어에 대한 자유로운 배포를 허용해야 하며, 수정된 소스 코드를 통해서 만들어진 2차적 프로그램을 원래의 프로그램과 구별하기 위해서 별도의 이름과 버전을 사용할 것을 요구하는 항목을 추가할 수 있다.

⑤ 개인이나 단체에 대한 차별 금지

라이선스는 모든 개인과 단체에 대해서 동일한 기준으로 적용되어야 한다.

⑥ 사용 분야에 대한 제한 금지

라이선스 안에 특정한 분야에 종사하는 사람에 대한 프로그램 사용상의 제한을 설정할 수 없다. 예를 들면, 유전 연구나 상용 사업체에서는 해당 프로그램을 사용할 수 없다는 등과 같이 특정한 분야에 대한 사용을 금지하는 제한을 설정해서는 안 된다.

⑦ 라이선스의 배포

프로그램에 대한 권리는 반복되는 배포에 따른 별도의 라이선스 승인이나 양도 과정 없이도 프로그램을 배포 받은 모든 사람에게 동일하게 적용된다.

⑧ 라이선스 적용상의 동일성 유지

프로그램에 대한 권리는 반복되는 배포 과정에서 특정한 배포 판에 포함되어 있는 상태로만 유효하지 않고, 모든 배포 단계에서 동일한 효력을 갖는다. 만약, 특정한 배포 판에 포함되어 있던 프로그램을 독립적으로 사용하거나 재배포한다면 해당 프로그램을 배포 받은 사람은 프로그램이 포함되어 있던 최초의 배포 판 상태에서 발생된 권리와 동일한 권리를 갖는다.

⑨ 다른 라이선스의 포괄적 수용

라이선스에 오픈 소스 소프트웨어와 함께 배포되는 소프트웨어에 대한 제한을 설정해서는 안 된다. 예를 들면, 동일한 매체를 통해서 배포되는 소프트웨어는 모두 오픈 소스 소프트웨어이어야

한다는 제한으로 인해서 다른 라이선스의 기준을 따르는 소프트
웨어가 함께 배포될 수 있는 형태를 금지해서는 안 된다.
(http://gnu.kldp.org/opensource/osd-kr.html)

3. 구텐베르크 프로젝트(PG)와 공개 콘텐츠(Open Contents) 운동

정보공동체 운동은 단순한 소프트웨어 프로그램의 공유 차원
을 넘어 이제 콘텐츠, 즉 정보의 내용물에 대한 공유로까지 확
산되고 있다. 사실 이러한 움직임은 자유소프트웨어 운동이 등
장하기 훨씬 이전부터 이미 나타나고 있었는데, 1971년부터 착
수된 '구텐베르크 프로젝트(PG: Project Gutenberg)'가 바로
그것이다.

저작권이 소멸한 책들을 디지털화하여 네티즌들에게 무료로
제공한다는 취지의 구텐베르크 프로젝트는 미 일리노이 대학에
서 모든 도서관 보유 장서를 디지털화하려는 기획이 그 단초가
되었다. 이 계획의 궁극적인 목적은 컴퓨터 속에서 정보의 분류
와 조합과 유통과 소비를 자유자재로 하자는 것이다. 즉, 모든
문자 텍스트의 디지털 텍스트로의 변환이 구텐베르크 프로젝트
다. 이를 통해 많은 문학작품들이 전자문서로 재생산되었으나,
1970년대 당시에는 정보의 전달수단이 결여되어 있다는 매우
중대한 단점이 있었다. 컴퓨터는 아주 초보적인 수준에서 개발
되는 과정에 있었고 인터넷의 기반인 디지털 네트워크라는 말
은 사실상 만들어지지도 않았다. 하지만 인터넷의 보급, 그리고
정보 공동체 운동의 성장이라는 변화된 환경 속에서 구텐베르

크 프로젝트는 새로운 도약의 기회를 맞아 활발한 활동을 벌이고 있다. 현재 많은 자원봉사자들이 고전작품을 컴퓨터 입력하는데 참여하고 있으며 완성된 작품은 텍스트 파일로 다운로드 받을 수 있다.[32]

한편 리눅스 개발방식의 공개소스 운동을 콘텐츠의 개발에도 적용시키려는 움직임도 나타나는데, 바로 '공개 콘텐츠(Open Contents) 운동'이 그 대표적인 예이다. 미국의 데이빗 윌리(David Wiley)가 주창한 이 운동은 리눅스의 모델처럼 모든 출판물도 자유롭게 공유하면서 여러 사람의 창조적인 힘을 모아 콘텐츠를 수정·개선하자는 움직임이다. 공개 콘텐츠 운동은 출판물에 대한 저작자의 배타적 권리 행사를 인정하지 않는다. 반대로 모든 콘텐츠는 다른 사람의 수정 작업을 통해 새롭게 업그레이드됨으로써 보다 품격 높은 양질의 콘텐츠가 생산·관리될 수 있다고 말한다.

콘텐츠 공유의 움직임은 최근 페카 하이마넨(Pekka Himanen)에 의해 '공개자원 모델(Open Rescurce Model)'로 한층 더 확산되고 있다. 하이마넨은 자신의 저서 〈해커 윤리 The Hacker Ethic, 2001〉에서 리눅스의 공개소스 운동을 사회적으로 보다 폭넓게 확대·적용할 것을 제안한다. 그는 이제까지 자본주의를 지탱해왔던 억압적이고 규율적인 노동과 화폐 중심의 윤리를 정보공유 정신을 기반으로 하는 해커들의 새로운 윤리로 전환시키

---

32) www.gutenberg.aol.de와 www.gutenberg.net이 대표적인 구텐베르크 프로젝트 관련 홈페이지이다. 한편 국내에서도 이와 비슷한 방식의 움직임이 나타나고 있는데, 현재 한국문화와 문학에 대한 자료 전체를 전산화하려는 운동인 '직지 프로젝트'가 주목할 만 하다. 관련 홈페이지는 www.jikji.org이다. 직지 프로젝트는 세계 최초의 금속활자본인 '직지심체요절(直指心體要節)'에서 따온 이름이다. 이 밖에도 한국의 SF 고서를 모아 CD-ROM으로 만드는 작업 역시 '직지 프로젝트'란 이름을 갖고 별도로 진행되고 있다. 관련 홈페이지는 www.sfjikji.org이다.

자고 말한다. 즉 소프트웨어의 개발뿐만 아니라 사회적으로 공유될 수 있는 모든 정보를 서로 나누는 운동으로 확대하자는 이야기이다.

　이러한 공개 콘텐츠 운동의 이념은 '위키위키(WiKiWiKi)'[33] 라는 새로운 개념의 홈페이지를 통하여 보다 구체적으로 구현되고 있다. 위키위키는 누구나 내용을 고치고 추가할 수 있는 홈페이지 형식이다. 기존 홈페이지의 경우 운영자만이 그 내용을 고칠 수 있으며, 방문자들은 게시판을 제외하고는 단순한 독자에 불과했다. 하지만 위키위키는 홈페이지 방문자들이 내용을 보다가 수정할 것이 있으면 자신이 바로 수정하고 새로운 내용을 추가할 수 있게 함으로써 운영자와 방문자 간의 경계를 허물고 온라인 지식 공동체를 실현시킨다. 이는 마치 소프트웨어의 공유를 통해 누구나 그 내용을 고치고 새로운 기능을 추가할 수 있는 리눅스와 같은 방식이라 하겠다.

---

33) 위키위키는 하와이 말로 '빨리빨리'라는 뜻이다. 1994년 컴퓨터 프로그래머인 와드 컨닝햄이 특정 프로젝트를 수행하고 있는 전문가의 의견을 효과적으로 수용하기 위해 개발한 기술에서 출발했다고 한다. 이미 외국의 몇몇 대학에서는 위키위키 홈페이지를 통해 학생과 교수가 서로 의견을 올리고 수정하는 등 자유로운 커뮤니케이션이 이루어지는 강의가 진행되고 있다. 특히 위키위키에서는 이용자들이 함부로 그 내용을 지우거나 낙서하는 등 일탈적인 행위를 자율적으로 여과할 수 있어야 하기 때문에 수준 높은 이용자 윤리가 뒷받침되어야만 홈페이지의 정상적인 유지가 가능하다. 한국의 대표적인 위키위키 사이트로는 '노-스모크(www.no-smok.net)'라는 곳이 있다.

제5장 한국 온라인 사회운동의 성장과정

제1절 한국의 사이버 시민사회

국내에 인터넷이 처음 출현한 것은 1982년이었다. 당시 서울대학교와 한국산업경제기술원(KIET) 간에 SDN(System Development Network)을 통해 처음으로 너트워크가 가동되기 시작한 것이다(윤준수, 1998). 그러나 국내에서 온라인 네트워크가 일반 대중들에게 이용이 허용된 것은 1986년 9월부터 데이콤이 PC통신망을 통해 아시안 게임을 위한 시범 서비스를 제공한 것을 기점으로 한다(윤영민, 1996). 이후 1988년부터 소규모의 지역 BBS가 등장하기 시작했고, 1989년 하이텔의 전신인 한국경제신문의 KETEL이 전용회선을 설치하고, 전자게시판인 KMAIL 서비스를 제공하면서 PC통신을 중심으로 한 온라인 공간이 급격하게 확장된다.

한편 이 즈음 대규모 네트워크뿐 아니라 소규모의 지역적인 BBS도 등장하기 시작한다. 1988년 초 바이트전자가 고객들에게 상품정보를 제공하기 위해 개설한 바이트넷을 국내 최초의 BBS로 꼽을 수 있다(윤영민, 1996). 이후 THE FIRST, 달구벌네트, 김원효 BBS 등 수많은 사설 BBS가 등장하면서 매달 그 수가 급속도로 늘어나는 추세를 보여, 1990년 초에 이르러서는 약 100여 개의 BBS가 만들어진다. 그러나 이들은 오래지 않아 하이텔, 천리안, 나우누리, 유니텔 등 상용 PC통신 서비스사가 통신시장을 장악하면서 급격히 퇴조하게 된다.

PC통신 중심으로 형성되기 시작한 국내의 네트워크 환경은 1990년 인터넷 상용 서비스의 시작과 함께 다시 인터넷 환경으로 급격하게 옮겨가게 되었다. 1990년대 초반부터 불기 시작한 국내의 인터넷 열풍은 정부의 정보화 정책 및 언론의 정보화 캠페인에 힘입어 폭발적인 양상으로 전개되었다. 한국인의 인터넷 이용은 이미 세계 최고의 수준을 과시한다. 한국인터넷진흥원(www.nida.or.kr)의 최근 발표에 의하면 우리나라 인터넷 이용자는 2005년 6월 현재 3천 257만 명으로 전체 인구의 75%에 이르는 것으로 나타났다. 또한 가구당 PC 보유율은 78.5%이며 가구당 인터넷 보급률도 73.4%를 넘어서고 있다. 이들 가구 중 87.2%가 초고속통신망을 이용하고 있고, 이것도 모자라 인터넷 전용선으로 무장한 PC방이 골목골목마다 빼곡이 들어서 있는 나라이기도 하다.

〈표 5-1〉 연도별 국내 인터넷 이용자수(단위: 1,000명)

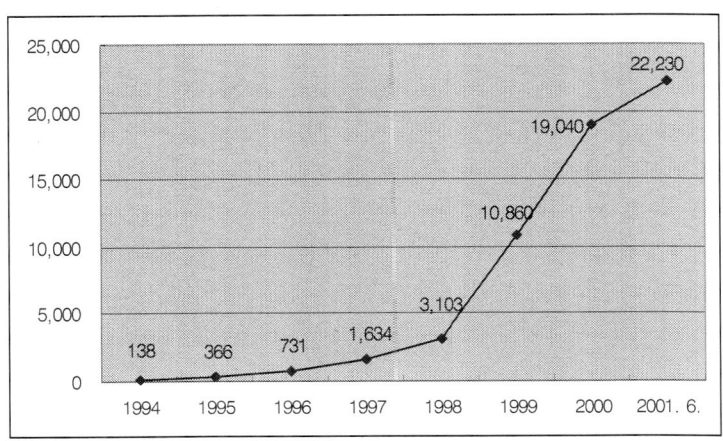

자료: KRNIC

〈표 5-2〉 주요 국가 광대역망 보급률(단위: %)

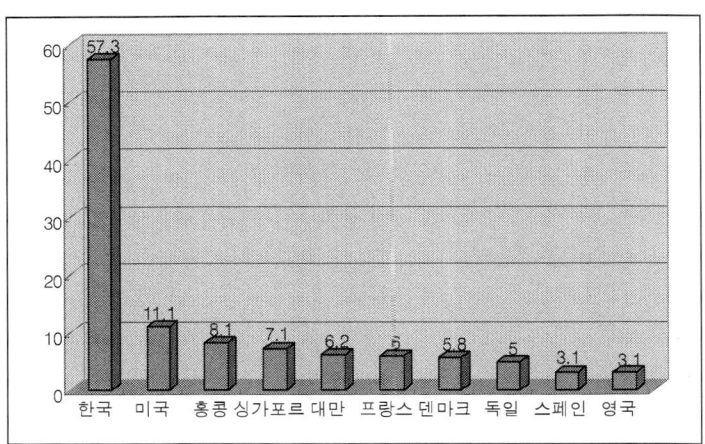

자료: 주간 『아이위클리』, No.47 2001년 4월 17일자, p.12

〈표 5-3〉 국가별 가구 내 인터넷 보급률(2001년 1월~6월, 단위: %)

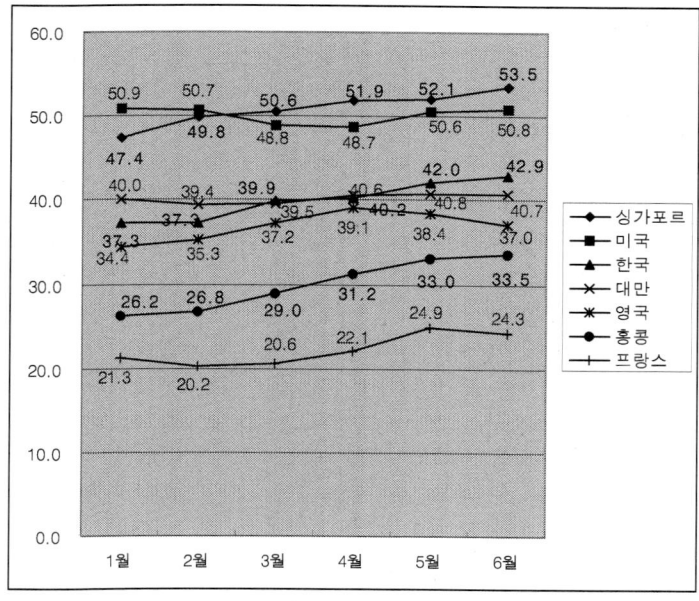

자료: 넷밸류, 주간 『아이위클리』 No.64 2001년 8월 14일자에서 재인용

뿐만 아니라 국가별 닷컴 도메인 등록순위 세계 제1위, 도시별 닷컴 도메인 등록순위 세계 제1위, 온라인 주식거래 순위 세계 제1위, MP3 음악파일 다운순위 세계 제1위를 비롯하여 심지어 음란사이트 접속 세계 제1위까지 휩쓸고 있는 것이 바로 한국의 네티즌들이다. 더욱 놀라운 사실은 지난 2000년 알렉사(www.alexa.com)의 인터넷 트래픽 순위 발표에 의하면 세계 10대 사이트 가운데 자그마치 3개(다음, 야후코리아, 아이러브스쿨)의 사이트가 올라가 있다는 점이다. 이들 사이트가 순전히 국내 네티즌만을 대상으로 하는 한글로 된 사이트임을 감안한다면 실로 엄청난 일이 아닐 수 없다. 이 정도면 누가 뭐

라 해도 분명 한국은 외형적으로는 인터넷 최강국의 반열에 우
뚝 섰다고 하겠다.34)

그러나 유감스럽게도 막상 뚜껑을 열고 자세히 들여다보면
외화내빈(外華內貧)이라는 말이 떠오르는 것이 또한 우리의 인
터넷 현실이다. 유용한 정보보다는 자극적이고 충동적인 정보만
난무한 사이트들, 합리적이고 생산적인 토론보다는 욕설과 비방
으로 얼룩져있는 게시판들, 음란한 대화와 은밀한 성적 거래가
이루어지는 채팅방이 바로 우리 인터넷 문화의 현주소이다. 디
지털 유토피아의 복음을 전파하던 인터넷 전도사들의 찬양은
자취를 감추었고, 암울한 디스토피아의 검은 그림자만이 인터넷
공간에 길게 드리워져 있는 듯 하다. 과연 어디에서 무엇이 잘
못된 것이었을까?

1. 기형적인 인터넷 발전과정

한국에서 인터넷이 발전해갔던 양상은 선진국들에서 나타났던
인터넷의 진화 과정과는 완전히 정반대의 경로를 밟아 나갔다. 서
구의 경우 인터넷의 보급은 유즈넷(Usenet)과 뉴스그룹(News
group)을 중심으로 사회적 현안에 대한 네티즌들의 지속적인 커뮤
니케이션(Communication)이 이루어지면서 시작되었다. 이들 커뮤
니케이션 집단은 다시 전자 공간의 커뮤니티(Community)를 형성

---

34) 미국의 온라인 조사기관인 닐슨/넷레이팅스(Nielsen/NetRatings)의
2001년 당시 발표에 따르면 한국의 인터넷 사용자 수는 미국, 독일,
중국, 일본에 이어 세계 제5위를 기록하고 있다고 한다. 또한 실제로
인터넷을 자주 사용하는 활동적인 네티즌의 숫자는 1천310만 명으로
미국(1억 200만 명), 일본(2천만 명), 독일(1천 510만 명)에 이어
4위를 차지했다(한겨레신문, 2001. 10. 23일자).

했으며, 각각의 공동체는 고유한 자신들의 문화(Culture)를 만들어 나간다. 그리고 이러한 문화적 기반에서 독창적인 콘텐츠(Contents)가 생산되고, 이 콘텐츠를 기반으로 하여 인터넷의 상업화(Commerce)가 이루어진 것이다. 즉 커뮤니케이션(Communication)→커뮤니티(Community)→문화(Culture)→콘텐츠(Contents)→상업화(Commerce)의 발전경로를 밟아 나갔던 것이다.

그러나 한국의 인터넷은 이와 정반대로 상업화로부터 첫 단추를 꿰어 나가기 시작했다. IMF 경제 위기를 타개할 탈출구로 인터넷 벤처산업이 정책적으로 채택되면서 가속화되기 시작한 정보화 붐은 필연적으로 시장 중심의 인터넷이라는 기형적 상황을 낳았고, 우후죽순처럼 등장한 닷컴 기업들의 상당수는 내실 없이 외형 키우기에만 급급했던 거품이었음이 금방 드러났다. 그제야 뒤늦게 콘텐츠의 중요성을 깨닫고 "콘텐츠가 돈이다"며 허둥거렸으나 문화적 기반이 없는 상태에서 양질의 콘텐츠가 제대로 만들어질리 없었다. 결국 당장 쉽게 만들어 바로 돈이 될 수 있는 자극적인 콘텐츠만을 찾게 될 수밖에 없다. 국내 유수의 포털 사이트들이 일제히 게임과 성인물 콘텐츠를 강화시키고 있는 것도 이와 같은 맥락에서 비롯된 일이다. 그리고 이는 결국 인터넷을 자극적이고 충동적인 콘텐츠만으로 오염시키는 악순환을 되풀이하고 있다.

〈표 5-4〉국가별 인터넷 활동 유형 분석(2001년 7월 기준,
　　　　 단위: %)

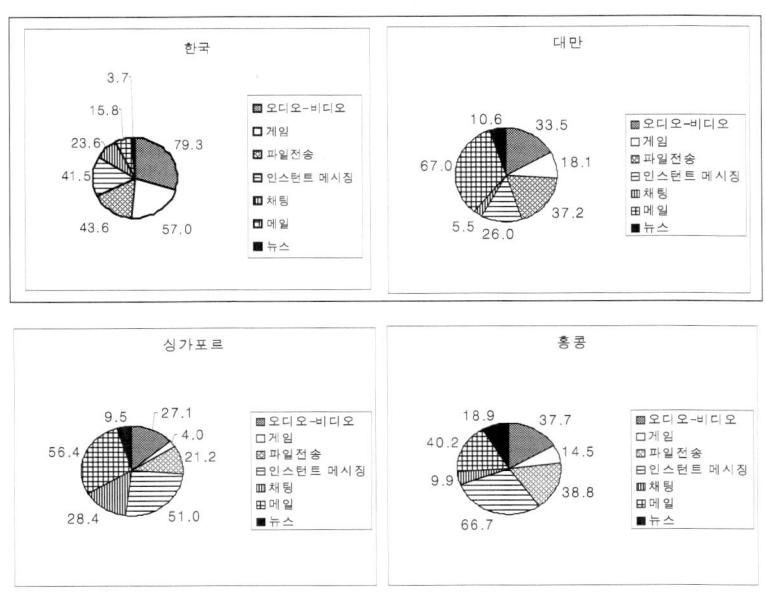

자료: 넷밸류 코리아, 주간 『아이위클리』No.69 2001년 9월 18일자

　　실제로 지난 2001년 넷밸류 코리아의 조사에 따르면 같은
아시아권 국가인 싱가포르 홍콩, 대만의 네티즌들이 지식 및 교
육, 의료분야 콘텐츠에 높은 관심을 보인 반면, 한국의 네티즌
들은 게임, 엔터테이먼트, 그리고 포르노 분야가 높은 비중을
차지하고 있어 다른 국가들과는 전혀 상반된 인터넷 이용문화
를 보여주었다. 또한 통계청이 2001년 12월 발표한 '정보화실
태 조사결과'에서도 우리나라 국민들의 인터넷 이용부문은 게임
오락이 55.7%로 가장 많았고 전자우편 53.9%, 정보검색
52.2%, TV와 음악 감상 등 여가활동 25.9%의 순서로 나타
났다. 이러한 이용 행태는 국내 인터넷산업 분야에서도 같은 형

태로 이어지고 있다. 한국소프트웨어진흥원에 의하면 국내 디지
털콘텐츠업체 중 20%가량이 인터넷게임업체로 집계되었으며,
음악, 영화 등을 포함하면 전체의 36%를 차지하고 있는 것으
로 분석되었다.

2. 사이버문화 교육의 부재

인터넷이 전자적 사회 공간이라는 너무나 당연한 사실을 그
동안 우리는 망각하고 있었다. 지금까지 우리에게 인터넷이란
어느 광고 문구처럼 "꿈을 현실로 이루어주는" 기술문명의 경이
로운 성과였으며, 그 '꿈'이란 대개 노다지 밭에서 일구어내는
'대박'의 꿈이었다. 즉 우리의 인터넷은 IT(정보기술)와 e-biz
가 전부였다. 그래서 남에게 뒤질세라 앞 다퉈 초고속통신망을
깔고, 고급 사양으로 컴퓨터를 업그레이드하고, 컴맹과 넷맹에
서 벗어나기 위한 몸부림에만 열심이었다. 그리고 너도나도 벤
처를 외치면서 대박의 꿈을 찾아 코스닥을 기웃거렸다. 인터넷
을 우리가 살아가는 생활공간으로 인식하고, 그곳에서 나타나는
다양한 사회·문화적 현상들을 이해하려는 노력은 거의 없었다.
기껏해야 사이버스페이스에서 벌어지고 있는 혼돈스러운 현상
들을 뒷짐 진 채 바라보면서 놀라움과 당혹감을 표현하는 것이
고작일 뿐이었다.
이는 인터넷의 주 이용층인 청소년들의 학교 교과과정에서도
여실히 드러난다. 각급 학교의 인터넷 교육은 주로 하드웨어, 소
프트웨어의 활용능력, 정보검색능력의 함양이라는 "컴퓨터 활용
기술 능력"의 함양에 목표를 두고 이루어지고 있다. 이는 결과적
으로 사회 공간이자 문화매체로서의 인터넷에 대한 교육프로그램

은 전무한 상태임을 반증해주는 사례이다. 더더욱 심각한 문제는 건전한 네티즌을 육성하는데 필요한 사이버문화 교육을 담당할 역량을 가진 교사가 없으며, 나아가 이러한 교사를 양성하기 위한 교육 프로그램이나 교육 기관조차도 없다는 사실이다.

　고작해야 산발적인 캠페인 차원으로 제시되는 네티켓 운동은 사이버문화의 함양을 위한 근본적인 대안이 될 수 없다. 계몽적·훈육적 성격의 윤리 교육은 사이버문화의 극히 일부분에 불과하며, 오늘날의 자유분방한 청소년들에게는 그저 당위론에 그칠 뿐 별 다른 설득력을 갖지 못하고 있다. 이처럼 사이버문화 교육이 부재한 상황에서 인터넷의 혼란과 일탈은 날로 극심해져 갈 것이다.

3. 10대 중심의 네티즌 문화

　현재 우리나라의 국민 평균 인터넷 이용률은 45.5%이다. 그런데 10대 청소년 인터넷 이용률은 무려 81.6%에 달하고 있다. 국내 인터넷 주 이용층은 단연 청소년이며, 우리의 인터넷 문화는 청소년이 주도해 가고 있다고 해도 과언이 아니다.

　2001년 인터넷 조사전문기관 닐슨//넷레이팅스(Nielsen//Net- Ratings)가 발표한 전세계 21개국 가정 내 인터넷 접속 비교 분석 결과도 이를 입증해 준다. 이 조사에 따르면, 우리나라 인터넷 접속자 중 10대 청소년이 차지하는 비율은 41.6%로 세계에서 가장 높은 접속률을 보이고 있었다. 반면 미국이나 유럽 국가들의 청소년 인터넷 접속률은 우리의 절반 수준인 16~27% 수준에 머물러 있는 것으로 나타났다.

　또 한 가지 특이한 사항은 우리나라의 50세 이상 인터넷 접

136

속률이 5.6%로 조사 대상국들 중 최하위를 기록했다는 점이
다. 결국 한국이 세대 간의 정보격차가 세계에서 가장 큰 나라
라는 이야기이다. 한편 덴마크나 스웨덴 같은 나라들은 오히려
50세 이상의 인터넷 접속률이 10대 청소년들을 앞지르고 있어
우리와는 상당히 대조적인 모습을 보여주고 있다.

〈표 5-5〉 연령별 인터넷 접속 현황(단위: %)

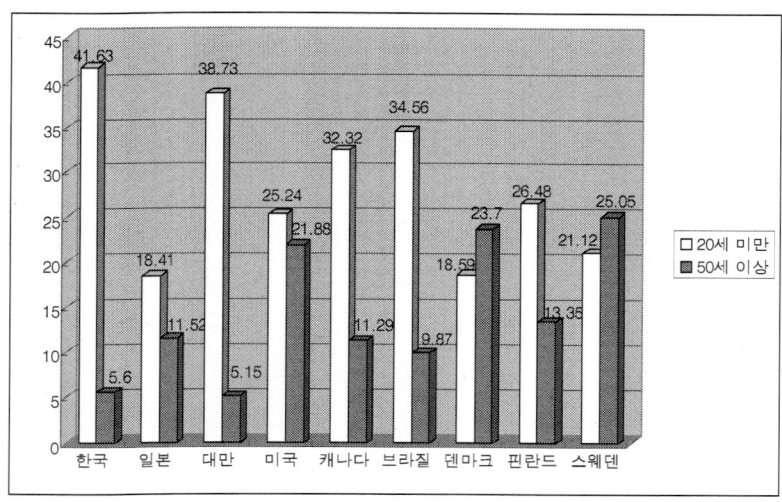

자료: 닐슨/넷레이팅스, 주간 『아이위클리』 No.51 2001년 5월 15일자

  사실 대부분의 선진국에서 인터넷 주 이용층은 본격적인 사
회 활동에 뛰어든 20~30대들이 차지하고 있다. 한국처럼 10
대 중심으로 인터넷 주 이용층이 형성된 경우는 지극히 이례적
인 현상이라 하겠다. 그리고 이는 국내의 인터넷 문화가 점점
더 자극적이고 감각적인 방향으로만 흘러가는 추세와도 직결되
는 문제이다. 그렇다면 왜 유독 우리나라의 인터넷은 10대들의

판이 되어 버렸는가?

한 마디로 이는 현실세계에서 청소년들이 처해있는 제반 사회적 여건으로부터 비롯된 결과라 하겠다. 돌이켜 생각해보면 우리의 청소년들은 사회적으로 가장 극심한 고립과 단절을 겪고 있는 세대이다. 과도한 경쟁심을 유발시키는 입시위주 교육, 틀에 박힌 획일화된 교육 프로그램, 학교 — 집 — 학원을 오고가는 반복된 생활 속에서 청소년들은 심각한 소외감에 빠져 있다.

인터넷은 그러한 청소년들에게 일종의 탈출구이자 해방구 같은 존재이다(윤영민, 2000). 컴퓨터를 통해 수많은 다양한 사람들과 만나 대화를 나눌 수 있는 곳, 학교에서 배우지 못했던 새로운 정보와 생각들을 배울 수 있는 곳, 그리고 현실에서 경험할 수 없는 색다른 경험들을 간접적으로나마 체험해 볼 수 있는 곳이 바로 10대들의 인터넷이다. 열린 공간이자 익명의 공간인 인터넷에 누구보다도 청소년들이 가장 열광적으로 빠져드는 것은 역설적이게도 이들이 가장 고립되고 단절된 세대이기 때문이다.

그러나 안타깝게도 그들은 인터넷을 어떻게 활용해야 할 것인지, 인터넷에서 어떻게 생활해야 할 것인지를 제대로 배우지 못했다. 결국 이들이 인터넷에 접속해서 할 수 있는 일이라고는 재미와 자극을 추구하면서 일시적으로 현실에서 벗어나는 일이 고작이었다. 거기에 더하여 기업들은 인터넷의 최대 고객층인 10대들의 입맛에 맞는 자극적이고 충동적인 서비스만을 열심히 제공하려 든다. 그러니 인터넷이라는 새로운 해방구에서 무엇을 할지 방향 감각을 잃은 청소년들에게 뻗쳐오는 유혹의 손길은 날로 늘어갈 뿐이다.

4. 취약한 사이버 시민사회의 기반

인터넷의 기형적인 발전과정은 사이버스페이스의 상업화와 양질의 콘텐츠 부족으로 이어진다. 사이버 문화교육의 부재는 올바른 사이버 문화와 건강한 디지털 마인드의 결여로 이어진다. 그리고 10대에 편향된 네티즌 구성은 사이버 시민사회의 주체가 미약하다는 이야기이다. 이러한 상황은 결국 사이버 시민사회 기반의 취약성으로 귀결된다.

특히 한국 사회는 전통적으로 과대 성장한 국가 부분에 비해 시민사회의 기반은 상대적 열세를 면치 못해 왔다. 사이버스페이스가 현실세계의 반영이라는 명제를 전제한다면 국가 부분에 비해 상대적으로 취약한 현실세계의 시민사회 기반이 사이버스페이스에도 그대로 반영되고 있는 것이다. 더욱이 한국의 정보화가 아래로부터의 발전이 아니라 정부의 강력한 정책적 지원하에 위로부터의 방식으로 진행되어 왔기 때문에 사이버스페이스에서도 국가 부분은 여전히 강력한 영향력을 행사하고 있다.

뿐만 아니라 한국의 인터넷은 벤처와 닷컴으로 대변되는 시장 주도로 발전해 왔다. 즉 사이버 시민사회의 기반 위에서 시장이 형성된 것이 아니라 역으로 인터넷의 상업화가 광범위하게 이루어지는 과정에서, 각종 상업 사이트들의 정보 서비스 차원으로 온라인 동호회 등 가상공동체들이 형성되어 갔다는 것이다. 그 결과 사이버 시민사회의 근간이라 할 수 있는 가상공동체들이 시민 공동체적 성격보다는 상업 공동체·서비스 공동체적인 성격을 강하게 띠고 있다. 한마디로 시장판 안에 마을이 들어서 있는 형국으로, 사이버 시민사회가 시장 부분에 높은 의존도를 보이고 있다는 것이다.

제2절 국내 온라인 사회운동의 태동과 성장

1. 온라인 사회운동의 등장 배경

(1) 전자 민주주의 프로젝트의 한계

정보화가 시민들의 정치 참여 기회를 확대시켜서 민주주의의 발전에 획기적인 기여를 할 수 있을 것이라는 기대는 초기 정보사회론자들의 낙관적 전망 속에서부터 나타난다. 가장 대표적인 정보사회론자 앨빈 토플러(A. Toffler, 1980)는 '반직접 민주주의'라는 개념을 통해 정당, 의회, 대통령과 수상, 법원, 관료제와 같은 산업사회의 낡은 정치구조들이 퇴색하고 제3물결의 정치라 불리는 새로운 정치구조가 만들어 질 것이라고 예측했다. 그것은 다수파가 아닌 소수파의 정치, 정당이 아닌 공익집단이나 이익집단 중심의 정치, 국가 단위가 아닌 지구단위 혹은 지역단위의 정치, 획일화된 대중 민주주의(mass democracy)가 아닌 여러 다양한 집단의 요구가 수용되는 모자이크 민주주의(mosaic democracy)가 될 것이라는 전망이다.

존 네이스비트(J. Naisbitt, 1982) 역시 정보사회의 10가지 거대한 조류(Megatrend) 중 일곱 번째로 대의 민주주의에서 참여 민주주의로의 전환을 꼽고 있다. 그는 정보사회에서 일반 대중은 그들의 대표만큼이나 많은 정보를 즉각적으로 알 수 있게 되었기 때문에 대의 민주주의의 유용성은 사라졌다고 말한다. 따라서 국민투표나 국민발의 등과 같은 제도적 장치를 통하여 대중들이 정책 결정과정에 참여하는 직접 민주주의가 실

140

현되고 있다고 주장한다.

이 밖에도 정보통신 기술의 발달이 정치적 민주주의의 확장에
기여할 것이라는 전망은 전자 민주주의(C. Arterton, 1987), 준유
토피아적 민주주의(Dahl, 1985), 전자 공화국(Grossman, 1995),
버튼 누르기식 민주주의(F. Williams, 1982) 등 여러 가지 이름으
로 끊임없이 제시되어 왔다.

뿐만 아니라 실제로 전자 민주주의를 구현하기 위한 다각적
인 실험적 모색들도 여러 차례 수행되었다. 아직 정보화 단계가
이루어지기 이전부터 TV 방송과 신문 그리고 우편투표를 결합
시킨 뉴욕의 '76년의 선택(Choice for '76) 프로젝트'[35], 전화
를 통한 원격투표를 시도한 '하와이 원격투표 프로젝트'[36] 등의
실험이 진행된 바 있다. 그리고 정보화 이후에는 캘리포니아 펠
로 앨토(Palo Alto) 시의회의 '모래언덕길(Sand Hill Road)
프로젝트'[37]와 지난 2000년 3월 미국 민주당 대통령 후보 지
명을 위한 애리조나 주 예비선거[38] 등에서 본격적인 온라인 전

---

35) 이 프로젝트는 뉴욕의 지역계획협회 주관으로 실시되었다. 뉴욕 지역
   방송에서 주택, 교통, 환경, 빈곤, 도－농 격차 등 그 지역이 당면한
   다섯 개의 현안을 다룬 프로그램을 방송한 후 일간 신문에 투표용지
   를 인쇄·배포하여 시민들이 자신의 의견을 우편으로 회신하도록 하
   는 프로젝트였다. 그러나 투표율이 1%에 그치는 등 참여는 매우 저
   조하게 나타났다.
36) 이 프로그램은 먼저 자원봉사자들이 무작위로 번호를 골라 전화를 한
   다. 전화를 받으면 원격투표의 내용을 설명해주고 참여 의향을 물어
   본다. 그 다음에는 참여에 동의한 사람들 집으로 투표 내용에 대한
   다양한 입장을 제시한 소책자가 배달되어 투표자들이 자신의 의견을
   숙고할 수 있는 시간을 준다. 이후 다시 전화를 걸어 투표자의 의견
   을 전화에 녹음하는 것으로 투표를 진행하는 방식이다.
37) 스탠포드 대학 주관으로 진행되는 이 프로젝트는 웹사이트를 통해 지
   역 현안에 대한 주민들의 온라인 토론을 거쳐 버튼 누름식(push-
   button) 전자투표로 정책을 결정한다.

자투표가 실행되기도 했다.

하지만 이미 정보화가 상당 부분 진행된 현재에 이르기까지 전자 민주주의 프로젝트의 가시적 성과는 나오지 않고 있다. 대다수 정치인들에게 인터넷은 국민과의 직접적인 소통의 통로라기보다는 자신들의 전자적 홍보물 정도에 그치고 있는 수준이다. 1992년 미국 대통령 선거에서 로스 페로(Ross Perot)는 고대 그리스 아테네의 아고라를 연상케 하는 '전자타운 홀 미팅(electronic town hall meeting)'을 선보였지만, 결국 다수가 동시적으로 참여하는 온라인 실시간 토론은 혼돈에 불과하다는 사실만 확인시켜 주고 말았다.

한편 민간 차원의 전자 민주주의 프로젝트 역시 참여 민주주의의 확대보다는 인터넷 정치의 상업화에 초점이 맞추어지고 있는 것이 현실이다.39) 실제로 최근 미국에서는 '전자 민주주의'란 용어가 'e-폴리틱스(e-politics)'로 대체되면서 '민주주의'의 가치는 거세된 채 단지 온라인상에서 전자적으로 구현되는 정치과정으로 그 의미가 축소되어 가는 추세이다. 나아가 클린턴 미대통령의 선거 참모 출신인 딕 모리스(D. Morris, 1999)는 자신이 개설한 정치 사이트 「보트 닷 컴」(www.vcte.com) 및 동일한 제목의 책에서 시종일관 '인터넷 투표'란 용어를 사용함으로써 전자 민주주의의 의미를 단지 '온라인 투표 행위'만으로 현저하게 제한시켜

---

38) 여기서 실시된 전자투표에는 1996년 같은 지역의 예비선거에 참여했던 당원 수의 3배에 달하는 39,942명의 대의원이 참여하여 80%가 넘는 투표율을 기록함으로써, 전자투표가 투표율의 제고에 효과가 있음을 입증해 주었다.

39) 실제로 보트닷컴(www.vote.com), 일렉션닷컴(www.election.com)과 같은 미국의 대표적 정치 사이트나 한국의 포스닥(www.posdaq.co.kr) 같은 민간 차원의 전자 민주주의 프로젝트는 향후 전개될 전자 투표나 정치인들의 온라인 캠페인에 필요한 솔루션의 개발 및 판매를 염두에 두고 있다.

버리고 있다.

이러한 현실은 우리에게 몇 가지 함의를 던져준다. 첫째, 단순히 기술의 발달 그 자체만으로 사회적 변화가 일어나지는 않는다는 너무나 당연한 명제이다. 컴퓨터와 인터넷의 발달이 저절로 참여 민주주의의 확장으로 직결되는 것은 아니다. 전자 민주주의는 기술적인 문제라기보다는 시민사회의 재구조화와 정치문화의 성숙을 포함하는 포괄적인 문제이다(김철규, 1998). 그것은 해당 사회의 정치구조나 정치문화, 그리고 정치 엘리트들의 의지와 시민의 역량이 뒷받침되어야만 비로소 실현가능한 일인 것이다.

둘째, 설령 전자 민주주의의 실현이 가능하다 해도 그것이 반드시 참여 민주주의를 의미하는 것은 아니라는 점이다. 실제로 기존의 전자 민주주의 프로젝트는 대의 민주주의의 제도적 정치과정을 보다 효율적이고 편리하게 수행할 수 있게 해주는 보완적 성격에 불과할 뿐, 대중의 직접적인 정치참여를 획기적으로 신장시켜 줄 수 있는 것은 결코 아니다. 서구 사회에 상당수를 차지하는 정치 불신층이 정보기술 덕분에 정치참여 의사나 기회가 늘어났다는 증거는 어디에도 찾아볼 수 없다. 즉 전자 민주주의는 기존 정치의 전자적 확장일 수는 있어도 참여 민주주의의 확대는 아닌 것이다.

셋째, 인터넷을 통해 대중들의 정치참여 기회가 확장된다고 해도, 그것이 민주주의의 발전에 기여할 것인가에 대해서는 보다 진지한 성찰이 필요하다는 것이다. 인터넷은 현실세계보다 훨씬 더 감각적이고 즉흥적인 정서가 지배하는 공간이다. 전자 민주주의는 자칫 중우정치, 이미지 정치로 귀결될 수도 있으며 나아가 정치 엘리트들의 정보통제 및 정보조작을 통한 '부드러운 전제 정치'를 결과할 수도 있다는 것이다.40)

결국 인터넷을 통한 정치 참여의 확대는 기술발달을 통해 저절로 실현되는 것도 아니며, 정치엘리트들이 만들어주는 것도 아니다. 뿐만 아니라 제도적 정치과정이라는 절차적 영역에만 국한될 일은 더더욱 아닌 것이다. 일차적으로 시민들의 자발적이고 적극적인 참여가 전제되어야 하며, 그 과정에서 정보통신기술이 효과적으로 뒷받침될 수 있는 것이다. 결국 참여 민주주의를 확장시키기 위해서는 정치과정과 정보통신기술이 결합되는 주된 지점이 제도적 영역이 아닌 시민사회의 영역으로 옮겨져야 가능할 일인 것이다.

(2) 오프라인 시민운동의 위기

1970년대의 민주화운동, 1980년대의 민중운동으로 면면히 이어져오던 한국 사회운동의 전통은 1990년대 들어 '시민운동의 시대'를 열었다. 오랜 권위주의 정권의 통치가 마감되고 서구로부터 신사회운동의 조류가 유입되면서 시민운동은 정치권력에 대한 도전과 억압으로부터의 해방을 중심으로 하는 사회운동으로부터 새로운 권리의식과 삶의 질을 추구하는 새로운 사회운동으로 방향전환이 이루어진 것이다. 경실련, 환경운동연합, 참여연대 등 주요 시민운동 단체들이 잇달아 만들어졌으며, 이들은 1990년대를 걸쳐 한국 사회의 중요한 여론주도세력으로 또 비판세력으로 자리매김 한다.

그러나 21세기 벽두부터 시민운동은 중대한 위기와 시련에 봉착하게 된다. 시민들의 참여는 급격히 하락하고, 그 와중에 시민운동의 중요한 사회적 자산 중의 하나인 도덕성이 심각하게 훼손

40) 이와 같은 지적은 국내에서도 강정인(1997), 유석진(1997) 등에 의해 꾸준히 제기되어 왔다.

되는 일련의 사건들이 잇달아 발생한다.41) 또 시민운동 내부에
서도 운동의 방향과 전략을 놓고 갈등과 분열의 양상이 가속화되
기 시작했다.42) 한마디로 '시민운동 일대 위기'의 시기가 엄습한
것이다. 이러한 위기는 크게 다음의 세 가지로 묘사된다.

첫째, '백화점식 시민운동'이라는 지적이다. 1990년대 한국
시민운동의 양 대 축이라 불리는 경실련과 참여연대를 비롯해
서 이른바 메이저급 시민단체들이 보여주는 운동의 방식은 전
문성과 집중의 원칙보다는 온갖 사회현안에 빠짐없이 개입하는
'종합형 시민운동'의 모습을 띠고 있다. 그 결과 너무나 많은 부
서와 단위들로 상호 간에도 무슨 일을 하고 있는지 모를 정도
로 비대한 조직이 만들어졌으며, 이는 다시 운동조직의 관료화
와 정체성의 불분명으로 귀결된다(하승창, 2000).

둘째, '여론몰이식 시민운동'이라는 지적이다. 한 마디로 시민
운동이 이른바 '이슈 파이팅(issue fighting)' 중심으로 흐르고
있다는 것이다. 시민단체의 과도한 조직 확장은 시민단체의 재
정적 위기를 몰고 왔다. 이의 타개책으로 재정적 후원자를 물색
하다보니 상시적인 생활운동보다는 대중적 이목을 집중시킬 수
있는 언론 플레이 중심의 사업에 불가피하게 치우치거나, 혹은
정부나 기업에게 재정적으로 의존하면서 시민운동의 독립성이
침해되는 결과를 빚게 된 것이다. 물론 이슈 파이팅은 시민운동

---

41) 시민운동에 대한 본격적인 문제제기가 이루어진 최초의 계기는 경실
    련이 겪은 이른바 '김현철 비디오테이프 사건'이다. 이 사건 직후에
    한겨레신문은 이를 '경실련식 시민운동의 파산'이라고 선언하였다. 이
    후 '경실련 사무총장의 일간지 칼럼 대필 사건', '녹색연합 대표 장원
    교수의 여대생 성추행', '경실련의 대기업 후원금 모금' 등 시민운동의
    도덕성에 치명타를 가하는 사건들이 연달아 터져 나온다.

42) 총선연대의 낙선운동에 대한 평가 및 시민단체의 정치참여 문제를 둘
    러싸고 경실련과 참여연대가 치열한 대립의 양상을 보이고 있는 것은
    이의 대표적인 사례라 하겠다.

의 존재를 대중에게 알리고, 주요 사안에 대한 시민운동의 영향
력을 확보하는데 유리한 여건을 즈성해 준다는 장점이 있다. 하
지만 과도한 이슈 파이팅으로 시민운동의 근간이 시민의 참여
보다는 언론 등 외부 기관에의 의존에 더 치우치는 주객전도를
결과하게 되었다.

셋째, '시민 없는 시민운동'이라는 지적이다. 즉 회원들이나
시민들이 운동의 중심이 아니라 전문가들이나 상근 활동가들이
운동의 중심에 있다는 비판이다(하승찬, 2000). 비록 외형적으
로는 회원의 수가 늘어나고 있지만, 시민들은 시민운동의 주체
가 아닌 객체적 존재에 머물러 있으며, 시민단체의 활동은 여전
히 개인 명망가를 중심으로 이루어지고 있다. 이는 아직까지도
국내 시민단체가 초기 형성단계의 수준에 머물러 있다는 이야
기이다. 그 결과 시민단체의 참여는 연고적 동원형태로 이루어
짐으로써 시민운동에 대한 일반회원들의 자세는 소극적·수동
적이 되고 있다(권해수, 1999). 이는 수많은 자원봉사자들이
시민운동의 중추적 역할을 담당하고 있으며, 인지적 동원이 주
류를 이루고 있는 선진국의 시민단체 활동과 크게 다른 양상을
보이는 것이다(Inglehart, 1990).

2. 온라인 사회운동의 발전사

(1) 제1기: PC통신 시절(1990~1996)

1) 진보적 사회운동 동호회 활동

한국에서 온라인 사회운동이 첫 선을 보인 것으로는 1990년 11월 4일 케텔(KETEL: 하이텔의 전신)에서 조직된 '바른 통신을 위한 모임(바통모)'를 꼽는다. 당시 케텔에서는 내외통신과 매일경제의 뉴스만 서비스되고 있었는데, 한겨레신문 창간에 즈음하여 일단의 진보적 통신인들이 케텔 측에 한겨레신문 기사도 함께 게재해 줄 것을 요구한다. 그러나 그 요구는 거절당하고, 이에 이들은 한겨레신문 기사를 직접 타이핑하여 게시판에 올리는 운동을 자발적으로 펼쳤다(김형준, 1997). 그리고 그 과정에서 이 일에 함께 참여하고 있는 익명의 통신인들 사이에 네트워크를 통해 서로의 존재감이 확인되고, 점차로 하나의 모임을 만들 필요성을 느끼게 되었다. 그 결과 올바른 통신 문화의 정착과 통신 공간 내부의 진보적 흐름을 하나로 묶어낼 목적으로 '바른 통신을 위한 모임'이라는 동호회를 설립하게 된다.43) 당시 바통모의 창립선언문을 보면 이들의 문제의식과 지향점이 무엇이었는지 엿볼 수 있다.

> 바른 통신모임은 정보통신 속의 문제점을 고민하고
> 해결하는 속에서 하나의 자주적 모임을 만들어 나가

---

43) 바통모는 내부에 사회분과, 여성분과, 청소년분과, 문화예술분과, 과학기술분과 등 5개의 하부 분과를 두고 있었으며, 별도로 '전환의 좌표'라는 이름의 출판기획팀을 운영하고 있었다.

기 위한 사용자 모임으로 **출발합니다**. 우리는 단지 수
동적인 정보취득자에 안주하지 않고 올바른 정보통신의
발전을 위해 사용자들의 단결력을 높여 나가려 합니다.
이를 위해 우리 모임은 올바른 통신문화의 정립을 기반
으로 하여, 사회와 과학기술의 문제에 대한 공정한 관
심과 풍부한 지식을 키워 나갈 것입니다. 또한 건설적
이고 민주적인 대안제시와 해결 노력을 통하여 통신 속
의 문제를 해결해 나갈 것입니다. 더불어 통신인의 민
주적 역량의 증대와 민주주의의 훈련장으로서 모두에게
개방된 통신 공간을 만들어 나갈 것입니다.

(하이텔, go barun)

강조한 인용문을 통해서도 알 수 있듯이 바통모의 최초 문제
의식은 한마디로 '사용자 운동'에 대한 고민이었다. 사용자 운동
이란 그 주체가 PC통신 서비스를 이용하는 사용자가 되며, 운
동의 대상은 서비스 회사가 되는 것이다. 한마디로 소비자 입장
에서의 권리 찾기라고 규정해도 무방하다. 실제로 바통모는 하
이텔을 대상으로 '조회수 제도 철폐운동'44), '36시간 하이텔 동
호회 시스템 정지 항의운동', '게시물의 부당 삭제 항의운동',
'통신예절운동' 등 다양한 통신소비자 운동을 펼쳤다. 얼핏 초보
적이고 맹아적인 형태의 운동이라 볼 수도 있지만, 통신 사용자

---

44) 바통모는 조회수 제도 철폐운동의 배경으로 "① 조회수는 곧 그 글의
상품성을 의미하게 되었으며 ② 그 상품성조차 내용으로 선택되는 것
이 아니라 단지 제목이라는 포장으로 결정되고 ③ 이에 민감한 이용
자들에게 있어서 조회수 자체가 하나의 목적으로 전환되어 ④ 이는
곧 배설적인 통신문화에서 자극적인 제목달기와 내용 쏟아놓기로 이
어지고 있고 ⑤ 애초에 의미하는 역할을 잃어버리고 오히려 정보선택
에 혼란을 주며 자극적이고 배설적인 통신문화를 부추기고, 글의 상
품성만이 지배하는 형태로 만들어 가면서 커뮤니케이션의 질을 떨어
뜨리고 통신 내 논의구조의 발전을 저해하고 있다"고 말한다(하이텔
barun).

들의 주체적인 권리의식에 대한 자각은 의미 있는 출발점이라고 할 수 있다.

바통모의 결성을 계기로 상용 PC통신망에는 진보적인 통신인들의 온라인 동호회가 잇달아 만들어지는데, 두드러진 활동을 보였던 동호회들은 다음과 같다.

〈표 5-6〉상용 PC통신 내 사회운동 동호회

상용 PC통신망	단체명
하이텔	바른 통신을 위한 모임
	대중매체 모니터링 동호회
	통합과학
천리안	현대철학동호회
	희망 터
나우누리	찬우물
	진보청년동호회
	메아리

진보적 성격의 사회운동 동호회들은 주로 학생운동에 참여하고 있는 대학생들과 이들의 선배 세대들을 중심으로 구성되어 있었다. 여기서 당시 나우누리 '찬우물' 운영자의 말을 들어보자.

　　"찬우물을 만든 목적은 아주 뚜렷했습니다. 통신 공간에 와보니 운동권이 많다. 그런 통신 내 운동권들이 흩어져 있게 하지 말고 서로 잘되게 모이자. 그러니까 찬우물의 출발 동기는 '통신 공간의 운동권 조직'이라고

할 수 있습니다. 찬우물 회원들의 대다수가 운동을 하
는 분들입니다."

이들은 1994년 무렵부터 온라인 공간에서의 사회운동 방향
을 놓고 논쟁을 전개하기도 했는데, 이른바 '통신을 통한 운동'
이냐 '통신을 위한 운동'이냐의 논쟁이 그것이다. PC통신을 현
실 사회운동의 수단으로 활용할 것인가 아니면 통신 공간 및
정보의 민주화에 주력할 것인가 라는 논쟁은 이후 온라인 사회
운동의 분화에 첫 시발점이기도 했다. '통신을 통한 운동'의 입
장에서는 사회 현안에 대한 온라인 토론을 전개하고 사회운동
진영 내부의 각종 문건 자료를 제공하는 등 사회운동의 정보를
공유하고 진보적인 목소리를 사회적으로 전파시키는 역할에 주
력하였다. 그리고 '통신을 위한 운동'의 입장에서는 특히 온라인
공간에서의 표현의 자유 확보 및 부당한 검열에 대한 항의, 통
신 사용자 권익보호 등을 위한 활등이 많이 나타났다.

그러나 온라인 사회운동 동호회 활동의 대부분은 '진보적인
데이터베이스 구축'에 무게 중심이 놓여 있었다. 또한 당시 동
호회 운동은 컴퓨터 통신의 '쌍방향'적 특성을 살려 사회운동 진
영의 소통과 토론에 기여했다기보다는 일방적인 선전 선동의
공간에 머물렀다는 비판을 받기도 한다.

한편 이 즈음에는 온라인 사회운동 동호회들 간의 연대 및
연합도 이루어진다. 1993년과 1994년에 걸쳐 현대철학동호회,
희망터 등의 운영자가 국가보안법 위반혐의로 잇달아 구속되는
사태가 벌어지자 그동안 독자적으로 활동해오던 온라인 사회운
동 동호회들이 1994년 3월 '통신탄압 저지를 위한 대책회의'란
모임을 만든다.45) 대책회의는 통신 공간에서의 표현의 자유를

---

45) 당시 온라인 사회운동 동호회 회원들이 구속된 주요 사건들의 정황은

지키고 통신상에서 행해지고 있는 공권력의 탄압의 부당성을 선전하는 등의 활동을 전개해 나갔다.

특히 이때 주목할 만한 사건 중의 하나는 미국의 네티즌들이 인터넷 공간에서 통신의 자유를 외치며 벌였던 '블루리본 캠페인(Blue Ribbon Campaign)'과 유사한 온라인 시위가 국내 PC통신 공간에서 조직되었다는 점이다. 물론 PC통신은 인터넷과 같은 그래픽 환경이 아닌 텍스트 중심의 환경이었기 때문에 실제 푸른 리본을 만들 수는 없었다. 그래서 고안된 것이 이른바 '하얀 리본' 운동이다. 즉 삼각 기호를 맞닿게 하여 리본 모양을 만들어 게시 글 제목의 말머리에 붙이는 방식이다. 이를테면 "▷◁ 통신검열 반대!!" 같은 것이다. 당시 '하얀 리본' 운동의 첫 제안자였던 김영근 씨는 PC통신에 올린 자신의 글에서 그 취지를 이렇게 설명하고 있다.

> "인터넷에서는 얼마 전에 블루리본을 달아 인터넷에서의 자유로운 정보 공유와 교류에 대한 표현을 묵묵히 해 나갔고 그 결과도 컸다고 봅니다. 우리도 이젠 제목의 말머리 앞에 하얀 매듭을 달아 우리의 주장을 모읍시다."

온라인 사회운동 동호회들은 이와 같은 활동들을 토대로 '민주통신을 위한 PC통신단체협의회(민통협)'을 결성한다. 그러나

다음과 같다.
1. 현철동 김형렬-사노맹 유인물 게시 및 게시판 갈무리 보관
2. 현철동 김영선-아나키즘 도서 게시 및 게시판 갈무리 보관
3. 현철동 진상호-도서(붉은산 검은피)게제 및 공산당 선언 게제
4. 회망터 이창렬-김일성 신년사 등 게제
5. 현철동/참세상-황의선-게시판 갈무리 보관
6. 현철동 김바로-갈무리한 성명서 게재

민통협은 명확한 운동의 전망을 세우지 못한 채 일회적인 행사로 흐지부지 끝나고 만다. 그러나 민통협이 무산된 지 약 1년 후 새로운 연대모임에 대한 논의가 다시 시작되었고, 그 결과 '진보통신단체연대모임(통신연대)'라는 단체가 결성된다. 통신연대는 '정보통신의 사회화'와 '진보 네트워크의 구축'이라는 두 가지 모토를 내세우고 이후 PC통신망을 근거로 한 온라인 사회운동의 중추적인 역할을 수행해 나간다. 통신연대에 참여한 동호회들은 다음과 같다.46)

- 바른 통신을 위한 모임(하이텔)
- 정보연대 SING(http://power1.snu.ac.kr)
- 진보청년동우회(나우누리)
- 찬우물(나우누리)
- 참세상(참세상 BBS)
- 한국과학청년회 인터넷 소모임(www.ink.co.kr/~komsat)
- 현대철학동호회(천리안)
- 희망터(천리안)

2) 진보 BBS 구축 운동

진보적 동호회가 국내 온라인 사회운동 초창기에서 운동세력의 조직에 기여를 했다면, 또 다른 한쪽에서는 운동의 인프라라 할 수 있는 독립 BBS를 구축하기 위한 움직임들이 나타나고 있었다. 독립 BBS 구축 활동은 처음 풀뿌리 BBS라고 불리던

---

46) 이들 중 현대철학동호회와 희망터는 '통신을 통한 운동' 쪽에, 바른 통신을 위한 모임, SING, 참세상, 한국과학청년회는 '통신을 위한 운동' 쪽에 자신들의 운동 노선을 접근하고 있었다. 그리고 찬우물은 중도적 입장에 가깝다고 할 수 있다.

사설 BBS로부터 시작되었다. 사실 사설 BBS는 국내 통신 초
창기의 개척자적 역할을 담당했다고 할 수 있는데, 이들 중 특
히 민중교회의 '평화만들기 BBS', 사당의원의 '북소리 BBS',
대우자동차노조의 '대자보 BBS', 아리컴의 '노동해방통신 BBS'
등이 사회운동적 성격을 가진 대표적인 BBS들이다. 이들 사설
BBS들은 사회운동 진영의 자유로운 의사소통 공간으로 활용되
었으며, 분야별 사회운동의 자료를 서로 나누는 데이터베이스로
서의 성격을 가지고 있었다. 그러나 소수의 고립적인 BBS 활
동은 애초부터 사회적 파급력이나 대중성 등의 측면에서 한계
를 가질 수밖에 없었다.47)

　천리안, 하이텔, 나우누리 등 상용 PC통신 서비스가 본격적
으로 시장을 형성하면서 사설 BBS들은 급격히 퇴조하게 된
다.48) 그리고 앞서 살펴본 바와 같이 상용 PC통신망 안에 온
라인 사회운동 동호회들이 자리를 잡는다. 하지만 진보운동 진
영 일각에서는 상업 통신망 안에서의 사회운동에 분명 한계가
있음을 직시하고 운동진영의 독자적인 BBS를 구축하기 위한

---

47) 여기서 잠시 '노동해방통신 BBS'의 접속화면 인사말을 살펴보자.
　　"인간이 보다 인간답게 살 수 있는 노동자 민주주의 실현을 위해 일
　　하시는 분들과 이를 지지하시는 분들, 그리고 조금이나마 관심을 갖
　　고자하는 분들의 빠른 정보교환과 정보통신문화의 노동자적 변혁을
　　지향한다."
　　강조문에서도 엿보이듯이 당시 BBS 운영자들의 정보화에 대한 인식
　　은 집단 성원 간의 전자적 커뮤니케이션에 초점을 맞추고 있는 수준
　　이었다.

48) 접속노드 개설 및 유지 운영에 들어가는 비용부담과 1990년대 들어
　　속칭 '야동'을 빌미로 한 정부의 사설BBS 단속으로 사설BBS의 운영
　　이 어려움에 처하는 것과 때를 같이하여 천리안이 사설BBS에 시스템
　　을 제공하자 많은 사설BBS들이 천리안의 한 메뉴로 포함되었다. 신
　　생 상업통신망인 나우누리의 경우 '작은 모임'이라는 서비스로 사설
　　BBS에 대한 수요를 수렴하였다(장여경, 2001).

모색이 시작된다. 특히 통신 공간에서 각종 공안 사건이 벌어지면서 PC통신 서비스 업체들이 사용자들을 보호해주기는커녕 오히려 게시물 삭제 등 통제자로서의 역할에 나서는 모습은 진보운동 진영으로 하여금 독립 BBS의 필요성을 절감케 하는 결정적 계기로 작용했다.

그 결과 환경운동 관련 독립 네트워크인 'Ecoserve'와 'KSDN(지속가능한 개발을 위한 네트워크: Sustainable Development Network)', 그리고 분야별 사회운동 단체들이 망라된 '참세상 BBS' 등이 구축되었다. 또한 1996년에는 '한국민간네트워크협의회 (KACC)'가 결성된다.

이들 중 특히 '참세상 BBS'의 활동이 눈여겨볼 만 하다. 1993년 진보·독립·자치 네트워크를 표방하고 개시된 '참세상'에는 과학기술, 노동운동, 민주통일, 시민/지역운동, 문화/언론/학술, 여성, 청년/학생 등 총 6개의 하위 디렉토리가 구성되어 있었다. 또한 국내외 네트워크에서 제공한 각종 자료들이 분야별로 분류되어 있으며, 노동정보와 정기간행물 정보의 데이터베이스가 구축되어 있었다. 이를 기반으로 총 30여 개의 포럼 및 자료실이 운영되었으며, 5천 명 이상의 회원을 갖춘 진보 운동 진영의 대표적인 독립 BBS로 자리매김 하였다. 이는 독자적인 네트워크를 구축해 여러 사회운동 단체들이 연대 활동을 벌이는 외국의 일반적인 추세를 국내에 본격적으로 도입한 최초의 사례이며, 이러한 참세상의 인프라는 이후 인터넷 시대의 국내 온라인 사회운동을 주도해 나가는 '진보넷'의 기반이 되었다.

3) 오프라인 운동조직의 온라인 진출

PC통신 공간은 기존 오프라인 기반에서 활동해 오던 각 사회운동 단체들에게도 새롭게 열린 공간이었다. 특히 문민정부 초기 시민운동이 김영삼 정부의 파트너로 인정받고 여론 주도 세력으로 성장하면서 통신 공간은 이들에게 주요한 활동 무대로 떠오르게 되었다. 이에 상당수의 사회운동 단체들이나 노동조합 등이 상용 PC통신망에 정보제공자(IP: Information Provider)의 자격으로 자신들의 방을 만들거나 혹은 CUG(폐쇄 이용자 그룹: Closed User Group)를 개설하여 온라인 공간으로 진출한다.

1992년 대통령 선거를 계기로 당시 민중당에서는 천리안에 '진보광장'이라는 CUG를 만들어 조직 관리 및 선거 준비에 활용을 해왔으며, 그 밖에 전대협, 전교조를 비롯한 상당수의 진보적 조직들도 비슷한 활동을 벌여왔다. 또한 경실련, 환경운동연합, YMCA 등 시민단체들도 차례로 PC통신 공간에 자리를 잡는다. 이외에도 '21세기 프론티어', '사이버파티' 등 시민운동권이나 정치권 인사들을 중심으로 온라인을 통한 새로운 조직이 구성되기도 한다. 이는 사회적 실천이 거꾸로 통신 공간 내로 유입되어 들어온 예라고 할 수 있다. 하지만 통신 공간에 대한 깊은 이해에 기초한 활동을 벌이기보다 자신들의 고유한 조직적 목적이 앞서는 경우라고 평가된다.

한편 이들 간에도 연대의 모습이 나타나는데, 1993년 하이텔에 '열린정책회의'라는 서비스명으로 개설된 '온라인정책협의회'가 바로 그것이다. 온라인정책협의회에는 경제정의실천연합, 동방문화경제교류협회, 정의로운 사회를 위한 시민운동협의회, 환경운동연합, 홍사단, 기독교윤리실천운동, 나라정책연구회, 노동인권회관, 한국여성정치연구소 등 총 9개 단체가 처음 참여했으며, 이듬해 1994년, 지방자치실무연구소와 위지지역경제연구소가 추가로 참여해 11개 단체로 운영되었다.

이들 가입단체들의 성격을 보면 크게 정책을 개발하는 연구단체와 시민운동을 실천하는 운동단체로 구분된다. 이는 운동단체들은 연구단체들이 개발한 자료를 자신들의 운동의 방향 및 전략 수립에 활용할 수 있고, 또 연구단체들은 자기들의 정책을 실행에 옮기는 운동단체들로부터 정책의 실행 가능성을 피드백 받으면서 시너지 효과를 거둘 수 있는 이상적인 구조라는 점에서 참신한 모색이었다고 할 수 있겠다.

그러나 참여 단체들 간의 유기적인 연계 활동이나 일반 대중들과의 원활한 커뮤니케이션은 이루어지지 못하고 단순히 하이텔의 정보제공자로서의 역할에만 머물고 말았다는 점에서 많은 아쉬움을 남긴다. 이는 어쩌면 아직까지 온라인 공간에 대한 인식이 부족했던 데에서 기인한 것으로도 보이는데, 이를 엿볼 수 있는 대목이 발족 당시 맺어진 '온라인정책협의회 공동협약서' 제2조(목적)의 내용이다.

> 본 협의회는 건강한 사회와 복지국가 건설을 토대로 사회 각 전문분야에서 활동하고 있는 단체/기관들이 첨단 정보교환 매체인 컴퓨터 통신을 이용하여 아래와 같이 토론과 자료열람의 공간을 만들어 가는 데 그 목적이 있다.
> ① 서로의 의견과 활동에 대한 홍보
> ② 정책입안 관련 자료의 자유로운 교환
> ③ 정보이용의 대중화
> ④ 국민인식 발전의 지속적 확산 도모

이처럼 '온라인정책협의회'에서 바라보는 통신 공간이란 사회운동에 있어 대중의 참여와 소통의 기회를 넓히는 공간이라기보다는 자신들의 활동을 홍보 · 계몽하고 내부적으로 원활한 커

뮤니케이션을 하기 위한 수단이었던 것이다. 뿐만 아니라 참가
단체들의 면면에서도 알 수 있듯이 지향점이나 정체성에 있어
서도 통일된 행동을 조직해 나가기 어려운 구조였기 때문에 협
의회 차원에서 뚜렷한 활동을 보여주지 못하고 말았다.

오히려 온라인에서의 실천 전략은 한국통신노조, 한총련 등
CUG를 근거로 활동했던 단체들이 보여줬던 온라인을 통한 시
위의 조직 및 지휘에서 본격적으로 찾아진다. 1994년 한국통신
노동조합은 사내 CUG를 통하여 지도부가 총파업을 지휘했으
며, 이듬해 8월 한총련의 대규모 시위 역시 상용 PC통신망 내
의 CUG와 각 대학 총학생회 게시판을 통하여 조직되었다.

이에 정부는 CUG 강제 폐쇄 조치를 단행하나, CUG 폐쇄에
대한 규정이 전기통신사업법에 규정되어 있지 않으며, CUG 전
체가 이적성이 있는 글이 아님에도 폐쇄를 단행함으로써 나머
지 성원들의 알권리를 침해한 점 등을 들어 정보검열의 문제가
본격적으로 거론되기 시작한다. 이는 통신이용자가 보편적으로
가져야 할 권리로서의 '정보기본권' 문제에 대한 논의로 확산되
고, 그 결과 1996년 40여 개의 시민사회단체가 '정보통신 검열
철폐를 위한 시민연대'를 구성한다. 시민연대는 한총련 CUG
폐쇄 반대운동, 전기통신사업법 시행령개악 반대운동, 통합전자
주민카드 반대운동 등 일련의 캠페인을 전개하는 한편, 국내 최
초로 인권적 차원에서 정보화의 문제를 조명한 「96 검열백서」
를 발간하기도 했다.

(2) 제2기: 인터넷 형성기(1996~1999)

1) 정보통신 운동의 본격화

1990년대 후반기에 이르러 국내 통신환경이 인터넷을 중심으로 급격하게 재편되면서 온라인 사회운동의 활동무대 역시 인터넷으로 대거 이동한다.[49] 사실 인터넷이 다중적으로 보급되기 이전부터 이미 사회운동의 근거지를 인터넷 공간에 마련한 선도적인 운동 집단도 있었는데, 1994년 서울대학교 학생들의 정보운동 동아리로 출발하여, 1995년 본격적인 사회운동단체로 출범한 '정보연대 씽(SING: Social Information Networking Group, www.sing-kr.org)'이 그것이다. 다음은 SING의 강령을 요약한 것이다.

- 우리는 정보의 상품화에 반대한다.
- 공공 정보는 완전히 공개되어야 하며 사적정보는 절대적으로 보호되어야 한다.
- 정보 접근을 위한 경제적 조건들은 사회적으로 보장되어야 한다.
- 통신 공간은 정부정책의 수립과 국민의견 수렴 및 의사결정에 있어 간접 민주주의의 단점을 보완할 수 있다.
- 다가올 정보화 사회는 물질적 기반의 마련으로만 이루어질 수 있는 것은 아니다. 공공의 이익을 위한 공개소프트웨어의 개발과 정보접근권의 확대를 위한 교육이 병행되어야 흔다.

---

49) 온라인 사회운동의 활동무대가 PC통신인가 인터넷인가는 중요한 차이점을 낳는다. PC통신은 중앙집중적 구조를 갖는 반면 인터넷은 분산적 구조를 가지고 있는데, 이러한 차이는 결국 이들 각각이 창출하는 사이버 공간의 사회적 성격 및 행동방식의 차이로 귀결되기 때문이다.

· 공개소프트웨어는 적극 장려되어야 하며, 이를 제
  작하는 정보생산자는 자본의 사회적 압력으로부터
  보호되어야 한다.
· 우리는 행동주의를 지향한다.
· 우리는 이러한 목적을 달성하기 위하여 전세계의
  진보적 단체들과 연대할 것이다. 그리고 우리나라
  진보단체들의 통신환경 구축을 아낌없이 지원할 것
  이다.

(www.sing-kr.org)

이상에서 본 것처럼 SING의 문제의식은 PC통신을 기반으로
했던 온라인 사회운동에 비해서 한층 진일보한 모습을 보여주
고 있다. 그것은 첫째, 정보사회의 도래와 함께 사이버스페이스
를 매개로 등장하는 새로운 사회 현안들을 본격적으로 제기하
기 시작했다는 점이다. 이전에 PC통신 동호회 수준에서 사용자
의 권익보호나 표현의 자유문제 정도가 이슈화되었다면, SING
에 이르러 비로소 정보공유, 프라이버시 보호, 정보접근권 등
주요 현안들이 사회운동의 대상으로 취급되기 시작했다. 사실
이러한 이슈들은 PC통신 중심의 환경에서는 제대로 제기되기
어려운 것이었다. PC통신망의 수직적·폐쇄적 구조에서는 정보
공유의 실현 같은 일들은 지극히 제한적일 수밖에 없기 때문이
다. 수평적·개방적 구조인 인터넷 환경에 이르러서야 정보운동
고유의 대상과 영역이 특화되기 시작한 것이다.

둘째, 정보 및 사이버스페이스의 사회적 성격과 기술적 특성
을 보다 적극적으로 이해하면서 이를 사회운동에 접목시키려
했다는 점이다. SING은 정보를 이 시대 생산력의 핵심으로 파
악하며, 따라서 정보를 둘러싼 싸움은 단지 민주주의의 문제가
아니라 소유권과 생산양식의 재편의 문제라고 이해하고 있다.

또한 사이버스페이스를 단순한 통신 공간이나 사회운동의 도구와 같이 대상으로 인식하는 사고방식을 넘어 사회의 민주화를 촉진시킬 수 있는 대안적 공간으로 인식하고 있다.

셋째, 네트워크를 통한 사회운동의 국제적 연대를 모색하기 시작했다는 점이다. SING은 정보통신 운동이 일국의 배타적 이익이 아닌 전세계 지속가능한 발전을 지향해야 한다고 말한다. 또한 해외의 진보적 네트워크들의 현황과 이들의 활동상황 및 자료들을 국내에 소개하고, 국제단체들과 연대 활동을 조직해 내는 등 온라인 사회운동의 무대를 국제적으로 확장시켰다. 지금까지 한국의 사회운동이 폐쇄적 민족주의의 성격을 강하게 가지고 있고 '국제주의'적 차원에 대한 인식은 결여되어 있었다(조희연, 2001)는 일각의 지적을 감안한다면 온라인 사회운동 진영에서 보여준 국제적 연대의 모색은 당시로서는 매우 신선한 일이 아닐 수 없었다.

이렇듯 SING은 온라인 사회운동에 대한 본격적인 방향성을 제시하였을 뿐만 아니라 사회운동 단체들의 웹사이트 구축 지원활동을 전개하는 등 인터넷 초창기의 사회운동에 지대한 공헌을 했다.

한편 1996년에 구성된 '노동악법·안기부법 전면 철회를 위한 총파업 통신지원단(이하 '총파업 통신지원단')'의 활동은 그동안 PC통신 공간에서 축적된 다양한 사회운동의 실험들이 인터넷으로 옮겨지는 중요한 계기로 작용했다. 당시 '총파업 통신지원단은' PC통신 동호회의 회원들과 속보란을 활용하여 '속보'를 전달할 수 있는 정보의 통로를 구축하였으며, 플라자란에서는 '파업 지지'와 같은 '말머리 달기' 운동을 제안하였다. 또한 각 PC통신망 토론실에 사안과 관련이 있는 토론게시판을 조직적으로 개설하고 운영하였다. 그리고 동호회 로고 화면을 이용

160

한 '블랙 리본 달기' 운동을 전개하는 한편, 채팅방을 이용하여
당시 민주노총 지도부와 온라인 토론회를 개최하기도 했다.

그러나 총파업 통신지원단이 전체 PC통신망의 정보 흐름을
수월하게 조직할 수 있었던 것은 무엇보다도 당시 상업통신망
이 도입하기 시작한 인터넷 메일을 통해 '메일링 리스트'를 활용
했기 때문이었으며, 자체적으로 제작한 홈페이지는 속보의 구심
점으로 역할을 담당했다. 특히 영문 홈페이지에 대한 국외 접속
자 수가 크게 느는 등 국제적 호응이 폭발적이어서, 당시만 해
도 접근이 제한적일 수밖에 없던 국제 여론을 직접 접촉하고
조직해 내는 성과를 낳았다(장여경, 2001).

2) 사회운동 단체 인프라 지원 및 독자적인 네트워크 구축 활동

인터넷 초창기에 사회운동 진영에서 나타나는 두드러진 움직
임 중의 하나는 사회운동 단체들의 인터넷 활용을 위한 정보통
신 인프라를 지원해주고, 이들을 독자적인 네트워크로 연결하려
는 모색이 이루어졌다는 점이다. 당시만 해도 사회운동 진영에
는 인프라 구축은 고사하고 인터넷을 제대로 사용할 줄 아는
사람도 드문 실정이었기 때문에 이에 대한 지원 사업은 상당히
중요한 일이었다.

'피스넷(www.peacenet.or.kr)'[50], '시민사회인터넷(www.ifp.
or.kr)', '한국휴먼네트워크(www.khn.or.kr)'[51], 그리고 '진보넷
(www.jinbo.net)' 등의 단체들이 새롭게 만들어져 사회운동 단

---

50) 1996년에 시작된 피스넷은 그동안 두 명의 헌신적인 활동가가 자원봉사
자들과 함께 시민사회 단체들의 웹사이트 구축과 운영을 지원해 왔다.

51) 1997년부터 활동을 시작한 '한국휴먼네트워크'는 전문가 네트워킹 사업
에 주력해 왔으며, 1998년에는 (주)KETEL과 공동으로 무료 사회단체
망을 운영하기도 했다.

체들의 인터넷 사이트 구축과 운영을 돕고 실무자들의 정보통신 교육을 담당하는 전문시민단체로서 역할을 하게 된다. 이 밖에도 한국 노동네트워크협의회(www.nodong.net)를 비롯하여 부산 지역의 정보연대 PIN(http://pin.jinbo.net), 광주 지역의 참@네트워크 (www.chamnet.org), 울산노동자 정보통신지원단 Liso(www.liso. net), 전주 지역의 정보통신연대 INP(www.inp.or.kr)[52], 성남넷 (www.sungnam.net), 진주 지역의 JOINet(www.jinju.or.kr), 등 분야별·지역별로 전문적인 시민단체 ISP들이 활발한 활동을 보여주었다(장여경, 2001). 이들은 특히 상업 통신망과의 서비스 경쟁이라는 어려운 조건 속에서도 사회운동 단체에 특성화된 인터넷 서비스와 전략을 제공하는 한편, 인터넷의 정치성에 대한 문제를 제기하는 데 앞장서기도 했다.

그러면 여기서 대표적으로 노동 네트워크가 밝히고 있는 사업 내용을 살펴보자.

- 노동조합·노동단체의 온라인 포럼(CUG)과 인터넷 홈페이지를 독립 네트워크에 총결집
- 노동 관련 정보의 축적과 제공(노동뉴스, 노보, 노동법, 노동정책·연구·통계자료, 외국자료 등)
- 의사소통과 토론의 활성화(온라인 PLAZA·토론 게시판, 메일링 리스트, 뉴스그룹 등)
- 주요 노동현안 쟁점화와 노동자 투쟁 지원(통신지원단 구성, 투쟁 홈페이지 개설 등)
- 국제연대(영문 홈페이지 개설, 영문 뉴스 제공, 노조·단체의 국제연대 활동 지원 등)
- 기술개발·교육사업(노동운동의 전산·정보화를 위

---

52) 지난날 PC통신 시절에 '노동해방통신 BBS' 운영진들이 주축이 되어 결성된 지역 네트워크이다.

162

한 프로그램 개발, 정보화교육 지원 등)
· 인터넷 방송국(노동관련 음성뉴스 및 동영상 제공,
사내방송이나 노조 행사에 이용)

(www.nodong.net)

　그러나 사회운동 진영의 네트워크로 가장 대표적인 것은 역시 '진보넷'을 꼽을 수 있다. 진보넷은 진보 운동 진영의 독립 네트워크 구축을 위하여 1998년 '참세상 BBS'가 모든 장비와 회선을 기증하는 형태로 진보네트워크센터 건설을 제안하면서 시작되었다. 그 결과 정보연대 SING, 참세상, 통신연대 등 기존 온라인 사회운동 단체들과 민주와 진보를 위한 지식인연대, 민주노총, 민교협, 학단협, 민예총 등 오프라인 운동단체들, 그리고 PC통신 사회운동 동호회 활동가들이 주축이 되어 명실상부한 진보운동의 독립 네트워크가 탄생된 것이다.
　진보넷은 설립 목적에서 "사회운동의 정보화에 필요한 기술과 자원을 스스로 구축하여 네트워크를 유지 재생산하는데 필요한 최소한의 비용만으로 사회단체들이 PC통신 서비스뿐만 아니라 인터넷 서비스까지 손쉽게 사용할 수 있도록 할 것이며 이에 필요한 기술지원과 정보화 자문을 제공할 것이다"라고 밝히고 있다. 또한 다음의 구체적인 사업 내용에서도 알 수 있듯이 각 사회운동 단체들의 정보화 지원 및 네트워크를 통한 연대가 큰 비중을 차지하고 있다.

· 단체 및 개인을 위한 PC통신 및 인터넷 서비스
· 각 사회운동 영역의 연대와 소통을 위한 부문·지역네트워크 건설
· 사회운동단체 공동의 데이터베이스 구축
· 올바른 정보화 사회 구현을 위한 연구 및 정책 마련

· 사회운동단체의 정보화를 위한 자문 및 교육
· 진보적인 국제네트워크와의 연대

(www.jinbo.net)

3) 자발적 네티즌 운동의 등장

인터넷 초창기에 나타나는 또 하나의 중요한 특징은 전문적인 사회운동 단체들과는 별도로 네티즌들의 자발적인 사회운동이 만들어졌다는 점이다. 거시적이고 구조개혁 지향적인 조직운동이 아니라 네티즌 개개인의 관심사나 이해관계를 중심으로 미시적이고 일상적인 영역에서 다양한 사회운동이 등장하는데, 이 중 가장 두드러진 모습을 보이고 있는 것이 대안 언론 운동과 안티 운동이다.[53]

우리나라의 온라인 대안 언론은 다른 어느 나라보다도 훨씬 활발한 움직임을 보여줘 왔다. 이는 그만큼 기성 언론의 폐단에 대한 대중적 불만이 고조되어 있다는 반증이기도 하다. 온라인 대안 언론의 움직임은 비록 초보적인 수준에서지만 PC통신 시절부터 모색되고 있었다. 당시 천리안의 '나도 한마디', 하이텔의 '플라자', 나우누리의 '여론 광장' 등과 같은 PC통신망 자유게시판에는 하루에도 수천 개가 넘는 네티즌들의 글이 올라와서 읽혀지는 성대한 여론의 향연이 펼쳐지고 있었다. 민감한 시사적 현안에서부터 시시콜콜한 연예계 이야기까지, 성 담론에서부터 혁명을 부르짖는 급진적 목소리까지, 그리고 개인적 일상사에서부터 소외된 사람들의 억울한 처지를 알리는 호소문에 이르기까지 여론의 스펙트럼은 다양하게 펼쳐져 있었다.

---

53) 이 밖에도 여기서 자세히 소개하지는 않았지만, "동강댐건설 반대운동", "사이버성폭력근절운동" 등 시사적 현안에 따라 네티즌들의 자발적 캠페인은 인터넷 공간 안에서 수시적으로 만들어지고 있다.

PC통신 자유게시판은 삼풍백화점과 성수대교 붕괴, 대구 가스 폭발 사건 등 대형 사고가 일어날 때마다 현장 상황을 기존 언론보다 빠르게 전달하는 '속보성'을 과시하기도 했다. 또한 기성 언론에서 다루어지지 않는 뉴스들이 전파되면서 사회적 파장을 일으키는가 하면 특정 현안을 둘러싸고 불꽃 튀는 토론이 벌어지기도 했다. 그리고 이 과정에서 화려한 글 솜씨와 독창적이면서도 탄탄한 논리를 바탕으로 네티즌들의 스포트라이트를 받는 사람들이 탄생한다. 글 한편이 게시될 때마다 순식간에 수백에서 수천이 넘는 조회수가 기록되는 등 독특한 카리스마로 PC통신 여론을 주도하며 스타급의 위치에 등극한 이른바 '통신 논객'이라 불리는 사람들이다.54)

일군의 통신 논객들은 PC통신 공간에 독자적인 '일인 매체'를 발행하게 되는데, 이때 많은 주목을 받았던 대표적인 매체가 '보테저널', '백수신문' 등이다. 특히 개성 있는 언어와 감각적인 논평으로 네티즌들을 사로잡은 '보테저널'은 폭넓은 인기를 구가하며 대안 언론 초창기를 화려하게 장식했다. '보테저널'은 그래픽 지원이 되지 않는 PC통신의 한계를 극복하기 위해 안시 기법을 사용한 그림까지 제공함으로써 조잡하나마 잡지로서의 구색을 갖추려고 했다. 또한 게시판의 단골 고객들이 자발적으로 '사이버 기자'를 자청하여 글을 기고하는 등 '보테저널'은 오늘날 인터넷 언론들에서 보여지는 운영 기법의 전형을 최초로 시도

---

54) 당시 이름을 날리던 통신논객으로는 천리안의 훗날 딴지일보를 창간한 김어준(ID: OUJOON), 망치일보를 창간한 박태환(ID: inwin), 온라인 뉴스를 창간한 김동렬(ID: 안녕하슈)과 최진순, 더럽지를 창간한 민명기, 김용민(ID: AD74), 김동업(ID: DONGUP) 등이 있었다. 하이텔의 논객으로는 훗날 백수신문을 창간한 김동필(ID: KDP3645), 현재 미디어몹 편집장인 최내현(ID: asever)을 비롯해서 최두열(ID: VAEDAL), 김학찬(ID: 옹심이), 유정길(ID: 프라우다), 김상훈(ID: lifepen), 조중훈(ID: META) 등이 유명했다.

한 매체로 기억될 만 하다.

그러나 '보테저널'은 대안 언론의 선구적 실험에도 불구하고 PC통신 환경이라는 시대적 운명으로 인해 더 이상의 성장하지 못했다. '보테저널'이 발행되는 공간은 인터넷 웹사이트처럼 자기 고유의 주소를 가진 독립적 공간이 아니라 PC통신사가 제공하는 게시판이었다. 따라서 게시판에 올라온 수많은 텍스트 게시물 중의 하나였을 뿐, 독립적인 언론으로 뚜렷하게 부각될 수 없었다. 뿐만 아니라 '보테저널'에 담긴 콘텐츠 역시 기성 언론에 보도된 사실을 자기 나름의 시각으로 재해석하는 방식에 그쳤을 뿐, 독자적인 취재를 통해 고유의 기사를 발굴·보도하는 단계까지는 이르지 못했다. PC통신 시절의 초창기 대안 언론은 여기서 더 이상 성장하지 못하고 인터넷 시대로 넘어가게 되었다.

PC통신 게시판을 주름잡던 통신논객들이 차츰 인터넷으로 활동무대를 옮겨가던 1998년에 창간된 '딴지일보(www.ddanzi.com)'는 이후 인터넷 초창기의 패러디 대안언론의 붐을 이루었던 첫 신호탄이었다.

> "본지는 한국농담을 능가하며 B급 오락영화 수준을 지향하는 초절정 하이코메디 씨니컬 패러디 황색 싸이비 싸이버 루머 저널이며, 인류의 원초적 본능인 먹고 싸는 문제에 대한 철학적 고찰과 우끼고 자빠진 각종 사회 비리에 처절한 똥침을 날리는 것을 임무로 삼는다. 방금 소개말에서도 눈치 챌 수 있듯이, 본지의 유일한 경쟁지는 썬데이 서울. 기타 어떠한 매체와의 비교도 단호히 거부한다."

실로 '엽기적인' 창간선언문에서도 엿보이듯이 독설적인 언어

166

와 기상천외한 패러디를 앞세운 딴지일보는 정치권력과 대기업 그리고 보수 언론에 대한 삐딱한 딴지 걸기와 노골적인 도발 전략으로 네티즌들에게 전복의 카타르시스를 제공하면서 선풍적인 인기 몰이에 성공을 거둔다.55)

그리고 이와 같은 딴지일보의 성공에 자극을 받은 일군의 통신논객들도 저마다 앞 다투어 유사한 패러디 신문을 창간하면서 인터넷 공간은 일대 패러디 언론의 전성시대를 맞이한다. 이때 만들어진 패러디 언론들로는 '망치일보', '백수신문', '더럽지'56) 등이 있었다. 비록 영세한 자금력과 비전문성 등의 요인으로 인해 대부분 단명에 그치고 말았지만, 인터넷 초창기에 불어 닥친 패러디 대안언론의 열풍은 사이버스페이스 고유의 정서와 특성에 걸맞은 전혀 새로운 방식의 사회운동이 만들어질 수 있음을 알리는 중요한 단초가 되었다.

한편 또 다른 영역에서는 네티즌 대중들의 자발적인 참여에 기초한 '안티 운동'이 광범위하게 일어난다. 국내의 안티 운동은 ① 특정 정치인이나 연예인을 대상으로 한 개인형 안티 ② 특정 상품이나 기업을 대상으로 한 소비자운동형 안티 ③ 정부기관, 병원,

55) 물론 딴지일보에는 분명 태생적 한계가 있음을 지적하지 않을 수 없다. 패러디를 통한 비판과 풍자는 언론의 가장 중요한 가치인 신뢰성을 심어줄 수 없었다. 그러기에 딴지일보의 독설과 야유로 자극된 비판정신은 궁극적으로 현실 문제에 대한 진지한 성찰과 적극적 개입으로 이어지지 못한 채 일시적인 쾌락과 냉소적 허무주의에 머물 수밖에 없는 것이다. 독자는 그저 객석에 앉아 딴지일보가 "히떡 뒤집는" 한판 활극을 감상하며 낄낄거리다 끝나는 관객에 머무를 뿐 소통의 주체로 무대에 오를 기회를 갖지 못한다. 언론 본연의 기능을 담당하기에 패러디 전략은 역부족이었던 것이다.

56) 더럽지는 일반 언론에서 외면했던 '동국합섬 노동자 정희양씨의 산재 사건'을 심층 취재·보도한 것을 계기로 초창기 패러디 언론이라는 이미지를 벗고 서민들의 '고발·제보' 미디어로서 뚜렷한 자기 입지를 확보하였다.

학교 및 제도나 법률을 대상으로 한 개혁형 안티 ④ 특정 사회문
화적 현안을 대상으로 한 이슈형 안티 등으로 나눌 수 있다.[57]

〈표 5-7〉주요 안티 사이트 유형별 분류

대 상		주요 안티 사이트
개인형	연예인	안티 서태지, 안티 HOT, 안티 권보아, 안티 김희선 등
	정치인	안티 이회창, 안티 이인제, 안티 권오을, 안티 박정희 등
소비자운동형		안티 닉스, 안티 천리안, 안티 ADSL, 안티 SK텔레콤, 안티 애니콜, 안티 피라미드, 안티 후지제록스 등
개혁형		안티 청와대, 안티 스클, 안티 중앙병원, 우리 모두, 안티 축구협회, 안티 전경련, 안티 국민연금, 등
이슈형		개고기 반대운동본부, 안티 미스코리아, 안티 두발규제, 안티 립싱크, 안티 비천무, 안티 카지노 등

　사실 인터넷을 통한 안티 운동은 이미 세계적인 추세이다. 외
국의 경우 주로 다국적 대기업들이 안티 운동의 주요 표적이
되고 있다. 나이키는 베트남에서 아동 노동문제로 안티 운동의
공격을 받았으며, 코카콜라도 인종 차별 문제와 관련하여 안티

---

57) 여기서 연구자는 '안티' 자체를 온라인 사회운동의 새로운 장르로 보는
시각에는 동의하지 않음을 밝힌다. 그 이유는 첫째로 모든 사회운동 자
체가 본래 '안티'적 성격을 갖고 있기 때문이다. 기존의 질서나 제도 등
에 대한 저항운동이 바로 '안티'에 다름 아닌 것이다. 두 번째 이유로는
'안티'를 표방한다는 이유만으로 다양한 안티 사이트들을 한 묶음으로
분류하는 것은 위험한 발상이라는 점이다. 즉 '도전과 저항'의 의미를 담
고 있는 '안티'와 대다수 연예인 안티 사이트처럼 특정인에 대해서 단순
히 반감을 표현하는 '안티'는 명백히 구분되어야 한다. 물론 후자의 경우
사회운동의 영역에 분류할 수 없음은 당연한 일이다.

운동의 공격 대상이 되었다. 1999년 일본에서도 한 시민이 전자제품 업체인 도시바의 직원으로부터 AS를 요구하다 폭언을 들은 뒤 안티 사이트에 그 내용이 담긴 음성 파일을 올려 여론화시킴으로써 결국 도시바 사장으로부터 공개적인 사과를 얻어낸 바도 있다.

사이버스페이스가 제공하는 익명성과 자유로운 의사표현의 가능성을 기반으로 하는 안티 운동은 단순한 싫음의 표현에서 여러 가지 다양한 사회 문제에 대한 비판과 기존의 사회 질서와 권위에 대한 도전까지 다양한 목적을 가지고 다양한 방식으로 새로운 저항문화를 형성하면서 사회에 큰 반향을 일으키고 있다. 누구나 손쉽게 자신의 의사를 대중에게 전파할 수 있는 사이버스페이스의 미디어적 성격, 그리고 순식간에 수많은 사람과의 연대가 가능한 사이버스페이스의 네트워크적 성격은 현실 세계에서 거대 자본과 권력 앞에서 무기력할 수밖에 없는 개개인에게 효과적인 저항 수단을 제공해 주고 있는 것이다. 바로 이들은 현실과 사이버스페이스를 가로지르면서 현대 사회에 시비를 걸고 비판을 제기하고 있다(양소연, 2001). 그래서 네티즌들은 수동적으로 법이나 시민단체에게 호소하기보다는 인터넷에 안티 사이트를 만들어 스스로가 능동적인 행위자로 나서기 시작한다.

물론 안티 운동이 새로운 저항문화로서 실천성을 보여주고 있음에도 불구하고 사회 운동의 하나로 바라보기에는 많은 문제점을 안고 있는 것도 사실이다. 사이버스페이스가 얼굴이 드러나지 않는 익명의 공간이라는 점을 이용해 사람들은 근거도 불분명한 인신 공격적 발언을 늘어놓거나 모함에 가까운 비방을 일삼기도 하며, 욕설과 저질적 발언과 같은 배설적 글쓰기로 건전한 토론문화의 형성을 저해하기도 한다.

하지만 이러한 현상은 아직 안티 운동이 진정한 저항문화로
서 자리 잡지 못한 오늘날의 과도기적 현상에 불과하다. 안티사
이트 내에서도 올바른 토론문화를 형성하려는 자정의 노력이
엿보이고 있으며, 사회의 부조리와 권력에 맞설 수 있는 대안적
문화로 발전시키려는 목소리가 점차 커지고 있다. 이제 안티는
그저 삐딱하기 만한 저항의 의미를 넘어 새로운 담론의 형식으
로 부상하고 있으며, 다양한 대안문화 형성의 가능성까지도 제
공해 주고 있다(양소연, 2001).

(3) 제3기: 인터넷 보급기(2000~현재)

1) 정보사회의 3대 현안 본격 대두

한국사회도 본격적인 정보사회로 접어들면서 디지털 정보 및
사이버스페이스를 둘러싼 본질적인 사회 현안들이 본격적으로
하나 둘씩 터져 나오기 시작한다. 즉 '표현의 자유 vs 내용규
제', '정보공유 vs 지적재산권', '프라이버시 보호 vs 전자감시'
라는 정보사회의 3대 주요 현안을 중심으로 국가, 시장 및 시
민사회 내의 제 세력들이 각자의 이해관계에 따라 새롭게 전선
을 재편하기 시작했으며, 이에 대한 치열한 논쟁이 곳곳에서 끊
이지 않고 벌어지기 시작했다. 특히 이들 현안은 냉전 시대에
정치적 이데올로기를 중심으로 형성되었던 진보 대 보수의 갈
등구조가 와해된 후, 정보사회에서의 진보 대 보수 진영을 나누
는 새로운 축으로 자리 잡고 있다는 점에서 향후 한국 사회의
이념적 대립구도를 가름하는 주목할 만한 요인이라 하겠다.

① '표현의 자유 vs 내용규제'

'표현의 자유 vs 내용규제'의 갈등 축은 주로 시민사회와 국가를 중심으로 형성된다. 인터넷에서의 '표현의 자유 vs 내용규제'의 문제가 처음 본격적으로 불거져 나온 것은 1996년 미국 클린턴 행정부가 '통신품위법(CDA)'을 입법예고 하면서부터이다. 인터넷상의 음란물과 폭력물 등 불건전한 통신 내용에 대한 규제를 강화한 이 법안은 입법 예고가 되자마자 미국 사회에서 즉각적인 찬반 논쟁을 촉발시켰다. 연방정부와 학부모단체, 종교단체 등 찬성론자들은 인터넷은 그 특성상 미성년자가 쉽게 접촉할 수 있는 매체임을 강조하면서 폭력·음란물로부터 무방비 상태인 미성년자와 청소년의 보호를 강조하며 지지입장을 표명했다.

반면 미국시민자유연합(ACLU: American Civil Liberties Union) 중심의 시민단체, 언론단체, 미국도서관협회(ALA: American Library Association), 그리고 온라인 통신 사업자들이 통신품위법이 인터넷에서의 검열을 허용하는 것이며 또 표현의 자유는 누구도 침해할 수 없는 헌법상의 권리라는 이유로 격렬한 반대 운동에 나선 것이다. 이들은 항의의 표시로 인터넷 홈페이지들에 푸른 리본을 내걸자는 '블루리본 캠페인(blue ribbon campaign)'을 전개하면서 네티즌들의 폭넓은 동원과 참여를 이끌어 내면서 최초로 온라인 시위를 선보이기도 했다.58) 1년이 넘게 지속된 이 논쟁은 1997년 6월 미대법원이 통신품위법의 일부 조항이 수정

---

58) 블루리본 운동만큼 호응을 얻지는 못했지만, 또 다른 한 편에서는 통신품위법을 옹호한다는 의미에서 레드리본 운동이 벌어지기도 하였다. 이 운동은 청소년 보호를 위해서 포르노나 마약 정보 등 인터넷상의 불건전한 정보들을 통제하여야 하므로 통신품위법을 지지한다는 것이 골자였다. 그러나 통신자유를 옹호하는 네티즌들이 대다수이었기 때문에 그다지 큰 효과를 가지지 못했다.

헌법 제1조에 위반한다고 판결을 내림으로써 인터넷 자유주의자
들의 판정승으로 막을 내리게 된다.59)

그로부터 3년이 지난 2000년, 한국 사회에도 이른바 '통신질
서확립법'을 둘러싸고 이와 비슷한 사태가 전개된다. '통신질서
확립법'이라는 약칭은 애초 이 개정안의 별칭이 '개인정보 보호
및 건전한 정보통신질서 확립 등에 관한 법률'로 명명되었던 데
서 유래한 것이다. 이 법률에서는 '건전한 정보통신질서'를 확립
하기 위하여 표현의 자유를 제한하고 억압하는 많은 장치를 두
고 있었다. 불량이용자 데이터베이스를 구축하여 사업자들이 공
유하고 이용자의 불법행위에 가혹한 처벌을 하는 한편, 수사기
관이 영장 없이 사업자로부터 개인정보를 제공받을 수 있도록
보장하는 등 사법적 검토와 사회적 합의를 거쳐야 할 주요한
사안들이 정부의 결정에 좌우되도록 하였다. 특히 개인정보분쟁
조정위원회, 한국정보보호원, 정보통신윤리위원회, 도메인이름
분쟁조정위원회 등 새로 신설되거나 대폭 강화되는 조직들이
사이트 폐쇄, 정보 삭제, 도메인 분쟁해결 등 준사법적인 기능
을 포함하여 막강한 권한을 행사하도록 보장하였다. 가장 논란
을 빚었던 부분은 인터넷내용등급제였다. 원안에서는 정보통신
부와 정보통신윤리위원회가 인터넷내용등급제를 시행하고 이들
의 단일한 기준이 학교·도서관 등에 강제되도록 하였다(2000
년 통신질서확립법 반대운동 백서).

59) 그러나 이후에도 미 국회는 '어린이온라인보호법(COPA)'을 추진하는
가 하면 필라델피아 연방지법에서는 이 법이 다시 위헌으로 판결되었
고, 공공 도서관들은 도서관에 설치한 선별차단소프트웨어로 인해 소
송을 당하고 이에 대한 판결은 다시 여러 가지로 엇갈리는 등 미국에
서는 양 진영 간의 팽팽한 긴장이 유지되고 있다. 최근에는 미국뿐
아니라 영국, 중국 등 전세계 여러 국가들에서 인터넷 내용을 규제하
겠다는 정부와 이에 맞서는 논박이 되풀이되고 있다.

통신질서확립법은 2000년 7월 사회운동 단체들의 최초 문제제기 이후 인터넷의 핫이슈로 급부상하면서 네티즌들의 강렬한 저항에 직면하게 된다. '정보통신검열반대공동행동(www.freeonline.or.kr)'이 결성되고, 8월부터는 네티즌들의 적극적인 반대 운동이 시작되는데, 이들은 '표현의 자유'를 외치며 배너 달기와 온라인 시위 등 사이버행동에 적극적으로 참여하였다. 그리고 그 과정에서 정보통신부 홈페이지 자유게시판에 〔검열반대〕라는 말머리를 달고 항의 글을 쓰는 온라인 시위가 벌어지면서 정보통신부 홈페이지가 다운되는 소동이 일어나기도 했다.60) 특히 여기서 주목할 점은 '청소년 보호'를 명목으로 시행되는 이 제도에 가장 강력하게 반대한 집단은 역설적이게도 청소년 네티즌들이었다는 것이다.

강력한 저항에 부딪친 통신질서확립법은 결국 애초의 관련조항이 대폭 축소된 상태로 국회에서 통과된다. 하지만 가장 큰 논란의 대상이었던 내용등급제는 이를 강제적으로 시행할 수 있는 법적 장치를 마련해 놓음으로써 오히려 한층 강화되어 논란의 불씨는 여전히 남겨진다. 결국 이 법률의 시행일인 2001년 7월 1일을 앞두고 내용등급제 및 그 시행기관인 정보통신윤리위원회를 둘러싸고 다시 한번 거센 반대 운동이 불어 닥치게 된다.

---

60) 서버 다운의 원인에 대한 추측이 분분한 가운데 정보통신부는 진보네트워크 게시판에 익명의 이용자가 등록한, 새로 고침 버튼을 자동으로 누르게 되어 있는 자바 스크립트 파일이 시스템 마비의 원인이라고 주장하였다. 그러자 MBC와 연합뉴스 등 언론은 정보통신부 시스템 마비의 원인을 일제히 해킹이라고 보도하였고 경찰은 8월 29일 용의자로 지목된 진보넷 사무실을 7시간 동안 압수수색 하였다. 그러나 경찰청 사이버테러대응센터는 10월 12일 수사를 마무리하면서 "시스템 마비의 원인은 네티즌들의 온라인 시위 때문이 아니라 시스템 결함 등 내부문제 때문"이라고 결론을 내렸다. 그러나 이 사태는 이후 정보통신부가 국회 모임 등에서 정보통신부 시스템 마비의 사례를 들어 온라인 시위가 위험하다고 주장하면서 통신질서확립법과 정보통신기반보호법에 온라인 시위를 제한하는 조항을 마련하는 계기로 작용하게 되었다.

　특히 새롭게 시행되는 '정보통신기반보호법'에 따라 온라인 시위가 불법화되자 정보통신검열반대공동행동은 '사이트 파업'이라는 새로운 온라인 행동전략을 제시하였다. 2001년 6월 29일부터 7월 2일까지 총 72시간 이어진 사이트 파업에서는 500여 개의 사이트들이 동참하였는데, 여기에는 사회운동 단체들의 사이트는 물론이고 온라인 동호회 및 개인 홈페이지까지 폭넓은 참여를 이끌어 내었다. 또한 리처드 스톨만, APC, CPSR, 독일의 노동단체 PROLPOSITION, 스페인의 Nodo50, 호주의 minihub와 C2O, 인도의 Center for Education and Documentation, 필리핀의 IID-Philippines 등 해외 여러 단체와 활동가들이 '사이트 파업'을 지지 메시지를 보내거나 배너를 다는 등 국제적인 연대가 이루어지기도 했다.

　통신질서법과 내용등급제를 근간으로 한 정부와 사회운동단체들 간의 '표현의 자유 vs 내용규제' 논란은 아직 완벽한 해결책을 찾지 못한 채 지금도 계속되고 있는 중이다. 그런데 사실 이 문제는 단순히 '표현의 자유 침해'라는 문제를 넘어 인터넷의 규제와 통제라는 보다 본질적인 문제와 맞닿아 있다. 사회운동 단체들도 인터넷 유해물의 문제성 및 청소년 보호의 필요성에는 공감하지만 이를 명분으로 강제적 규제가 이루어진다면 인터넷의 자유와 민주주의를 위협하게 될 것이라는 점을 우려하고 있는 것이다. 특히 인터넷 초창기인 몇 년 전까지만 해도 인터넷 활용을 독려하는 자유방임적이며 낙관적인 담론이 정부 정책과 산업계에서 지배적이었던 것과는 달리, 시장이 어느 정도 활성화된 지금 이 시점에서 인터넷 규제에 대한 요구들이 늘어나기 시작한 데에는 인터넷이라는 사회 공간에 대한 제 세력들 간의 정치적 이해관계가 매우 미묘하게 작용하고 있기 때문인 것으로 풀이된다.

174

② '정보공유 vs 지적재산권'

앞서 살펴 본 '표현의 자유 vs 내용규제'가 시민사회와 국가를 중심으로 형성되는 갈등관계라면 '정보공유 vs 지적재산권'은 시민사회와 자본 간의 관계에서 갈등축이 만들어지는 현안이다. 정보사회의 가장 핵심적인 자원이라 할 수 있는 디지털 정보에 어떠한 사회적 성격이 부여되는지, 다시 말해서 이것이 사회적 공공 자산으로 자리 잡는가 아니면 자본에 의해 상품화되는가의 문제는 결국 정보사회 자체의 성격을 결정짓는 중요한 관건이라는 점에서 첨예한 이해관계가 얽혀있는 현안이기도 하다.

정보공유 운동은 일찍이 정보화 초기 과정에서부터 나타나고 있었지만 이것이 실제 구체적인 쟁점으로 대중들에게 뚜렷하게 부각하게 된 것은 미국에서 냅스터(www.napster.com)를 둘러싼 소송이 제기되면서이다. 널리 알려져 있다시피 냅스터는 인터넷 이용자들 간의 PC와 PC를 직접 연결시켜서 MP3 음악 파일을 교환할 수 있게 해주는 프로그램이다. 흔히 P2P 시스템이라 불리는 이 방식은 냅스터에 접속해 있는 네티즌들이라면 누구나 자신의 컴퓨터에 저장된 파일을 타인에게 제공하고, 또 스스로도 타인의 컴퓨터 안에 들어있는 파일을 검색하여 다운로드 받을 수 있게 해준다. 한마디로 인터넷의 공유 정신을 기술적으로 실현시켜준 혁명적인 프로그램이라 할 수 있다. 하지만 역으로 이와 같은 방식은 저작권을 통해 정보를 상품화하려는 자본의 입장에서는 치명적인 위협이 되는 셈이다.

그래서 저작권 보호를 주장하는 전미음반산업협회(RIAA)와 냅스터 측의 법정 소송은 카피라이트 진영과 카피레프트 진영 간의 한판 대리전으로서 전세계 주목을 받았고, 결국 법원은 카피라이트 쪽의 손을 들어주는 것으로 일단락되었다. 하지만 냅스터 판결이 난 직후 그 여파는 곧바로 한국 사회로 불어 닥쳤다. 냅스터와 비슷한 방식으로 서비스를 제공해주고 있었던 국산 프로그램 '소리바다(www.soribada.com)'[61]에 대하여 한국음반산업협회가 저작권 침해 소송을 제기한 것이다.

이후 '한국판 냅스터' 사건을 둘러싸고 정보의 자유로운 공유를 주장하는 대다수 네티즌 및 카피레프트 운동 진영과 자본의 입장에서 저작권 보호를 주장하는 카피라이트 진영 간의 뜨거운 공방전이 전개되었다. '진보넷'과 '공유적지적재산권모임 IPLeft (www.ipleft. or.kr)' 등 정보공유를 주장하는 운동단체들을 물론이고 국내 주요 포털 사이트들의 커뮤니티 사이트에도 "소리바다 살리기"를 위한 네티즌들의 자발적인 캠페인 사이트들이 잇달아 개설되었다.[62]

특히 여기서 주목할 만한 것은 이들 사이트 운영자의 상당수가 청소년들이었다는 점이다. 이는 앞서 통신질서확립법 반대 온라인 시위의 참가자들과 마찬가지로 국내 인터넷의 최대 이용층인 청소년들이 온라인 사회운동의 가장 적극적인 참여자로 나서고 있음을 말해준다. 더욱이 이들은 사회운동 단체들의 지휘 통제와 상관없이 자발적으로 온라인 서명, 배너 달기, 메일링 리스트, 항의메일 보내기 등 다각적인 온라인 행동전략을 구사하는 모습을 보여주기도 했다.

사실 냅스터나 소리바다를 둘러싼 논란은 표면적으로는 자칫 음반사와 이용자 간의 갈등으로 비추어진다. 그러나 이 문제의

---

61) 소리바다는 2000년 5월부터 서비스를 시작한 이래 현재 4천만(중복 가입자 포함) 명에 달하는 이용자를 확보하고 있다.

62) 이때 만들어진 네티즌들의 자발적인 캠페인 사이트로는 대표적으로 다음과 같은 것들이 있다.
    · 프리뮤즈(www.freemuz.wo.to)
    · 안티저작권협회(http://my.dreamwiz.com/freesoribada)
    · 소리바다 살리기 운동 본부(http://cafe.daum.net/soribadalive)
    · 소리바다를 살려주세요(http://cafe.daum.net/ppk)

본질은 단순히 MP3 음악파일을 공짜로 다운로드 받아 듣느냐 아니면 돈을 주고 사서 듣느냐가 아니다. 무한복제와 무한배포가 가능한 디지털 정보를 이용자들이 인터넷을 통해 교환하는 행위가 저작권의 침해인가 아니면 정당한 사용인가의 문제인 것이다. 즉 정보의 소유인가 아니면 정보의 공유인가 그리고 인터넷을 자유로운 소통의 공간으로 위치 지울 것인가 아니면 온라인으로 형성된 전자적 시장으로 위치 지울 것인가가 이 문제의 근본적인 핵심이다. 그리고 이것은 궁극적으로 향후 인터넷에서의 디지털 저작물의 이용 방식을 결정하게 되는 중요한 쟁점인 것이다. 하필 냅스터와 소리바다가 이 논쟁의 주인공으로 등장하게 된 것은 다양한 형태의 디지털 정보 중에서도 특히 네티즌들이 가장 많이 이용하는 MP3 음악파일의 공유 프로그램이었기 때문일 뿐이다. 결국 미국의 냅스터 경우와 마찬가지로 법원은 소리바다의 저작권 침해를 인정함으로써 음반협의의 손을 들어주었지만, 법원의 판결과 무관하게 자유로운 정보의 공유를 주장하는 네티즌들의 집단적인 저항은 계속되고 있다.

③ '프라이버시 보호 vs 전자감시'

프라이버시 침해는 감시하는 자와 감시받는 자가 명확하게 분리되는 전형적인 권력의 문제이다(장여경, 2001). 특히 정보통신기술의 발전과 함께 개인정보를 가공하고 축적할 수 있는 다양한 방법들이 개발되면서 과거와는 비교할 수 없을 정도로 다양한 전자 감시의 기법이 등장하고 있으며, 이로 인한 프라이버시 침해 양상이 광범위하게 나타나고 있다.63) 리온(Lyon,

---

63) 미국의 기술평가처(OTA)는 전자감시 기기를 다음과 같은 다섯 가지 범주로 나누고 있다(성동규, 2000).
　· 청각감시 – 전화도청, 마이크로폰과 같은 소형 송수신기와 무선 시스템

1994)이 지적했듯이 전화통신이 20세기 초기부터 경찰과 정부 및 기업체의 활동을 크게 강화시켜주었다면, 오늘날의 첨단 정보통신기술이 활용될 수 있는 범위는 우리의 상상을 초월할 정도로 엄청날 것임은 충분히 짐작할 수 있다. 그리고 이러한 프라이버시 침해는 첫째, 개인정보를 유출당한 개인에게 직접적인 피해를 가져다 줄 수 있고 둘째, 개인에 대한 국가권력의 감시와 통제를 강화시켜 억압적인 사회분위기를 조성시킬 수 있다.

보통 전자감시는 4가지 영역에서 이루어진다고 정리될 수 있다. 그것은 국가에 의해 이루어지는 국민에 대한 감시64), 기업에 의해 이루어지는 소비자에 대한 감시65), 기업주가 노동자들에게 행하는 작업장 감시66), 그리고 개인에 의한 개인의 감

- 영상감시 − 사진, 도로와 상점에 설치된 CCTV, 야간비전장치, 위성관측
- 센서기술 − 마그네틱, 진동, 적외선, 전자 마그네틱
- 기타 − 차량추적 시스템, 마그네틱 스트립, 음성분석기, 음성인식기, 레이저 차단, 셀룰러 라디오 등

64) 정보시대의 법 관련 연구단체인 '시빅'이 지난 1999년 국내 71개 기관(공공 42, 민간 29)의 인터넷 사이트 개인정보 관리 실태를 조사한 바에 따르면, 개인정보관리지침을 웹에 게재한 사이트는 전체의 38%인 27곳에 불과했다. 이 중 공공 기관은 14.3%인 6곳만이 이를 명기했을 뿐이다. 또 프라이버시 규정을 게시한 사이트는 2곳뿐이었고, 행정부처나 국회 등 공공 기관은 한 곳도 없었다고 한다.

65) 미국의 '전자 프라이버시 정보센터'가 1999년 인터넷상에서 가장 이용률이 높은 100개의 쇼핑몰을 조사한 결과, 대부분의 쇼핑몰이 무단으로 '쿠키'를 사용하는 것으로 드러났다. 한편 국내의 경우 지난 2월 한국소비자보호원이 경제개발협력기구(OECD) 소비자정책위원회에 참여하는 29개 국가들로 구성된 '국제거래감시네트워크'와 공동으로 실시한 '인터넷 쇼핑몰 영업실태 조사'에 따르면 조사 대상 125개 쇼핑몰 사이트 중 28개(22.4%) 사이트가 개인정보보호 정책과 관련한 정보를 제공하지 않고 있는 것으로 드러났다.

66) 미국의 사생활보호 운동단체 '프라이버시 재단(Privacy Foundation)'이 최근(2001. 7) 발표한 보고서에 따르면 미국의 직장인 가운데 3분의 1에 해당하는 34%가 직장에서 인터넷이나 E-mail 이용 상황을 감시당

시67)이다. 이처럼 프라이버시 침해는 국가, 자본, 시민사회 등
다각적인 영역에서 동시적으로 이루어지고 있는 민감한 사안임
에도 불구하고 아직까지 국내에서는 앞의 두 가지 쟁점에 비해
그 중요성에 대한 사회적 인식이 아직은 미약한 상태이다. 한때
잠깐 제기되었던 전자주민카드 및 지문날인 반대 운동 이후에
는 프라이버시 보호를 위한 대중적인 사회운동은 나타나지 않
고 있다.

이는 첫째, 프라이버시 침해가 일반 대중들은 스스로가 체감
하지 못할 정도로 은밀하게 이루어지고 있으며, 설령 프라이버
시 침해로 인한 피해자가 발생했다 하더라도 어디까지나 개인
적 차원의 문제로 취급되기 때문이다. 둘째, 전자상거래의 투명
화나 인터넷 범죄 예방과 같은 기능적 명분은 심지어 개인정보
가 기꺼이 제공되어져야 하는 분위기로 몰고 가기도 한다.68)
그리고 셋째, 한국 사회의 경우 주민등록 제도로 인해 이미 개
인정보가 국가 권력에 전적으로 위탁되어 있는 상태라서 개인
정보의 노출을 당연시하는 정서가 만연해 있는 탓도 있다.

현재 한국 사회에서 제기되는 프라이버시 침해 문제는 국가 권
력기관에 의해 이루어지는 도·감청 및 E-mail 검열, 그리고 작

하는 것으로 나타났다. 실제로 1999년 미 제록스는 근무 중 인터넷으로 음란
물이나 도박 사이트에 접속했다는 이유로 직원 40명을 해고한 바도 있다.

67) 현재 사이버스페이스에 광범위하게 유포되고 있는 각종 몰래 카메라가
대표적인 경우이다. 널리 알려진 O양, 백양 비디오 사건을 비롯하여 화장
실, 호텔, 비디오방, 술집, 사창가, 화상 채팅 등의 장면을 담은 몰래 카메
라의 유포는 개인적 차원에서의 관음증적 욕구와 사회적 차원에서의 전
자 감시가 합작해서 빚어낸 중대한 프라이버시 침해라 할 수 있다.

68) 최근 미국 테러사건 이후 미 정부는 테러 방지 및 범죄 예방 차원에서
인터넷에 대한 감시를 더욱 강화할 방침이라고 밝히고 있으며, 이는 테
러사건으로 충격에 빠진 미국 국민들 사이에서도 별 다른 저항 없이
받아들여지고 있는 분위기이다.

업장 내의 감시를 중심으로 간헐적으로 제기되고 있다. 또 최근에
는 유명 포털 사이트 운영업체 등 27개 인터넷 기업들이 900만
여 명의 고객정보를 신용카드업체 및 보험회사에 팔아 넘겼다가
검찰에 적발되는 사건이 일어나면서 개인정보의 유출 및 이의 상
품화에 대한 사회적 경계심도 높아지고 있는 추세이다.

〈표 5-8〉2001년도 국내 월별 개인정보보호 침해 신고 접
수(단위: 건)

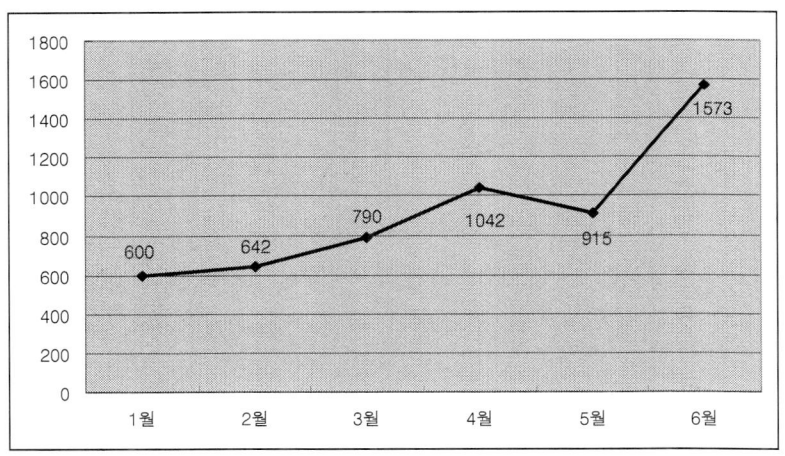

자료: 개인정보침해신고센터(2001. 6)

　　한편 최근 한국 사회에서 민간단체들의 인터넷 감시 활동이
증가하고 있다는 점에 각별히 주목해 볼 필요가 있다. 인터넷
공간에 각종 음란물과 폭력물이 난무하고 인터넷을 매개로 한
일탈이 범람하면서 한국사이버감시단(www.wwwcap.or.kr),
학부모정보감시단(www.cyberparents.or.kr), 청소년정보감
시단(http://cyc.youth.re.kr) 등 인터넷 감시 단체들이 잇달

아 만들어지고 있으며, 기존에 방송 모니터링을 하던 단체들도 차츰 인터넷 감시로 그 활동 영역을 넓히고 있다. 그런데 이들의 인터넷 감시 활동은 단기적으로는 인터넷의 정화에 기여를 할 수 있으나 보다 장기적인 관점에서는 자칫 역효과를 초래할지도 모른다는 우려를 자아내게 한다. 그것은 다음의 두 가지 이유 때문이다.

첫째, 이들의 활동이 기존에 TV나 간행물과 같은 올드 미디어의 표현물을 모니터링 하던 것과 같은 방식으로 인터넷을 접근하고 있다는 것이다. 특히 인터넷에서 이들이 감시의 시선을 주로 보내고 있는 대상은 올드 미디어와 같은 표현물에 그치지 않고 채팅방이나 온라인 커뮤니티 같은 곳에까지 이르고 있다. 문제는 이러한 활동이 표현물에 대한 감시가 아니라 인간의 행동에 대한 감시라는 점이다. 표현물에 대한 감시도 사상과 표현의 자유를 침해한다는 점에서 충분히 논란의 소지가 있는 것이지만 온라인에서의 개개인 행동에 대한 감시는 이보다 훨씬 더 위험한 일이다. 인터넷 공간에서 타인에게 피해를 입히는 행동을 마음대로 저지를 수 있는 자유까지 허용해서는 안 되듯이, 마찬가지로 어느 누구도 타인의 행동을 자의적으로 감시할 수 있는 자유와 권리를 가질 수는 없기 때문이다.

둘째는 감시의 시선이 누구를 겨냥하고 있는가 하는 문제이다. 정보사회는 이미 국가와 자본에 의한 전자감시사회이다. 그렇기에 서구의 사회운동 단체들은 시민적 차원에서의 대응 방안으로 역감시의 필요성을 제기하고 있는 실정이다.69) 하지만

---

69) 역감시란 권력에 의해 형성된 강력한 전자감시망에 대한 시민적 대응이라 할 수 있다. 즉 정보통신기술이 소수의 권력자가 다수에 대한 정보를 수집하는 감시용 목적으로 사용되기도 하지만, 역으로 다수의 대중이 소수의 권력자를 감시하는 것도 충분히 가능하다는 것이다. 이는 권력자가 자신이 원하는 이미지를 만들어 선전하고 여론을 조작

현재 우리나라 민간단체들의 인터넷 감시 활동은 대부분 국가
와 자본에 대한 역감시가 아니라 오히려 네티즌들에 대한 감시
에 초점이 맞추어져 있다. 즉 국가와 자본에 의한 감시에 더하
여 시민적 차원에서의 자기 검열이라는 이중적 감시망이 형성
되어 있는 형국인 것이다. 물론 유해한 표현물이나 악의적 이용
자들에 대한 견제도 필요하겠지만 자칫 이들의 감시 활동이 국
가와 자본을 대신해서 사이버 사회에서의 시민적 권리를 침해
하는 부작용을 초래하게 되는 것은 아닌지 한번쯤 진지하게 고
민해 볼 필요가 있다는 것이다.

　　인터넷 감시 단체들의 활동과는 반대로 정보사회의 프라이버
시 보호에 주력하고 있는 사회운동 단체로는 '함께하는 시민행
동(www.action.or.kr)'이 주목할 만하다. 함께하는 시민행동
은 '프라이버시보호 시민행동'(www.privacy.or.kr)이란 별도
의 웹사이트를 운영하면서 1999년, 수사기관의 불법 도·감청
에 대한 문제제기를 시작으로 온라인 공간에서의 개인정보 유
출에 따른 위험성을 경고해오고 있다. 그리고 이를 방지하기 위
해 수사기관의 무분별한 도·감청 근절을 위한 통신비밀보호법
개정운동과 인터넷 웹사이트에 대한 감시활동, 개인정보보호법
제정을 위한 캠페인 등을 전개하고 있다.

　　한편 최근에는 전자건강카드70) 도입을 법제화하는 '국민건강

　　하는 도구로 언론을 이용했지만, 동시에 정치인들의 일거수일투족을
　　대중에게 드러냄으로써 권력의 투명성을 확보하는 데에도 언론이 중
　　요한 역할을 수행했던 것과 같은 원리이다. 매티슨(T. Mathiesen,
　　1997)은 이처럼 권력자와 대중이 서로를 동시에(syn) 감시하는 메
　　커니즘을 팬옵티콘을 패러디하여 시놉티콘(Synopticon)이라고 명명
　　하였다.

70) 전자건강카드는 개인의 병력(病歷)사항, 진료내역, 이름, 혈액형 등
　　각종 개인정보가 담긴 전자(혹은 자기) 카드를 말한다.

182

보험재정건전화특별법안'이 국회에 제출되면서 이것이 개인정보 유출 및 개인에 대한 국가 권력의 감시와 통제를 야기하는 '제2의 전자주민카드'로 악용될 위험이 있다며 반대 운동을 펼치는 '전자건강카드 시행반대 사회단체 연대모임'71)이 총 29개 단체를 중심으로 결성되어 활동을 시작했다. 또 '통신비밀보호법 개정안' 가운데 수사기관이 영장 없이도 전기통신사업자로부터 통신자료를 제공받을 수 있도록 보장하는 항목이 들어 있어서 앞으로 이 문제를 둘러싸고도 또 한 차례 논란이 예상된다. 이처럼 그동안 다른 현안에 비해 비교적 큰 쟁점이 나타나지 않았던 프라이버시 보호 및 전자감시 문제에 대해서도 앞으로 다각적인 문제제기와 사회운동 차원에서의 활발한 움직임이 나타날 것으로 예상된다.

2) 온라인 사회운동의 지평 확장

가히 폭발적인 수준으로 인터넷이 대중적으로 보급되면서 온라인 사회운동 역시 빠른 속도로 그 지평을 확장시켜 나가고 있다. 이는 크게 다음의 세 가지 양상으로 나타난다.

---

71) '전자건강카드 시행반대 사회단체 연대모임'에 참가하고 있는 단체는 다음과 같다.

건강사회를 위한 약사회, 건강사회를 위한 치과의사회, 녹색소비자연대, 민주노총, 민주화를 위한 전국교수협의회, 민주사회를 위한 변호사모임, 민주화실천 가족운동협의회, 민중의료연합, 보건복지민중연대(준), 보건의료산업노동조합, 부산정보연대PIN, 사회진보연대, 새사회연대, 울산인권운동연대, 인권과 평화를 위한 국제민주연대, 인권실천시민연대, 인권운동사랑방, 인도주의실천 의사협의회, 전국빈민연합, 전국교수노동조합(준), 전북 평화와 인권연대, 정보통신연대 INP, 제주인권지기, 주민등록법개정행동연대, 진보네트워크센터, 참여연대, 청년진보당, 청년한의사회, 함께하는 시민행동.

첫째, 전체 사회운동에서 온라인이 차지하는 비중이 높아졌다. 일단 사회운동의 의제 설정이 온라인에서 제기되고 이것이 오프라인의 운동으로까지 확산되는 경우가 많아졌다. 앞서 살펴보았던 '통신질서법 반대운동'이나 '소리바다 살리기 운동'을 비롯해 각종 안티 운동들이 그러한 경우이다. 소비자 운동형 안티 사이트의 경우 온라인을 통한 여론의 형성이 실제 제품 불매운동으로까지 이어지는 경우는 이루 헤아릴 수 없을 정도로 많다. 그리고 지난 2000년, 어느 인터넷 게시판에 올라온 글이 발단이 되었던 이른바 '성수여중 폭력사건'[72]의 경우 역시 오프라인의 학원폭력 추방운동으로 발전하여, '학원폭력피해자가족협의회(www.uri-i.or.kr)'라는 단체가 결성되기도 하였다.

한편 의제 설정은 오프라인을 통해 이루어졌다 하더라도 이것이 실제 사회운동의 행위로 조직·동원되는 과정이 온라인을 통해 진행되는 경우도 허다하다. 흔히 '노 컷(No Cut) 운동'으

---

[72] 이 사건은 성수여중의 어느 2학년 학생이 폭력서클인 '일진회' 3학년 선배 5명으로부터 집단폭행을 당한 것이 계기가 되었다. 이후 가해 학생들은 피해 학생이 입원한 병원까지 찾아와 "경찰에 고발하면 가만두지 않겠다"고 협박하는 등 행패를 부렸고, 피해 학생은 심한 충격을 받아 정신과 치료까지 받고 이들을 피해 전학을 해야 했다. 그런데 피해학생의 어머니가 한 인터넷 게시판에 탄원서를 올리면서 이 사건은 네티즌들 사이에 널리 알려졌고, 인터넷 곳곳에서 가해 학생들을 규탄하고, 학원 폭력의 심각성을 고발하는 글들이 연일 올라오기 시작했다. 그 과정에서 가해 학생 중 한 명의 사진이 인터넷상에 등장하는가 하면 그 학생이 "자유총연맹 지역간부인 아버지를 등에 업고 안하무인격으로 행동하고 있다"는 내용의 글이 인터넷상에 올라오자 상황은 예기치 않은 방향으로 튀기 시작했다. 자유총연맹 홈페이지는 네티즌들의 항의가 폭주, 한때 폐쇄되기도 했고 인터넷에 가해 학생 명의로 "우리 아빠가 다음엔 이회창 씨가 대통령이 된댔어. 그러면 우리 아빤 아무도 못 건드려"라는 글이 올라오자 이회창 한나라당 총재의 홈페이지에 공식 해명을 요구하는 글이 쇄도하는 해프닝마저 발생했다. 하지만 이 글은 이 사건과 아무 상관없는 한 대학생의 조작이었음이 이후 경찰 수사에 의해 밝혀졌다.

184

로 알려진 청소년들의 '두발제한철폐 운동'73)이나 일본의 역사 교과서 왜곡을 규탄하면서 일본 문부성 서버를 다운시켰던 국내 네티즌들의 온라인 시위 같은 경우가 그 대표적인 예라고 하겠다.

일본 역사교과서 왜곡 규탄 온라인 시위의 경우, 사이버 시위를 요구하는 글이 대형 포털 사이트와 PC통신에 나돌다가 "한국은 자진해서 일본과 합병했다는 왜곡된 내용이 모든 일본 교과서에 실릴지도 모른다. 역사왜곡 일본 중등교과서 검정통과에 반대하는 총궐기를 제안한다"라는 글과 함께 날짜와 해당 사이트, 항의시간 등 구체적인 계획이 야후 및 일본역사 왜곡관련 사이트에 게시되면서 시작되었다. 온라인 시위 집중대상 사이트는 총 6개 사이트로 일본의 문부과학성(www.mext.go.jp), 자민당(www.jimin.or.jp), 새역사 교과서를 만드는 모임(www.tsukurukai.com), 산케이신문(www.sankei.co.jp), 홋카이도 의회(www.gikai.pref.hokkaido.jp), 후소오사출판사(www.fusosha.co.jp) 등이었다. 특히 사이버 운동가들에 의해 위로부터 조직된 시위가 아니라 네티즌들이 아래로부터 자발적으로 조직화하고, 구체적 실행 계획을 세워 사이버 시위를 벌였다는 점이 주목할 만 하다. 이를 반증하는 것으로 보통 사회적 현안에 대해 수 십 개의 관련 사이트가 우후죽순으로 생기던 예전의 일반적인 현상과는 달리 이번엔 '안티재패니스스쿨북(http://my.dreamwiz.com/wook86)'이 유일하다는 것이다. 이처럼 사회운동의 의제설정, 공론화, 조직·동원, 행동의 전 과정에서 온라인이 차지하는 비중은 예전과 비교할 수 없을

73) '전국중고등학생연합'과 '청소년연대 WITH' 등 청소년 단체들이 주축이 되어 전개한 '노 컷' 운동은 두발제한반대 서명운동사이트(www.idoo.net/nocut)를 통해서 총 16만 명의 네티즌들에게 온라인 서명을 받아냈다.

정도로 증가했다.

둘째, 사회운동 단체들의 온라인 활용도가 훨씬 다각적으로 이루어지고 있다. 먼저 오프라인을 중심기반으로 활동해오던 사회운동 단체들의 경우 그동안 온라인의 활용 수준은 기껏해야 홈페이지를 개설해서 자료제공이나 홍보의 공간으로 활용하거나, 혹은 E-mail을 통해 활동가들 간 커뮤니케이션을 하는 정도에 그치고 있었다. 그리고 이는 정도의 차이만 있을 뿐 온라인 기반의 사회운동 단체들이라고 해서 크게 다르지 않았다.

하지만 근래 들어 사회운동 단체들이 온라인을 활용하는 방식은 상당히 다양화되어 가고 있다. 많은 단체들이 산하에 별도의 인터넷 전담팀을 운영하기 시작했으며, 그 결과 가장 눈에 띄게 나타난 변화는 우선 온라인 매체 전략의 다각화이다. 메일링 리스트를 통해 대중들에게 정기적으로 뉴스레터를 발송하는 일은 이제 대부분의 사회운동 단체들의 일상 업무가 되어 있으며, 몇몇 단체들은 아예 웹진이나 메일진 등의 형태로 매체를 발간하기도 한다. 또한 라디오 혹은 TV 방식의 독자적인 인터넷 방송을 하고 있는 단체들도 늘어나기 시작했다.74)

뿐만 아니라 인터넷을 통한 대중들과의 쌍방향 커뮤니케이션 및 참여의 방식도 한층 다양해졌다. 전자 게시판을 통한 온라인 토론, 특정 현안에 대한 온라인 투표 등이 본격적으로 활성화되고 있으며, 일반 시민을 대상으로 한 각종 온라인 강좌를 진행

---

74) 현재 사회운동 단체에서 운영하고 있는 대표적인 인터넷 방송으로는 진보넷의 '참세상 방송국(http://cast.jinbo.net)', 노동운동계에서 운영하는 '노동의 소리(www.nodong.com)' 민주언론운동시민연합의 '대안 TV(www.daean.org)', 정보통신연대 INP의 '녹두방송(http://cast.inp.or.kr)', 민중노래패 소리얼의 '소리얼 인터넷 방송(www.soreal.sarang.net)' 등이 있으며, 그 밖에 독자적으로 운영되는 '민족민주인터넷 방송국(http://kndic.com/kndic)', '청춘(www.chungchun.net)' 등이 있다.

하기도 하는 등 대중 참여의 폭을 넓히기 위한 다각적인 모색들이 이루어지고 있다. 나아가 '함께하는 시민행동' 같은 단체는 '시민 프로젝트'라는 새로운 사업방식을 기획해 내기도 하였다. 이는 지금까지 정부예산이나 기업의 프로젝트 기금 등을 통해 시민단체의 사업비를 마련해왔던 기존방식에서 탈피, 사업계획과 사업목적을 시민들에게 검증받고, 사업취지에 공감하는 시민들의 자발적 후원에 의해 사업비를 마련하며, 후원 시민들의 직접적 참여와 감시 속에 운동을 전개하겠다는 취지이다. 물론 프로젝트는 대부분 온라인을 통하여 진행된다.75)

한편 인터넷은 조직의 운영을 위한 용도로 활용되기도 한다. 메일 뱅킹(mail banking) 솔루션을 활용해 온라인으로 후원금을 모으는 일쯤은 이제 거의 대부분 단체들에서 보편적으로 찾아볼 수 있는 현상이다.76) 심지어 앞서 소개한 '함께하는 시민행동'의 경우는 지난 2001년부터 현재까지 회원 총회를 매년 온라인상에서 개최하고 있다.

셋째, 다양한 온라인 행동전략들이 선보인다. 온라인 행동이 안고 있는 가장 큰 고민 중의 하나는 오프라인에서와 같은 물리적인 방식의 동원과 압력 행사가 불가능하다는 것이다. 하지만 이러한 제약을 극복하기 위한 방안들이 지속적으로 개발되어 나오고 있다. 여기서 잠깐 예전부터 사용되던 고전적인 온라인 행동전략들을 알아보자.

---

75) '시민 프로젝트' 관련 홈페이지는 http://join.ww.or.kr이다.

76) 최근에는 특정 이슈에 대한 활동자금을 모이기 위한 온라인 모금도 나타나고 있다. 참여연대는 '이동전화요금 100만 인 서명운동' 후원을 위한 E-mail 모금을 진행하고 있다. 관련 홈페이지는 http://myhandphone.net이다.

· 배너(banner)/리본(ribbon) 달기

특정한 목적을 갖는 이슈 사이트를 만들고, 많은 이용자들이
이 사이트에 들어올 수 있도록 홈페이지 배너나 리본을 만들어
보급하는 방식이다. 메타테그를 통해 배너에 해당 이슈 사이트의
주소를 링크시킴으로써 네티즌들의 방문을 유도한다. 또한 많은
사이트들이 특정 주장이 적힌 배너를 동시에 홈에 걸어 둠으로써
세를 과시할 수 있는 효과도 있다. 미국에서 통신품위법을 계기
로 일어난 블루리본 운동77)과 레드리본 운동이 잘 알려져 있다.
이외에도 네티즌들의 관심사에 따라 많은 운동이 인터넷을 통해
행해진 바가 있는데, 간단히 정리하면 다음과 같다.

－블루 리본(Blue Ribbon): 표현의 자유 또는 애완동물 보호
－레드 리본(Red Ribbon): 통신품위법 옹호, AIDS 예방
－화이트 리본(White Ribbon): 낙태반대 또는 남성의 여성
　　　　　　　　　　　　　　폭력 반대
－블랙 리본(Black Ribbon): 무정부주의 운동 또는 독재정
　　　　　　　　　　　　　권 반대
－그레이 리본(Gray Ribbon): 장애아동들에 대한 관심 호소,
　　　　　　　　　　　　　또는 홈페이지에서 그래픽 사
　　　　　　　　　　　　　용을 줄여서 네트워크 자원의
　　　　　　　　　　　　　낭비를 막자는 의미
－그린 리본(Green Ribbon): 소프트웨어의 자유로운 공유,
　　　　　　　　　　　　　미아 찾기 운동, "책임 있는
　　　　　　　　　　　　　언론의 자유", 양심과 동정을
　　　　　　　　　　　　　찾자는 의미

---

77) 관련 홈페이지는 www.eff.org/br이다.

188

- 바둑무늬 리본: 환경오염 방지 운동
- 옐로 리본: 정크메일이나 스팸 메일을 금지
- 갈색 리본: 맥주 마실 권리 옹호

· 항의메일 보내기

항의의 대상이 되는 기관이나 사람의 대표 E-mail 주소로 항의할 내용이나 요구 내용을 집단적으로 보내 그 의사를 전달하고, 해당 대상의 E-mail 관리에 일정한 지장을 꾀하는 방법이다. 미국시민자유권연합인 ACLU는 온라인 행동을 위한 네티즌 조직을 운영하면서 E-mail 보내기를 보다 조직적으로 전개하고 있다.

· 항의 글 쓰기(말머리 달기)

항의의 대상이 되는 기관이 운영하는 홈페이지의 게시판에 들어가서 항의할 내용이나 요구 내용을 집단적으로 올려 다중의 의사를 게시물을 통해 표현하는 방법이다. 특히 게시물을 집단적으로 올릴 때 〔질서법반대〕 등과 같이 제목 앞에 요구 내용을 집약한 말머리를 달아 해당 글이 특정 이슈를 다루고 있다는 것과, 항의운동에 동참하는 글이라는 것을 표시하는 경우가 많다.

· 온라인 서명

서명게시판에서 일정한 내용의 항의문이나 제안 글과 함께 개별 네티즌의 서명을 받아내는 방식이다. 최근에는 서명과 항의메일이 동시에 해당 기관이나 기업의 웹마스터에게 직접 전달되는 프로그램이 사용되기도 한다. 가두서명에 비해 비용이나 시간을 대폭 절감하면서도 다수의 서명을 받아낼 수 있다. 아울러 서명에 참여한 네티즌의 숫자를 통해 운동의 지지기반을 가시적으로 보여주는 효과도 있다.

　이상의 것들은 국내에서도 온라인 사회운동 초창기부터 널리 사용되던 고전적인 행동전략이다. 고전적인 방식들이 보통 자신의 주장을 널리 전파하고 참가자들의 세를 과시하는데 주안점을 두었다면, 최근 새롭게 도입된 온라인 행동전략들은 오프라인에서의 행동과 마찬가지로 항의의 대상에게 물리적인 위협을 가하거나, 참가자들에게 실제 행위를 하고 있는 듯한 느낌을 주는 방법들이 나타나고 있다. 즉 '담론'보다는 '행동'으로 그 비중이 옮겨지고 있는 추세이다. 그러면 최근에 국내에서 등장한 온라인 행동전략들은 어떤 것이 있는지 알아보자.

· 가상연좌시위(virtual sit-in 혹은 net-strike)
　항의대상의 사이트에 접속하여 일정 시간 동안 브라우저의 '새로 고침(Reload)' 버튼을 계속 누름으로써, 마치 현실 공간의 연좌시위가 교통의 흐름을 방해하듯 서버의 정보 처리 흐름을 방해하여 서버의 속도를 저하시키는 시위 방식이다. 이 시위에 참가자가 아주 많아 서버의 처리 용량을 초과하는 경우에는 서버가 다운되기도 한다. 1998년 멕시코 사빠띠스따 게릴라를 후원하기 위해 도밍구에스와 레이가 주도한 '전자시민불복종(electronic civil disobedience)' 운동에 사용되면서 널리 알려졌다. 국내에는 작년 '통신질서확립법 반대운동' 때 처음 사용되었으며, 이후 매향리미군폭격장 폐쇄를 촉구하는 온라인 시위(2000. 9. 21), 아셈반대 온라인 시위(2000. 10. 20), '집단소송제와 집중투표제 의무화'를 요구하며 청와대 게시판에서 벌였던 참여연대의 온라인 시위(2000. 11. 9), 그리고 올해 일

본 역사교과서 왜곡을 항의하는 온라인 시위(2001. 3. 31) 등
에서도 이 방법이 동원되었다.

·사이트 파업

참가 사이트들이 항의의 표시로 일정 기간 동안 일제히 자신
의 홈페이지 문을 닫아 버림으로써 마치 총파업을 단행하는 듯
한 느낌을 주는 방식이다. 내용등급제의 시행에 항의하면서 지
난 2001년 6월 29일부터 7월 2일 사이 총 72시간 500여 개
의 사이트들이 사이트 파업에 참여한 바가 있었다. 참가 사이트
들이 일제히 모든 서비스를 중단함으로써 운동의 통일성을 표
출함과 동시에 사이트 이용자들에게도 자극을 주어 운동의 의
미를 파급시킬 수 있는 방법이다. 하지만 파업 기간 중 오히려
스스로의 손발을 마비시켜 버리는 부작용도 있었다는 지적이
나왔다.

·안티/패러디 사이트 운영

항의의 대상이 되는 기관이나 회사 등을 반대하는 사이트를
만들어 운영함으로써 보다 종합적으로 그 문제점을 여론화하는
방법으로, 이때 항의의 대상이 되는 기관이나 회사가 운영하는
사이트를 패러디하는 경우가 많다. 이는 인터넷의 복제성·신속
성을 이용하여 최근 활발해지고 있는 온라인 행동의 한 유형이
다. 삼미특수강 노동자들이 부당 해고에 항의하기 위하여 포항
제철 사이트(www.posco.co.kr)를 패러디해 만든 안티포스코
사이트(antiposco.nodong.net)가 대표적이었는데, 얼마 후
포항제철 측에서 자사 홈페이지 도안사용금지 가처분신청을 제
출하여 논란을 빚기도 했다.

3) 사회운동의 온라인 - 오프라인 경계 이완

최근 온라인 사회운동이 확장되는 과정에서 뚜렷이 나타나는 경향은 사회운동의 온라인 - 오프라인의 경계가 급격하게 이완되어 가고 있다는 점이다. 종래에 '네트를 통한(by net) 운동'이냐 '네트를 위한(for net) 운동'이냐, 혹은 '온에서 오프(from on-line to off-line)'이냐 '오프에서 온(from off-line to on-line)'이냐 하는 식으로 온라인과 오프라인을 구분하던 논의 자체가 이미 무색해지고 있는 것이다. 보다 구체적으로 사회운동에서의 온라인 - 오프라인 경계 이완은 다음과 같은 양상으로 나타나고 있다.

첫째, 온라인 - 오프라인 경계를 초월한 현안들이 꾸준히 제기되고 있다. 온라인과 오프라인을 망라해서 이루어지는 프라이버시 침해 문제, 불법 복제된 소프트웨어 이용에 대한 단속의 문제78), 사이버 머니(cyber money)와 게임 아이템의 현금 거래 및 절도79) 등이 그 대표적인 예들이다. 이는 앞서 설명하였듯이 현실세계와 사이버스페이스의 구분 자체가 사라져 버리는 '현실세계의 사이버화' 혹은 '현실세계의 네트워크화'라는 거대한 흐름의 반영이라고도 하겠다.

---

78) 2001년 3월, 정부합동대책반 주도로 한 소프트웨어 불법복제 단속이 대대적으로 이루어진 적이 있었다. 물론 정품 소프트웨어를 사용하지 않은 것이 정당화될 수는 없겠지만, 정부의 급작스러운 단속이 미국의 통상압력을 염두에 둔 제스처가 아니었나 하는 의혹이 제기되기도 했었다.

79) 1999년 말, 성동경찰서는 부정하게 절취한 온라인게임인 「리니지」의 게임 속 아이템을 팔아넘기려 했던 고교생 2명을 ① 컴퓨터사용사기죄, ② 전산망보호조치침해 및 훼손(정보통신 이용촉진에 관한 법률 19조 3항) ③ 타인의 정보훼손, 침해, 도용(위법 22조)으로 불구속 입건했다. 이후 이와 유사한 사건은 끊임없이 터져 나오고 있다.

　둘째, 사안에 따른 개별 사회운동 단체들 간의 연대가 광범위
하게 이루어지고 있다. 온라인-오프라인의 경계를 초월한 사회
현안들의 대두는 기존에 온라인 운동단체와 오프라인 운동단체
모두의 동시적인 관심과 참여를 불러일으키게 한다. 그 결과 사
안별로 개별 사회운동 단체들이 함께 모여 연대 조직을 결성하
고 공동 행동에 나서는 일들이 급격히 늘어나고 있다. 이미 소개되
었다시피 인터넷의 검열과 내용규제에 대응하기 위하여 결성된 '정
보통신검열반대공동행동(www.freeonline.or.kr)', 조선일보 반대
운동에 나선 '조선일보반대시민연대(www.antichosun.or.kr)', 정
부의 전자건강카드 시행계획에 반대하는 '전자건강카드 시행반대
사회단체 연대모임' 등이 온라인 운동단체와 오프라인 운동단체
가 망라된 연대모임의 대표적인 예라 하겠다. 이 밖에도 특정
현안에 대한 안티 사이트에 사회운동 단체가 지원에 나선다거
나, 기존에 오프라인 운동단체에서 전개하고 있던 캠페인이 네
티즌들의 가세로 급작스럽게 힘을 얻게 되는 경우들이 점차 늘
어나고 있는 추세이다.80)

　셋째, 실제 사회운동의 행위 과정에서도 온라인-오프라인을
가로지르며 동시적으로 캠페인이 전개되고 있다. 먼저 오프라인
사회운동이 온라인을 활용한 대표적인 사례로는, 지난 2000년
제16대 국회의원 총선거 당시 '총선시민연대'가 벌렸던 낙천·낙
선 운동을 꼽을 수 있다. 인터넷이 주요한 매체로 자리 잡은 이후
첫 선거인 지난 선거에서 '총선시민연대'는 선거법 개정 운동과
낙천·낙선운동 등을 조직적으로 주도해 나가며, 실질적인 유권
자 혁명을 이끌어 냈다(라도삼, 2000; 정대화, 2000, ; 조희연,

---

80) 여성단체들이 주관하고 있었던 '호주제 철폐운동'이 온라인을 통해 사
　　회적으로 확장된 것이 그 대표적인 예이다. 이에 대해서는 제6장에서
　　자세히 언급하겠다.

2000). 지난 총선이 '총선시민연대'의 승리라는 말이 있듯, '총선시민연대'는 낙선운동을 전개한 후보 총 86명 중 68.6%인 59명을 낙선시켰으며, 특히 수도권의 경우 정대철(서울 중구)을 제외한 모든 후보를 낙선시키는 기염을 토했다.81)

〈표 5-9〉 총선시민연대 낙선운동 결과 분석

전국상황	후보자 수	백분율
낙선자	59명	68.6%
당선자	27명	31.4%
총계	86명	100.0%

22개 집중지역	후보자 수	백분율
낙선자	15명	68.2%
당선자	7명	31.8%
총계	22명	100.0%

집중지역	낙선자/대상자	백분율
수도권	19명/20명	95.5%
충청·강원권	18명/23명	78.3%
영남권	16명/35명	45.7%
호남권	6명/8명	75.0%
총계	59명/86명	68.6%

---

81) 물론 총선시민연대의 낙천·낙선 운동에 대한 문제점도 결코 간과해서는 안 될 것이다. 당시 총선시민연대의 활동에 대한 비판적 지적은 크게 다음 두 가지로 정리되고 있다.

첫째, 현행 선거법을 무시하는 '불법'적 행동이었다는 점이다. 물론 기존 선거법을 '악법'으로 규정하고 이에 대한 시민불복종 운동이라는 점을 강조하였지만, 법치주의에 입각하여 불법선거를 감시하고 폭로해야 할 시민운동 본연의 원칙과 입장에서 벗어난 행동이었다는 것이다. 비록 느리게 가는 길이더라도 의도적으로 불법을 저지르기보다는 '법개정 운동' 등 합법적인 저항 수단을 동원하는 것이 더 옳은 길이었다는 지적이다.

둘째, 도덕적 정치재판의 형식을 취했다는 점이다. 많은 시민단체들이 모여 후보자들을 일방적으로 '가/불가'로 가르고 이를 국민 전체에게 강요하는 것은 자칫 무리가 따를 수밖에 없는 행동이었다는 것이다.

이와 같은 성과는 무엇보다도 인터넷의 위력에 힘입은 바 컸다. '총선시민연대' 홈페이지(www.ngokorea.org)는 전국에 분산되어 있는 사회운동단체를 하나로 통합함은 물론82), 다양한 유권자들의 관심을 하나로 집결시켜 낙천·낙선운동을 이끌어 갔던 실질적인 원동력이었다. 1월 12일 홈페이지를 개설한 이래 4월 18일까지 '총선시민연대'의 사이트에는 총 92만 5천여 명의 방문객이 다녀갔으며, 또 게시판에는 1만 5천여 건의 글이 올라오는 등 네티즌들의 뜨거운 참여가 모아졌다. 또한 각 지역마다 별도의 사이트를 운영, 전국적 관심을 지역적으로 통합하는 효과적인 네트워크 운영을 보여주기도 했다.

이처럼 '총선시민연대'의 온라인 전략은 전국적인 네트워킹, 쌍방향 커뮤니케이션, 정보전달의 신속성, 광범위성을 유감없이 드러내었다(이시재, 2000). '총선시민연대'가 거둔 기대 이상의 성과는 바로 오프라인에서의 캠페인과 인터넷 홈페이지 활용 전략을 적절히 병행함으로써 가능했다고 평가할 수 있겠다.83)

한편 최근에는 기존에 온라인에 치중하던 사회운동이 오프라

---

82) 1차 낙천명단 발표 시 500여 개의 단체가 참여했던 총선시민연대는 총선이 끝날 무렵에는 981개의 단체로 참여 단체 수가 늘어났다. 중앙 총선시민연대뿐 아니라 부산, 경기, 대전/충남, 대구, 울산, 광주/전남, 충북, 전북, 제주, 경남 등 10개의 광역 총선시민연대가 조직되었으며, 가톨릭, 기독교, 불교 등 종교계와 보건의료계, 학계의 참여가 있었다. 한편 지역 총선시민연대 조직은 중앙 총선시민연대의 낙선명단과는 별도로 지역별 낙선명단을 추가로 발표하여 운동을 전개하기도 하였다.

83) 총선시민연대의 대표적인 오프라인 활동으로는 3월 20일부터 26일까지 진행된 '유권자 약속, 227만 표 모으기' 전국 버스투어를 들 수 있다. 이 행사는 전국 227만 개 선거구별로 1만 명의 서명의 모은다는 취지에서 기획된 것이다. 이 밖에도 대학생 및 청년유권자 투표 참여운동, 미국의 반전 페스티벌이었던 우드스탁과 유사한 정치문화 행사로서의 '레드 2000 페스티벌' 개최 등이 있었다.

인 전략을 병행하는 모습도 나타나고 있다. 인터넷 내용등급제 반대 운동을 꾸준히 전개하고 있는 '정보통신검열반대공동행동'은 2001년 10월 22일부터 12월 20일까지 명동성당 앞에서 릴레이식 1인 시위 형태로 "인터넷내용등급제폐지 60일 노상철야단식 농성"을 전개함으로써 전통적인 오프라인 사회운동의 행동 전략을 채택하기도 하였다.

이후 사회운동 진영 내부에서는 온라인 사회운동의 현황을 4.13 총선 전후를 기준으로 구분해서 설명하는 문건이 제출되기도 했으며84), 실제로 최근 사회운동 단체들이 전개하는 각종 운동에서는 온라인 전략과 오프라인 전략이 동시적으로 진행되는 모습들이 꾸준히 늘어나고 있는 추세이다.

제3절 국내 사회운동 단체들의 온라인 활용실태

일반적으로 정보화의 진전 단계는 크게 전산화(computeri-zation)→연계화(networking)→유연화(flexibility)→사이버화(cybernation)의 과정으로 나뉜다. 여기서 전산화는 하드웨어의 보급을 중심으로 한 기술 인프라의 구축으로 특징되는 단계이다. 그리고 연계화는 전산기술과 원격통신기술의 결합으로 의사소통망이 체제 내·외로 확산되어 가는 상태를 말한다. 또 유연화는 CMC를 촉진하는 온라인 연결망의 밀도가 증대됨으

---

84) 하승창(2000), '사이버 시민사회운동의 현황과 과제', 『현 단계 네트워크 운동의 현황과 전망』, 2000 시민사회 정보화 토론회 자료집.

로써 부문 간·제도 간 경계가 완화되고 생활양식의 다양화·
개방화가 촉진되는 과정을 뜻한다. 마지막 사이버화는 인터넷이
우리 생활에 침투함으로써 가치규범이나 생활양식은 물론이요
의식세계의 심층부까지 일대 변혁이 야기되는 상태를 지칭한다
(김문조, 1999).

물론 이러한 단계 구분은 사회체계라는 거시적 측면을 대상
으로 한 것이지만 작게는 하나의 조직체 내에도 유용하게 적용
시켜 볼 수 있다. 즉 현재 한국의 사회운동 단체가 어느 정도의
정보화 단계에 이르러 있는가를 조명해 볼 수 있는 지표를 만
들어 볼 수 있는 것이다. 그것은 아래의 표와 같이 정리된다.

〈표 5-10〉 사회운동 단체 정보화의 단계별 유형

정보화 단계		유 형	내 용
조직의 정보화	전산화	사무 자동화	상근자의 정보화 능력 습득 조직의 사무효율 향상
	연계화	소극적 정보화	내부 네트워크 구축 및 운영 구성원 간 커뮤니케이션 활성화
운동의 정보화	유연화	적극적 정보화	웹사이트 효과적 운영 시민과의 유기적 커뮤니케이션
	사이버화	공동체 정보화	사이버 시민사회에의 적극적 개입 사회운동과 정보화의 시너지 효과

이와 같은 지표를 기준으로 사회운동 단체들의 온라인 활용
은 다시 크게 두 가지 단계로 구분이 가능하다. 첫 번째 단계는
'조직의 정보화'이다. 즉 전산화와 연계화를 포괄하는 내용으로
서, 단체 내에 정보화 인프라를 구축하고, 운동 실무자들이 정

보화 활용 능력을 갖추는 단계를 말한다. 나아가 각 단체들 간의 온라인 네트워크를 구축·운영하는 수준까지를 포괄한다. 조직의 정보화는 사회운동에 있어서 업무처리의 효율성을 도모하고 개별 단체 간 혹은 지역 간의 업무연계를 통해 인력 및 비용을 절감시켜 준다. 또한 사회운동과 관련된 각종 정보의 종합적인 생산 및 공유가 가능하고, 구성원 간 민주적 의사소통을 통해서 운동의 활성화에 기여할 수 있게 해준다.

다음 두 번째 단계는 '운동의 정보화'이다. 이것은 유연화와 사이버화를 포괄하는 내용으로서, 정보화의 환경 조성 차원을 넘어 실제 사회운동의 실행 과정에서 온라인을 전략적으로 활용하는 단계를 의미한다. 즉 인터넷을 통해 일반 시민들과 일상적인 네트워킹을 형성하고, 다양한 행동 전략을 실행해 나가는 등 사회운동과 정보화가 유기적으로 결합된 상태를 의미한다.

그렇다면 한국의 사회운동 단체들의 정보화 수준은 현재 어느 정도에 이르러 있을까? 한국의 경우 대부분의 사회운동 단체들이 자기 홈페이지 하나쯤은 운영하고 있으며, 실무자들도 대부분 인터넷 사용 능력을 갖추고 있는 상황에서 '조직의 정보화' 단계는 어느 정도 넘어선 것으로 보인다. 그러나 여전히 대다수 단체들의 홈페이지는 그저 개설만 되어 있을 뿐, 명확한 운동성을 담고 있지는 못하다.[85]

사실 국내 사회운동 단체들의 홈페이지 활용에서 나타나는

---

85) 이와 같은 고민은 지난 2000년 11월에 인권운동사랑방, 진보넷, 여성민우회, 함께하는 시민행동, 피스넷 등 사회운동 단체들은 "사회운동 단체, 홈페이지 운영원칙 어때야 하는가?"라는 주제의 토론회 속에서도 그대로 드러났다. 이 토론회에서는 "사회운동 단체의 홈페이지 게시판에 올라온 쓰레기 글들은 게시판 관리 차원에서 삭제해야 하는가 아니면 표현의 자유 차원에서 놔둬야 옳은가?", "사회운동의 과정에서 축적된 개인정보 보호는 어떠한 원칙으로 어떻게 구현해야 하는가?" 등의 현실적인 고민들이 여과 없이 쏟아져 나왔다.

가장 초기의 경향은 '데이터베이스 전략'이었다. 즉 지금까지 문서나 책자 형태로 보관하고 있던 자료를 데이터베이스로 만들어 보관하고, 대중들에게 제공하자는 것이었다. 이는 서두에서도 언급했다시피 "인터넷은 정보의 바다"라는 보편적인 고정관념이 여기에도 그대로 반영된 결과이다. 그 다음으로 나타나고 있는 일반적인 경향이 일종의 '전자홍보 전략'이다. 즉 홈페이지를 통해 특정 이슈나 자신들의 사업을 대중들에게 널리 알리는 매체 전략이다. 이는 인터넷의 쌍방향성을 제대로 살리지 못한 채, 홈페이지를 단지 전자 홍보물이나 전자 유인물 정도로 사고하고 있다는 점에서 여전히 인터넷에 대한 낮은 인식 수준을 보여준다.

   이처럼 몇몇 선도적인 단체를 제외한 대다수 사회운동 단체들의 '운동의 정보화'는 아직까지 이 정도 수준에 머물러 있는 실정이다. 이는 사이버스페이스에 대한 사회운동 단체들의 구체적인 전략이 다각적으로 고민되지 못했음을 보여준다. 이와 같은 평가는 지난 2000년 7월에 사회운동 단체들을 대상으로 한 실증 조사를 통해서도 입증된 바 있다. 온라인 사회운동 단체인 '함께하는 시민행동'이 국내 52개 사회운동 단체, 총 137명의 활동가를 대상으로 한 "시민단체 및 시민운동가의 정보마인드" 설문조사에 따르면 조사대상 단체의 81.0%가 홈페이지를 개설해서 운영하고 있는 것으로 나타났다. 즉 대다수의 사회운동 단체들이 사회운동에 온라인을 결합시키기 위한 노력을 가시적으로 보여주고 있다는 이야기이다.[86]

---

86) 본래 이 조사에는 사회운동 단체의 온라인 환경 실태에 대한 보다 세부적인 항목들이 들어 있다. 그러나 사회 전반적인 정보화 확산 속도로 미루어 볼 때, 작년의 현황과 올해의 현황 사이에는 분명 커다란 차이가 있을 것으로 판단되어 이 책에서는 제외시켰다. 다만 사회운동 단체의 실무 인력이나 이들의 정보화 마인드에 관련된 사항은 짧

〈표 5-11〉사회운동단체의 홈페이지 개설 현황

홈페이지 개설 여부	백분율(%)
있다	81.0%
없다	15.5%
모르겠다/무응답	3.40%

자료: 시민단체 및 시민운동가의 정보마인드 조사결과, 2000. 7(함께하는 시민행동, www.action.or.kr)

그러나 홈페이지의 관리·운영 실태를 들여다보면 아직은 온라인 사회운동에 대한 인식이나 제반 여건이 많이 부족한 상태임을 알 수 있다. 홈페이지를 가지고 있는 단체들 중 이를 관리·운영할 상근자가 있는 곳은 불과 43.1%에 그쳐서 반수 이상의 단체들이 외주 관리를 맡기거나 자원봉사자들에 의해 비정기적으로 관리되고 있었다.

〈표 5-12〉사회운동 단체의 정보통신 전담인력 보유율

인터넷 및 정보통신 업무 전담 상근자 유무	백분율(%)
있다	43.1%
없다	27.6%
자원 활동가나 외부 인력에 의존	15.5%
모르겠다/무응답	13.8%

자료: 시민단체 및 시민운동가의 정보마인드 조사결과, 2000. 7(함께하는 시민행동, www.action.or.kr)

은 기간 안에 크게 달라질 수 없는 성격이기 때문에 아직까지는 유효하다고 판단되어 이 책에서 채택하고 있는 것이다.

또한 홈페이지가 없는 단체들의 경우에도 그 이유를 묻는 질문에는 66.7%가 "홈페이지를 제작·운영할 기술이 부족"하다고 답해 상근 운동가들에게 대한 인터넷 실무교육도 시급한 것으로 나타났다. 즉 외형은 갖추었으나 이를 제대로 활용하기 위한 인력은 절대적으로 부족한 상태인 것이다.

〈표 5-13〉 사회운동 단체의 홈페이지 미보유 이유

홈페이지가 없는 이유	백분율(%)
홈페이지를 제작/운영할 상근자가 없다	66.7%
홈페이지 제작/운영에 필요한 시간적 여유가 없다	11.1%
제작비 문제	11.1%
접속의 문제	11.1%

자료: 시민단체 및 시민운동가의 정보마인드 조사결과, 2000. 7(함께하는 시민행동, www.action.or.kr)

홈페이지 활용용도를 묻는 질문에서는 홈페이지를 운동의 공간으로 활용한다는 곳은 2.1%에 불과한 반면에 "단체 홍보"를 목적으로 이용한다는 곳이 63.8%나 차지해 여전히 인터넷에 이용한 사회운동이 홍보차원에서 머무르고 있는 것으로 나타났다.

〈표 5-14〉 사회운동 단체의 홈페이지 활용용도

홈페이지 활용용도	백분율(%)
단체 홍보	63.8%
회원 상호 간의 의사소통	10.6%
시민 제보 접수 및 의견수렴	4.30%
콘텐츠 및 자료 제공	14.9%
운동의 공간으로 활용	2.10%
기타/무응답	4.20%

자료: 시민단체 및 시민운동가의 정보마인드 조사결과, 2000. 7(함께하는 시민행동, www.action.or.kr)

그러나 사회운동 실무자들이 가지고 있는 '운동의 정보화'에 대한 기대감 및 필요성에 대한 인식은 매우 높다. "정보화가 인간의 삶의 질을 향상시킬 것인가"라는 질문에 응답자의 75.9%가 긍정적으로 답했다(매우 향상 19.0%, 어느 정도 향상 56.9%).

〈표 5-15〉 사회운동 단체 실무자들의 정보사회 기대치

정보사회로 인한 삶의 질 향상 기대치	백분율(%)
매우 향상될 것이다	19.0%
어느 정도는 향상될 것이다	56.9%
지금과 다를 바 없을 것이다	8.8%
지금보다 악화될 것이다	10.2%
모르겠다	2.90%
무응답	2.20%

자료: 시민단체 및 시민운동가의 정보마인드 조사결과, 2000. 7(함께하는 시민행동, www.action.or.kr)

또한 인터넷이 민주주의와 경제적 불평등 해소에 기여할 것인가라는 질문에도 62.0%가 긍정적으로 답해(크게 기여 7.3%, 어느 정도 기여 54.7%) 인터넷을 중심으로 해서 변화하고 있는 정보사회에 대한 기대치가 높은 것으로 나타났다.

〈표 5-16〉 사회운동 단체 실무자들의 인터넷 기대치

인터넷의 민주주의와 경제적 불평등해소 기여도	백분율(%)
크게 기여할 것이다	7.3%
어느 정도는 기여할 것이다	54.7%
기여하지 못할 것이다	20.4%
오히려 더욱 악화시킬 것이다	6.6%
모르겠다	8.0%
무응답	2.9%

자료: 시민단체 및 시민운동가의 정보마인드 조사결과, 2000. 7(함께하는 시민행동, www.action.or.kr)

뿐만 아니라 응답자의 97.8%가 사회운동이 인터넷을 활용할 필요성이 있다고 생각하고 있었다(매우 필요 86.1%, 어느 정도 필요 11.7%).

〈표 5-17〉 사회운동 단체 실무자들의 인터넷 활용 기대치

사회운동의 인터넷 활용 필요성	백분율(%)
어느 정도 필요	11.7%
매우 필요	86.1%
모르겠다/무응답	2.2%

자료: 시민단체 및 시민운동가의 정보마인드 조사결과, 2000. 7(함께하는 시민행동, www.action.or.kr)

그리고 이를 위해 자신들에게 가장 필요한 교육이 무엇이냐고 묻는 질문에도 66.4%가 기능적 교육보다는 "인터넷을 사회운동에 접목시킬 수 있는 전략"이라고 답했다. 이는 사회운동의 실무자들이 현재 '운동의 정보화'에 대해서 진지하게 고민하고 있음을 말해 주며, 앞으로 인터넷을 이용한 사회운동 전략에 대한 체계적인 연구와 교육이 본격적으로 이루어져야 할 것임을 시사한다.

〈표 5-18〉 사회운동 단체 실무자들의 정보통신기술 교육 요구

가장 필요한 시민운동가 대상으로 인터넷 교육 분야	백분율(%)
컴퓨터 및 인터넷 전반에 대한 기초 지식	10.2%
홈페이지 제작 기술	8.0%
인터넷을 시민운동에 접목시킬 수 있는 전략	66.4%
정보사회에 대한 일반적 이해	13.9%
모르겠다/무응답	1.5%

자료: 시민단체 및 시민운동가의 정보마인드 조사결과, 2000. 7(함께하는 시민행동, www.action.or.kr)

　이와 같은 조사 결과로 미루어 볼 때, 현재 국내 사회운동 단체들의 온라인 활용 수준은 '조직의 정보화' 단계에서 '운동의 정보화'의 가장 기초 단계로 넘어오는 과도기에 있다고 판단된다. 특히 사회운동 실무자들이 '운동의 정보화'에 대해서 갖고 있는 기대치와 현재의 능력치 사이에 커다란 간극이 존재하며, 이러한 간극을 어떻게 좁혀 나갈 것인가가 향후 중요한 당면 과제로 남아 있다.

제6장 온라인 사회운동의 분석

제1절 온라인 사회운동의 유형

이미 언급했다시피 온라인 사회운동에서 '네트를 통한(by net)' 운동이냐 '네트를 위한(for net)' 운동이냐 혹은 '온에서 오프(from on-line to off-line)'이냐 '오프에서 온(from off-line to on-line)'이냐 식의 구분은 이제 그 실효성을 상실했다. 즉 온라인과 오프라인과의 관계 설정은 더 이상 핵심적인 분류기준이 될 수 없다는 말이다. 점점 '사이버화' 혹은 '네트워크화' 되어 가는 현실세계의 변화, 그리고 이러한 영향에 따른 사회운동의 온라인 – 오프라인 경계 이완 추세는 온라인 사회운동의 유형에 대한 새로운 분류 기준을 요구한다.

온라인 사회운동의 유형을 분류하는 새로운 기준은 결국 '행위 주체'와 '운동의 성격'으로 설정된다. 행위 주체는 다시 행위자의 단위가 '조직'인가 아니면 '개인들의 비정형적인 네트워크'인가로 구분될 수 있을 것이다. 그리고 운동의 성격을 규정짓는 세부 요인은 바로 운동의 목표와 참여자들의 행동방식이 '장기 지속적'인가 아니면 '임시 현안적'인가에 따라 나누어질 수 있을 것이다. 이러한 기준을 근거로 연구자는 다음과 같이 온라인 사회운동의 유형을 분류하여 이후 논의를 진행시키고자 한다.

〈표 6-1〉 온라인 사회운동의 유형

		행 위 주 체	
		조 직	네트워크
운동 성격	장기 지속적	집중형 조직운동 (가로등 모델)	거점형 네트워크 운동 (네온사인등 모델)
	임시 현안적	임시형 조직운동 (손전등 모델)	분산형 네트워크 운동 (점멸등 모델)

1. 집중형 조직운동 - 가로등 모델

집중형 조직운동은 전통적인 사회운동의 방식과 온라인이 결합
된 형태이다. 기존에 온라인 사회운동을 분류하던 '네트를 통한'
운동이건 '네트를 위한' 운동이건 상관없이 조직이 행위 주체가
되어 온라인을 매개로 전개하는 사회운동 모두를 포괄하는 개념
이다.[87] 이미 언급되었던 '진보넷'이나 '함께하는 시민행동' 등 온
라인 운동단체는 물론이고, '경실련'이나 '참여연대'와 같은 오프
라인 운동단체라 할지라도 사회운동의 전개 과정에서 온라인이
활용된다면 '집중형 조직운동'의 범주에 포함시킬 수 있다.

이는 사회운동은 조직과 일치하지 않을 뿐더러 조직의 특수
한 형태도 아니며(Tilly, 1988), 따라서 사회운동과 운동조직
은 구별되어야 한다(조대엽, 1999)는 문제의식을 반영한 것이
다. 즉 사회운동의 유형을 구분함에 있어 개별 운동 단체를 특
정 유형에 분류시키는 기존의 정태적인 분류 방식을 배제하고,

---

87) 기존 온라인 사회운동에 대한 연구들은 대부분 이 영역에 해당하는
    사례들에 대한 분석에 치우쳐 있다.

구체적인 행위의 성격에 따라 유형을 분류하는 동태적 분류 방식을 채택한 것이다. 따라서 동일 단체의 운동이라도 그 내용에 따라서 얼마든지 다른 범주로 분류시킬 수 있다.

집중형 조직운동 모델에서는 말 그대로 사회운동 단체가 운동의 중심적 지위를 차지한다. 사회운동 단체는 의제 설정에서부터 이념의 전파, 동원 및 실행 등 운동의 전 과정에 걸친 제반 전략·전술을 수립하고 실행한다. 따라서 운동이 진행되는 방식은 중앙집중적 형태를 띠게 된다. 한편 집중형 조직운동 모델에서 주로 채택되는 운동의 의제는 제도 개혁이나 사회적 고발, 시민 계몽 등 공공성을 띤 현안에 관련된 것들이다.

따라서 집중형 조직운동은 '가로등식 운동모델'로 비유될 수 있다. 가로등이 밤새 불을 밝혀 온 거리를 비추듯, 집중형 조직운동 역시 상시적이고 거시적인 현안을 중심으로 전개되기 때문이다.

집중형 조직운동 모델에서 사이버스페이스는 다음과 같은 기능을 담당한다. 첫째, 사이버스페이스는 사회운동의 의제를 채택하거나 이를 대중적으로 확장시키는 중요한 통로이다. 이는 바로 사이버스페이스가 갖는 미디어적 성격으로부터 비롯된다.

먼저 네티즌들 사이에서 산발적으로 제기되던 의제가 사회운동 단체에 의해 채택되어 캠페인으로 만들어지는 경우가 있다. '참여연대'에서 추진했던 〈이동통신요금 인하 100만 인 물결운동〉 같은 것이 대표적인 사례이다. 그동안 관련 업체의 홈페이지 게시판이나 안티 사이트 등을 통해서 네티즌들 사이에 꾸준히 거론되어 왔던 이동통신 요금 인하 요구를 '참여연대'가 운동의 의제로 채택하여 캠페인을 전개함으로써 산발적으로 전개되던 네티즌들의 움직임을 한 곳으로 집결시킨 것이다. '참여연대'는 법적 소송 및 공청회 등과 같은 오프라인 활동과 함께, 인터넷에 관련 홈페이지(http://myhandphone.net)를 별도로 개설하고 이곳을 중심으로 네티즌들과 함께 온라인 캠페인을 기획·전개했다. 온라인 서명, 릴레이 E-mail 보내기, 배너 달기, 네티즌 토론 게시판 운영 등 다양한 프로그램들이 홈페이지에서 이루어졌으며, 활동기금 마련을 위한 온라인 모금도 진행했다.88) 또한 이동전화 사업자를 대상으로 한 온라인 시위를 주도하기도 했다.

한편 기존에 운동이 진행되고 있었으나 그다지 널리 확산되지 못하고 있었던 의제라 할지라도 사이버스페이스를 통해서 순식간에 대중들에게 전파되는 경우도 많이 나타난다. 여성계에서 오래전부터 추진하고 있던 〈호주제 폐지운동〉 같은 경우가 대표적이다. 호주제도가 남성 우월적인 가부장제적 사회구조를 제도적으로 보장해주는 악습이라는 문제의식 하에 여성운동 단체에서는 진작부터 호주제를 폐지하기 위한 사회운동을 펼쳐 왔으나 대중적으로 큰 영향력을 얻지는 못하고 있었다. 그러나 신정모라, 고은광순 등 몇몇 여성 통신 논객들을 중심으로 〈부모성 함께 쓰기 운동〉이 온라인에서 일어나면서 호주제 폐지라는 의제가 네티즌들에게 본격적으로 전파되기 시작했고, 마침내 1998년 인터넷에 '호주제 폐지를 위한 시민의 모임(http://antihoju.jinbo.net)'이 결성되면서 이 문제가 주요한 사회 현안으로 급부상하게 된 것이다.

둘째, 사이버스페이스는 운동 집단들의 다각적인 연대나 대중적 동원을 이루어내는 매개체로 기능하기도 한다. '호주제 폐지운동'의 경우 지난 2000년에는 여성계를 비롯하여 민변, 참여연대, 환경운동연합 등 다양한 사회운동 단체들까지 참여한 가운데 '호주제

---

88) '참여연대' 측의 발표에 의하면 캠페인 개시 3일 만에 2만 명의 서명을 받아냈고, 3만 명이 릴레이 E-mail 보내기에 참여했다고 한다. 네티즌들의 산발적인 요구가 조직적으로 집결되었을 때 실로 엄청난 폭발력을 발휘하게 됨을 보여주는 대목이다. 온라인 서명에 참가한 인원은 캠페인 개시 6개월만에 66만 명이 넘은 것으로 집계되었다.

폐지운동본부'가 발족하였다. 또한 이 사이트(http://no-hoju.
women21.or.kr)에서는 온라인 서명 캠페인을 통하여 광범위한
대중적 동원이 이루어지기도 했다.

작년과 올해에 걸쳐 '정보통신검열반대공동행동' 주도로 일어났
던 인터넷 내용등급제 반대 운동의 경우 이를 보다 확연하게 보
여준다. 공동행동에는 온라인 운동단체와 오프라인 운동단체를
망라하여 총 24개의 단체들이 참여했다.89) 뿐만 아니라 2000년
온라인 시위에는 정통부 서버가 다운이 될 정도로 엄청난 숫자의
네티즌들이 참여했으며, 사이트 파업 때에도 500개가 넘는 사이
트들이 동조 파업에 참가함으로써 성공적인 대중적 동원을 이끌
어 냈다. 특히 여기서 주목해야 할 것은 이와 같은 광범위한 연대
와 동원이 오직 공동행동의 홈페이지(www.freeonline.or. kr)
를 통해서 조직되었다는 사실이다. 대규모 온라인 시위와 사이트
파업을 일사분란하게 진행시켰던 운동의 지휘부는 다름 아닌 사
이버스페이스 안에 자리 잡고 있었던 것이다.

---

89) 당시 공동행동에 참가한 단체들은 다음과 같다.
　　도서관운동연구회, 동성애자인권연대, 문화개혁을 위한 시민연대,
민언련 인터넷분과, 민주노동당, 민주주의민족통일전국연합, 부산정보
연대PIN, 성남청년정보센터, 새사회연대, 안티조선 우리 모두, 인권
운동사랑방, 인터넷신문 대자보, 전국공권력피해자연맹, 전국민주노동
조합총연맹, 진보네트워크센터, 통신연대 사이버권리팀, 평화와 참여
로 가는 인천연대, 평화인권연대, 학생행동연대 정보통신모임 I'm, 한
국남성동성애자인권운동모임 '친구사이', 한국노동네트워크협의회, 한
국대학총학생회연합, 한국민족예술인총연합, 한국여성성적소수자인권
운동모임 '끼리끼리'.

2. 임시형 조직운동 – 손전등 모델

임시형 조직운동은 특정한 단일 현안을 중심으로 임시적 조직이 만들어져 운동을 주도하다가 현안이 해소되면 조직도 해산하거나 성격이 바뀌게 되는 방식을 말한다. 사실 지금까지 한국의 사회운동에서 이러한 형태의 운동 사례는 그리 많지 않다. 앞서 참여연대의 〈이동통신요금 인하 운동〉에서도 보았듯이 대부분의 경우 단일 현안이라도 기존 사회운동 단체가 이를 캠페인의 의제로 채택하고 운동을 주도해 왔기 때문이다. 또한 일반인들의 입장에서도 특정 현안에 대한 사회운동을 위해 스스로 운동조직을 결성하는 일은 현실적으로 어려운 일이다. 즉 오프라인에서는 이해 당사자들이 직접 운동을 조직하는 것보다 기존 사회운동 단체의 캠페인에 참여하는 것이 훨씬 합리적인 선택인 것이다.

그러나 사이버스페이스를 통해 일반인들의 참여 기회가 확대되면서 자신들의 직접적인 이해관계가 걸린 현안의 경우에는 스스로 새로운 임시현안 조직을 결성하여 사회운동에 나서는 경우가 종종 나타나고 있다. 특히 특정 지역에 관련된 현안이 발생할 경우 지역 주민들을 중심으로 한 자발적 결사체가 만들어지고, 여기에 관련 사회운동 단체나 지역 운동단체가 결합하는 방식으로 임시적 현안조직이 결성된다. 즉 집중형 조직운동보다는 지역의 실정과 주민의 현실적 요구에 근거해 현안에 따라 분화된 풀뿌리 지역자치운동 방식이 채택되고 있는 것이다.

임시형 조직운동의 성격은 '손전등식 운동모델'로 표현될 수 있다. 손전등은 필요에 따라 수시로 켰다 껐다 할 수 있다. 이는 현안에 따라 유연하게 조직이 만들어지고 또 해산되는 임시적 유연조직, 즉 토플러(Toffler, 1970)가 언급한 '애드호크러시(Adhocracy)'모형과 흡사하다. 또한 손전등의 불빛은 공간 전체를 밝히는 것이 아니라 특정 영역만을 집중적으로 비춘다. 바로 단일 현안을 집중적으로 취급하는 사회운동 방식인 것이다.

현재 주목할 만한 임시적 조직운동의 사례로는 '고양시 러브호텔 난립저지 공동대책위원회'의 〈러브호텔 난립저지〉 운동을 꼽을 수 있다. 고양시의 〈러브호텔 난립저지〉 운동은 1999년 7월 고양시 일산구 대화동 일대에 6개의 모텔이 문을 열자 일산 여성민우회가 문제제기를 하면서 시작되었다. 여성민우회는 러브호텔 반대가 시민단체만의 공허한 외침이 되지 않도록 지역 주민들과의 만남을 적극적으로 벌여나갔다. 러브호텔 문제가 알려지고 그 폐해에 공감하는 사람이 하나 둘 늘어나면서 주민들은 자발적으로 모임을 갖기 시작했다. 특히 러브호텔이 집중되어 있는 백석, 마두, 탄현, 대화동 주민은 아파트 구내방송 등을 통해 수시로 모임을 열고 공동대책을 논의했다.

이들은 시장과의 면담, 시정 질의 등 청원 운동을 벌였으나 탄현과 마두동 일대에 또다시 10여 곳의 러브호텔이 건축승인을 받자 보다 강력한 조직을 결성하기에 이른다. 2000년 8월에 4개 동 주민이 뽑은 4명의 주민 대표가 여성민우회 김인숙 대표와 공동으로 고양시 러브호텔 및 유흥업소 난립저지 공동대책위(이하 공대위)'를 꾸린 것이다. 여기에는 여성민우회 외에 고양시민회, 고양청년회, 참교육 학부모회, 전교조, 녹색소비자 연합, 민주노동당 고양지부 등 다른 시민단체도 가세했다.90)

공대위는 8월 중 두 차례의 궐기 대회를 열어 고양시 당국의 무

---

90) 여기에 결합한 사회운동 단체들은 주로 실무경험이 없는 시민들의 활동을 지원하는 역할을 맡았고 실질적인 운동의 집행은 시민들의 손으로 이루어졌다. 이와 같은 모습은 시민들의 자발적인 운동과 사회운동 단체가 결합했을 때 전형적으로 나타나는 방식이다.

책임한 행정을 성토했고 9월에는 인터넷 홈페이지(http://goyang.
kdlp.org)를 개설하고 10만 인 서명운동을 시작했다. 그 과정에서
러브호텔 반대운동은 조세납부 거부 등의 시민불복종 운동으로
이어졌고 기초자치단체장의 행정책임을 묻는 주민소환제 도입을
위한 헌법소원까지 진행되었다. 결국 고양시는 주거지역 경계로
부터 30~400m 이내에 러브호텔 건축을 금지하는 조례를 제정
함으로써 시민들의 압력에 굴복하였고, 이후 서울시를 비롯하여
성남시, 대구시 등 주요 도시들도 비슷한 조례를 제정하게 되면서
일단락된다.

이상과 같은 과정을 거쳐 온 고양시 〈러브호텔 난립저지〉 운
동은 지역 내 러브호텔 건립 반대라는 단일 현안을 중심으로
조직이 결성되어 활동을 벌이다가 현안이 해결되면서 사실상
활동이 중단되는 전형적인 임시형 조직운동의 모습을 보여주고
있다. 물론 고양시 〈러브호텔 난립저지〉 운동은 지역 공동체를
근간으로 한 조직의 주도로 전개된 오프라인 운동의 성격을 띠
고 있기도 하다. 하지만 공대위는 적절한 온라인 전략을 병행함
으로써 고양시 주민들의 참여와 연대의 폭을 넓힐 수 있었다.
〈러브호텔 난립저지〉 운동의 전개과정에서 온라인 전략이 거둔
성과는 다음과 같이 요약될 수 있다.

첫째, 거의 매주 진행되다시피 한 러브호텔 앞 시위에 조직화
되지 않은 일반 주민들의 동원이 이루어질 수 있었던 것은 홈
페이지를 통한 온라인 홍보의 효과가 컸던 것으로 평가된다.

둘째, 공대위는 홈페이지를 통해 토론실을 운영하고 온라인
서명운동을 전개함으로써 오프라인 캠페인에 직접 참여하지 못
하는 주민들과도 온라인을 통해 집단적 정체성을 형성시켰다.

셋째, 고양시와 교육청 인터넷 홈페이지 등에 '항의 글 올리
기'와 같은 온라인 행동 프로그램을 조직해 냄으로써 일방향적

으로 이루어지는 지역행정, 특히 시민의 권익을 침해하는 행정 정책에 대하여 시민들이 인터넷을 통해 직접적으로 개입하고 저항할 수 있다는 사실을 여실히 보여주기도 하였다.

넷째, 이 운동은 단순히 고양시 주민들만의 지역 현안 운동을 넘어 우리 사회의 교육 및 주거 환경에 대한 시민들의 인식을 환기시킴으로써 고양시 외부의 수많은 네티즌들로부터 폭넓은 지지를 확보해 나갈 수 있었다.

지역 운동의 성패를 가르는 중요한 요인이라면 지역 주민들의 관심과 의지를 결집해내는 한편, 외부집단에게는 자신들의 정당성을 설득시킴으로써 광범위한 지지 여론을 조성해내는 일이라 하겠다. 하지만 지금까지 지역적 차원에서 이루어진 대부분의 풀뿌리 자치 운동들은 이를 실현하기 위한 효과적인 도구나 뾰족한 방안을 가지고 있지 못했다. 그래서 어쩔 수 없이 해당 지역 주민들만의 고립된 운동에 머물렀거나 아니면 기존 사회운동 단체들에 전적으로 의존해야만 했다.

하지만 고양시 주민들의 〈러브호텔 난립저지〉 운동에는 인터넷이라는 새로운 무기가 있었다. 그들은 주민들을 결집시키고 외부의 지지 여론을 이끌어내기 위하여 적극적으로 온라인을 활용했고, 그 결과 자신들 스스로의 조직으로 운동의 전 과정을 훌륭하게 수행해 낼 수 있었다. 고양시 주민들의 경험은 앞으로 지역 단위의 주민 운동에서 인터넷을 매개로 한 임시적 조직운동이라는 새로운 모델이 얼마든지 가능함을 말해 주는 좋은 사례라고 평가할 수 있겠다.

3. 거점형 네트워크 운동 – 네온사인등 모델

거점형 네트워크 운동은 지금까지 살펴본 조직 운동과 다음에 살펴보게 될 분산형 네트워크 운동의 중간적 형태라고 할 수 있다. 하지만 앞의 두 유형이 조직을 근간으로 이루어지는 운동이라면 거점형 네트워크 운동은 행위 주체가 조직이 아닌 수평적 네트워크를 토대로 구성된다는 점에서 분명한 차이가 있다.

거점형 네트워크 운동에 참여하는 사람들은 조직체의 구성원처럼 명확한 멤버십을 가지고 있지는 않다. 그들은 분산되어 있는 개인들이며 다만 특정 운동의 이념이나 목표를 공유한 상태에서 이를 매개로 비정기적인 상호작용을 하는 느슨한 연결망을 유지하고 있을 뿐이다. 즉 멜루치(Melucci, 1989)가 말한 '의미의 네트워크'인 셈이다. 이들은 강한 집합적 정체성을 갖고 있다기보다는 자발적으로 형성된 느슨한 결합을 통해 커뮤니케이션을 하고, 그 과정에서 나름의 상징과 의미를 창출한다.

물론 거점형 네트워크 운동에는 특정 현안에 대한 사회운동의 방향을 제시하고 프로그램을 기획하는 소수의 핵심 주체가 별도로 존재한다. 홈페이지의 관리·운영 역시 이들의 몫이다. 그리고 이 홈페이지가 바로 분산된 개인들의 참여가 이루어지는 거점이 되는 것이다.

이런 점에서 볼 때 거점형 네트워크 운동은 '네온사인등 운동 모델'이라고 지칭할 수 있다. 상점에서 내걸은 네온사인등의 역할은 밤새 불빛을 반짝거리면서 자신의 위치 지점을 거리의 행인들에게 알려주는 일이다. 그러면 지나다니는 사람들은 네온사인등을 보고 주의를 집중하게 되고, 그 상점을 찾아 들어가기도 한다. 거점형 네트워크 운동을 수행하는 홈페이지는 바로 이러한 네온사인등과 같은 것이다. 네트워크를 유목하는 네티즌들에게 해당 운동의 존재감을 각인시키고, 이들을 운동의 참여자로 끌어들어 들이는 것이 홈페이지의 역할이다.

하지만 홈페이지를 운영·관리하는 핵심 주체들의 역할은 어디까지나 제한적인 수준에서 그칠 뿐이다. 상점을 방문한 행인들이 그 안에서 주인의 통제를 받지 않고 자유롭게 행동하고 스스로 의사결정을 하듯이, 거점 홈페이지에 접속한 네티즌들 역시 운동에 참여할 것인지 말 것인지, 참여한다면 어느 정도의 수준에서 어떤 방법으로 참여할 것인지는 순전히 자신의 자발적인 의지에 따라 결정된다. 즉 모든 운동과정은 네트워크로 연결된 개개인들에 의해서 만들어지는 것이다.

그래서 거점형 네트워크 운동이 진행되는 홈페이지는 늘 생기가 넘쳐흐르고 분주하며 심지어 시끄럽기조차 하다. 다양한 관점을 가진 사람들이 뒤섞여있는 이곳에서는 끊임없이 수많은 담론이 만들어지고 토론이 이어진다. 하지만 이와 같은 과정에서 스노우(Snow, 1986)가 말한 사회운동의 '틀 정렬(frame alignment)'91)이 자연스럽게 이루어진다.

스노우는 틀 정렬을 개인들의 이해, 가치, 신념 등이 사회운동조직의 활동, 목표, 이념 등과 일치하고 상호 보완적이 될 수 있도록 개인들의 해석적 지향과 사회운동조직의 해석적 지향을 연결짓는 과정이라고 정의하였다(임희섭, 1999). 즉 서로 다른 조건이나 입장을 가지고 참여한 사람들이 거점 홈페이지를 매

---

91) 스노우(Snow)가 지칭한 틀(frame)이란 용어는 고프만(Goffman, 1974)의 〈틀 분석(Frame Analysis)〉에서 채용된 것으로 "개인들이 자신들의 삶의 공간과 세계에서 일어나는 일들을 위치시키고, 지각하고, 구별하며, 이름붙이는 것을 가능하게 해주는 해석의 틀"을 말한다. 그와 같은 틀은 사건이나 현상에 의미를 부여함으로써 개인들로 하여금 자신들의 경험을 조직하게 하고 개인적 또는 집합적 행동을 인도하는 기능을 수행한다(임희섭, 1999).

개로 쌍방향 커뮤니케이션을 지속적으로 해나가는 과정에서 운동의 일정한 틀이 정렬되어 힘을 합치게 되는 것이다.

한편 거점 홈페이지에는 누구나 마음대로 접근할 수 있기 때문에 해당 운동에 대해 다른 입장을 갖고 있는 사람들과 뜨거운 격론이 일어나고 때로는 운동의 반대자들이 들어와서 심각한 말싸움이 벌어지는 일도 종종 발생한다. 바로 벤포드(Benford, 1989)가 언급했던 '틀 분쟁(frame disputes)'92)이 발생하기도 하는 것이다.

틀 분쟁은 온라인 사회운동의 몇 가지 유형 중 특히 거점형 네트워크 운동에서 자주 나타나는데 그 이유는 다음과 같다.

첫째, 일반적으로 네트워크 운동은 물리적인 행동을 동원한 운동이라기보다는 담론 운동적인 성격이 강하기 때문이다. 즉 일사분란한 조직적 행동을 통해 목표를 달성하려는 것이 아니라 사회적 공론을 형성하고, 이러한 공론 과정에 보다 많은 사람들을 참여시킴으로써 세력화를 꾀하는 것이 기본 목표이다. 따라서 지속적인 커뮤니케이션과 의미의 창출 자체가 곧 운동인 것이며, 이 과정에서 틀 분쟁이 발생할 여지는 상당히 높은 것이다. 어찌 보면 틀 분쟁 자체도 운동의 한 과정이라고도 볼 수 있다.

둘째, 거점형 네트워크 운동은 참여자들의 직접적인 이해관계가 걸린 현안보다는 공공적 성격의 현안을 중심으로 전개되는

---

92) 벤포드는 많은 경우 특정한 사회운동에 참여하는 모든 참여자들이 완전히 일치된 집합행동의 틀을 공유하는 것이 아니기 때문에 내부적으로 틀 분쟁이 일어날 수 있다고 보았다. 즉 운동의 목표를 공유하고 있는 참여자들이라 할지라도 문제의 진단, 책임소재의 귀속, 문제해결의 방법, 전략, 전술 등에서 어느 정도 서로 다른 행동의 틀을 지닐 수 있기 때문에 틀 분쟁이 벌어지기도 한다는 것이다. 틀 분쟁은 개인 간, 소수 그룹 간, 혹은 운동 조직 간의 다양한 지점에서 발생할 수 있다(임희섭, 1999).

경우가 많다. 거점형 네트워크 운동을 장기 지속적 성격으로 분류한 것도 이 때문이다. 따라서 참여자들 사이에 운동의 방향이나 전략·전술에 대한 이견이 발생할 개연성이 크다.

실제로 거점형 네트워크 운동모델은 당면 현안의 특성상 장기 지속성을 띨 수밖에 없는 온라인 대안 운동들의 사례에서 주로 발견된다. 온라인 대안 운동이란 오프라인에서 이미 고착화되어 있는 기존 제도들의 파행적이고 왜곡된 실태를 극복하기 위하여 사이버스페이스 안에 대안적인 제도들을 새롭게 구현하기 위한 의식적인 운동들을 의미한다. 이를테면 대안학교 및 탈학교 운동이나 온라인 대안언론 운동 등과 같은 것들이 대표적인 예라고 할 수 있다.[93]

온라인 대안학교의 대표적인 예는 '즐거운 학교(www.njoyschool. co.kr)'를 들 수 있다.[94] '즐거운 학교'는 교사들의 연구모임인 '전국교과모임연합'이 주도하여 기존에 10여 곳에 흩어져 있던 인터넷 교육 사이트들을 한 자리에 모은 커뮤니티형 온라인 학교이다. 현재 3만 명의 현직교사들과 학생, 학부모가 함께 참여하고 있다. 이곳에서는 국어교사가 '즐거운 국어시간'이라는 코너를 운영하며 영화감상문 등 글짓기 숙제를 온라인으로 제출 받고 문학작품을 수시로 소개한다. 쪽지 보내기나 실시간 투표, 온라인 토론 등을 통해 학생들과 다양한 이야기도 나눈다. 또 과학고에 다니는 학생이 코너를 만들어 과학고의 생활을 올려놓는 등 학생들의 참여도 눈

---

[93] 특히 참여자들 간에 비교적 동질성이 형성되어 있는 대안학교 및 탈학교 운동보다는 이질적 성격의 참여자들이 모이는 온라인 대안언론 운동에서 틀 분쟁이 자주 나타난다.

[94] 이 밖에도 하자센터(www.haja.or.kr), 명동미지센터(www.mizy.net), 민들레학교(www.mindle.org), 도시 속 작은 학교(http://dreamyouth.or.kr) 등이 온라인과 오프라인을 병행한 프로그램을 진행하고 있는 대안학교들이다.

에 뛴다. 이 밖에도 별자리캠프, 정신대 할머니에 대한 다큐멘터리 제작, 역사신문 만들기 등 오프라인의 현장교육과 이벤트를 함께 진행하며 교사들은 보조교재를 공동제작하기도 한다.

반면 탈학교 운동은 순수하게 학생들끼리 모여서 운영된다. 대표적인 것으로는 '탈학교모임(http://deschool.mine.to)', '아이두(www.idoo.net)', '아이노스쿨(www.inoschool.net)' 등이 있다. 여기에는 보통 자퇴생들이 많이 참여하고 있으며, 이외에도 자퇴를 원하지만 아직 학교에 다니고 있는 학생들, 또 홈스쿨링을 하고 있는 사람, 자퇴를 하지는 않았지만 자퇴에 가까운 경험을 한 사람, 고등학교를 자퇴했지만 지금은 학교에 다니고 있는 대학생 등이 참여하고 있다. 이들에게 학교는 더 이상 절대적인 교육 공간이 아니다. 학교 밖에서도 얼마든지 원하는 것을 배울 수 있고 좋은 친구들을 만날 수 있다. 탈학교 모임에 나오는 사람들은 주로 소모임을 통해서 활동한다. 소모임은 주로 취미나 관심사가 같은 사람들끼리 모여서 자유롭게 활동하는 곳으로 누구나 제안을 해서 만들 수 있으며 없어질 수도 있다. 자유롭게 누구나 참여할 수 있는 열린 공간이다.

한편 온라인 대안 운동의 또 다른 한 축인 대안언론 운동의 대표적인 사례로는 인터넷 신문 '오마이뉴스(www.ohmynews.com)'와 안티조선 '우리 모두(www.urimodu.com)'를 꼽을 수 있다.

"모든 시민은 기자다"라는 모토를 걸고 2000년 2월 22일에 창간된 '오마이뉴스'는 속보성, 쌍방향성 그리고 하이퍼텍스트라는 인터넷 언론의 특성을 십분 활용한 실험적 보도 방식, 언론 개혁을 통한 사회 민주화라는 선명한 지향점, 그리고 기성 언론을 앞지른 몇 차례의 특종95)을 통해 현재 가장 주목받는 온라

---

95) 창간 1년여 동안 '오마이뉴스'가 특종 보도한 주요 기사는 다음과 같다.
  ―서방 정보기관 에셜론(Ethelon) 김정일 국제전화 감청

인 대안언론으로 급부상했다.96) '오마이뉴스'는 인터넷 언론 기업임과 동시에 명백한 온라인 대안언론 운동의 대표 주자이기도 하다. 특히 '오마이뉴스'의 온라인 전략은 전형적인 거점형 네트워크 운동모델의 모습을 보여주고 있다. "모든 시민은 기자다"라는 모토가 단적으로 말해주듯 '오마이뉴스'가 주창하는 언론개혁 및 대안언론 운동을 이끌어 가는 동력은 이른바 '뉴스 게릴라'라 불리는 3만 명이 넘는 네티즌 기자회원들이다.97)

창간 3개월에 즈음한 2000년 5월 20일자로 '오마이뉴스'가 연구자에게 제공해 준 내부 자료에 의하면 당시, 2,237명의 기자회원 중 37.9%인 846명이 최소한 1회 이상 기사를 기고함으로써 단지 마케팅과 이미지 관리 차원으로 기자회원제를 운영하고 있는 타 언론사와 차별성을 보여주고 있었다.

-총선연대 홈페이지 욕설, 국회 의원회관이 발신지
-서울대생 노진수, 안치웅 씨 실종 10여 년
-인천가정폭력사건
-민주당 386의원들 5.17 광주 가라오케 술판
-YS 고대 앞 농성사건

96) 창간 1년이 채 안된 지난해 〈시사저널〉 조사한 '한국에서 가장 영향력 있는 언론매체' 10위에 오르며 기염을 토한 '오마이뉴스'는 올해 발표된 같은 조사에서는 2계단 상승한 8위를 기록함으로써 확실한 자기 입지를 굳혔다. 또한 2001년 10월 〈경향신문〉이 조사한 '한국의 얼굴 55인'에서도 언론 부분에서는 '오마이뉴스'가 유일하게 선정되었으며, 특히 개인이 아닌 유일한 단체 선정자이기도 했다.

97) '오마이뉴스'의 기자 회원 수는 2004년 현재 3만 1천명을 기록하고 있다.

〈표 6-2〉'오마이뉴스' 기자 회원의 원고기고 빈도
(2000. 5. 20 현재)

기고 없는 회원수	1,391(62.1%)
1회 이상 기고 회원수	846(37.9%)
계	2,237

특히 총 8,225건의 게재 기사 중 기자회원의 기사가 80%인 6,593건을 차지하고 있어, 실질적으로 〈오마이뉴스〉의 뉴스 생산은 기자회원이 주도하고 있다고 해도 과언이 아니다.

〈표 6-3〉'오마이뉴스' 게재 기사의 필진 비율
(2000. 5. 20 현재)

기자 구분	기사 수
소속기자	1,272(15%)
기자회원	6,593(80%)
연합뉴스 제공기사	360(5%)
계	8,225

단순히 양적인 측면뿐 아니라 기사의 질적인 측면을 살펴보기 위해 '오마이뉴스'의 탑 기사 및 서브기사의 필진 비율을 비교해 보면, 소속기자 대 기자회원의 기사 비율이 탑 기사의 경우는 42 : 58, 서브기사의 경우는 14 : 86으로 종합적으로 27 : 73라는 기자회원의 압도적 우위가 드러난다. 이처럼 기자회원들이 '오마이뉴스'에서 차지하는 비중은 현재 '오마이뉴스'의 지명도나 기자회원 숫자의 증가 추이에 미루어 볼 때 당시보다 더 커졌을 것으로 예측된다.

〈표 6-4〉 '오마이뉴스' 톱기사 및 서브기사 필진 비율
(2000. 5. 20 현재)

	탑 기사 수	서브 기사 수	계
소속기자	222(42%)	93(14%)	315(27%)
기자회원	301(58%)	556(86%)	857(73%)
계	523	649	1,172

하지만 '오마이뉴스' 기자들은 명확한 멤버십을 갖는 조직의 구성원들이 아니다. 그들은 대학생, 직장인, 주부, 교수, 언론인, 노동자 등 다양한 분야에 몸담고 있는 흩어진 개인들이다. 다만 '오마이뉴스'가 지향하는 언론개혁과 대안언론의 취지에 공감하는 사람들이 비정형적이고 느슨하게 연결된 의미의 네트워크일 뿐이다.98) 그들은 '오마이뉴스' 사이트를 거점 삼아 드나들면서 글을 올리고 기사를 읽고 또 토론에 참여한다. 개인적으로는 지극히 단순한 일이지만 수많은 사람들의 이러한 행위의 합이 '오마이뉴스'라는 거점 사이트에 집결되면서 대안 운동이라는 거대한 사회적 힘으로 승화되는 것이다.

'안티조선'이라는 모토에서도 읽을 수 있듯이 '우리 모두'는 '오마이뉴스'에 비해 훨씬 더 도발적이고 네거티브적인 방법으로 언론개혁 운동을 전개한다. 뿐만 아니라 '우리 모두'의 운동 방식은 '오마이뉴스'보다도 거점형 네트워크 운동의 이념형에 한결 가깝게 접근해 있다. 사전에 철저한 준비와 기획에 의해 하향식

---

98) 물론 기자회원이 되기 위해서는 온라인을 통해 일정한 가입절차를 밟아야 하지만 이것이 특정한 자격요건을 필요로 하지도 않으며, '오마이뉴스' 내부의 심사를 거쳐 허락을 받아야 하는 것도 아니기 때문에 문턱은 거의 없는 것이나 마찬가지이다.

으로 만들어진 '오마이뉴스'와 달리 '우리 모두'의 안티조선 운동
은 그 발단부터가 지극히 네트워크적이었다. 월간 〈인물과 사
상〉의 강준만 교수와 〈말〉지의 정지환 기자가 조선일보에 의해
명예훼손죄로 고소되어 벌금형을 선고받자, 네티즌들 사이에서
이른바 "나를 고소하라!"라는 제목의 〈벌금 대신 물어주기(모
금) 운동〉이 일어나고 여기에 참여한 사람들이 자발적으로 '우
리 모두(www.urimodu.com)'란 사이트를 만들어 활동하면서
급격히 확산되기 시작한 것이다.99)

　뿐만 아니라 거점 사이트의 운영방식 역시 '오마이뉴스'에 비
해 한결 개방적이고 수평적이다. '우리 모두'에는 '오마이뉴스'
소속의 상근 기자와 같은 내부의 공식적인 핵심주체 조차 아예
존재하지 않는다. 즉 '오마이뉴스'처럼 편집권을 행사하는 사람
마저도 없다는 이야기다. 이곳에 참여하는 사람들이 게시판에
올리는 모든 언어들은 아무런 여과나 편집과정을 거치지 않고
곧바로 드러난다. '우리 모두'의 웹사이트의 운영자는 단지 관리
자일 뿐이다.100) 또한 최소한의 형식적인 회원가입 절차조차

---

99) "나를 고소하라!" 운동은 비슷한 시기에 프랑스에서 먼저 일어났던 지
　　식인들의 운동에 착안한 것이다. 프랑스에서는 〈리베라시옹〉의 마티
　　에 랭동 기자가 소설 '장 마리 르펜의 소송'을 통해 극우세력을 실명
　　으로 비판해 화제가 됐었다. 여기서 랭동 기자는 극우정당 국민전선
　　의 우두머리인 장 마리 르펜을 '살인자 집단의 수괴', '인간 역사에서
　　가장 혐오스러운 망령', '피로 살찌는 흡혈귀' 등 극단적인 표현으로
　　비판했다. 르펜은 출판사와 랭동 기자를 출판물에 의한 명예훼손으로
　　고소했고, 승소했다. 그러나 사건은 여기서 끝나지 않았다. 프랑스 문
　　인들이 즉각 반발하고 나선 것이다. 100여 명의 문인들이 문제가 된
　　네 개의 구절을 〈리베라시옹〉에 그대로 옮겨 쓴 뒤 "그대로 썼으니 나
　　를 고소하라"고 요구했다. 둘 다 출판물에 의한 명예훼손 소송사건이
　　지만 프랑스의 소송에선 극우정당인 국민전선의 우두머리인 장 마리
　　르펜이 이겼고 한국에선 〈조선일보〉 기자가 이겼다는 차이가 있다.
　　또 프랑스에서는 지식인들이 앞장섰지만 한국에선 일반 시민들이 나
　　섰다는 점도 다르다(이상 홍세화 글 요약, www.urimodu.com).

이곳에는 없다. 누구나 마음대로 출입할 수 있으며, 누구나 자유롭게 글을 올리고 토론에 참여할 수 있다. 그래서 '우리 모두'라는 거점 사이트는 아무도 주인이 아니며 또 모두가 주인이기도 하다.101) '우리 모두'는 '오마이뉴스'보다도 훨씬 더 느슨한 의미의 네트워크이며, 이들은 오직 안티조선이란 내용의 집합적 정체성을 매개로 연결되어 있는 사람들이다.

'우리 모두' 사이트에는 두드러지게 눈에 띠는 두 가지 특징이 있다. 하나는 모든 메뉴가 게시판으로 구성되어 있다는 것이다. 이들 게시판 안에서는 일간지의 속성상 하루면 읽히고 사라지는 조선일보의 기사나 사설들에 대해서 자료의 축적과 평가, 그리고 이에 대한 비판적인 글들이 이어지고 이에 대해서 활발한 토론들이 끊임없이 이루어지고 있다. 또한 게시판을 중심으로 커뮤니티가 활성화되어 영화, 음악, 독서, 건강, 종교, 사상문제 등에 대한 다양한 이야기들을 함께 나누고 있다. '우리 모두'의 운동 방식이 물리적 저항이 아닌 담론 투쟁이라는 점을 여실히 보여주는 대목이다. 또 다른 한 가지 특징은 화면 맨 위에 안티조선 운동에 참여하는 수많은 사이트들이 일제히 배너로 링크되어 있다는 것이다. 이들은 이와 같은 방식으로 외부 집단들과 연대감을 형성시키고, 운동의 이념이 폭넓게 확산되고 있

---

100) '우리 모두' 사이트 관리자가 행사할 수 있는 유일한 권력이란 게시판에 게재된 글 중 심한 욕설이 담긴 글들을 골라서 별도로 마련해 놓은 '해우소(解憂所)'란 게시판으로 옮기는 일이다. 이조차도 '삭제'가 아닌 '이전'이라는 점에서 그 권력은 지극히 제한적인 것이라 할 수 있다.

101) 물론 '우리 모두'의 구성원 중에는 담론의 과정을 주도하는 통신논객이나 지식인, 명망가들이 존재한다. 사실 이들의 발언이 다른 참여자들에게 미치는 영향력은 분명 무시할 수 없다. 하지만 이들의 영향력은 위로부터 주어진 것이 아니라 수평적인 구성원 중 한 사람으로 참여하는 과정에서 자연스럽게 만들어진 것이다.

224

음을 시각적으로 보여주고 있는 것이다.

이처럼 느슨한 네트워크 공동체가 펼치는 담론 투쟁이 여느 운동조직의 물리적 실천보다도 훨씬 더 큰 사회적 파급력을 끼치고 있다는 사실은 실로 놀라운 일이 아닐 수 없다. 안티조선의 움직임은 '우리 모두' 사이트를 넘어 사회 구석구석에 급속히 확장되어 갔으며, 이는 총 43개의 사회단체가 참여한 '조선일보 반대 시민연대(www.antichosun.or.kr)'의 결성으로까지 이어졌다.102) 사이버스페이스를 통한 네트워크 운동이 얼마나 큰 잠재력을 가지고 있는가를 말해주는 것이다.

거점형 네트워크 운동의 행위자들은 개인적인 이해관계가 걸려 있거나 직접적인 보상을 기대하며 운동에 참여하는 것은 아니다. 자신의 견해가 담긴 글이 여러 사람들에게 읽혀지는 것, 공통의 관심사와 생각을 가진 다른 사람들과 지속적으로 커뮤니케이션 하는 것, 그리고 그 과정을 통해 사회적 참여 행위를 하고 있음을 확인하는 것에 만족스러워 하는 것이다. 즉 그들은 사이버스페이스의 공론장에 참여하는 것 자체에 의미부여를 한다는 점에서 신사회운동의 정서와 맞닿아 있다.

---

102) '조선일보 반대 시민연대'에 참가한 단체들은 다음과 같다.
　건강사회를 위한 치과의사회, 광주전남민언련, 경남민언련, 국제민주연대, 대전충남민언련, 매비우스, 문화개혁시민연대, 미군범죄근절운동본부, 민언련, 민예총 언론위원회, 민족문제연구소, 민족정기수호협의회, 민족회의, 민주노총, 불교언론대책위원회, 4월혁명회, 전북민언련, 전국노점상연합, 전국불교운동연합, 전국연합, 전북평화와 인권연대, 진보네트워크, 참교육학부모회, 학단협, 한국전쟁전후 민간인학살규명위원회, 언론정보학회, 인권운동사랑방, 천주교전국연합, 전대기련, 대구회망의 시민포럼, 안티조선 '우리 모두', 인물과 사상 독자모임, 울산민주시민회, 바른 언론을 위한 시민연합, 건강사회를 위한 약사회, 5·18 광주민중항쟁서울경기동지회, 천주교인천교구정의평화위원회, 대자보, 민교협, 한총련 학부모회, 제주 4·3 연구소.

물론 거점형 네트워크 운동에 참여하는 사람들 중에는 꾸준한 참여를 보여주는 사람도 있고, 가끔씩 얼굴을 내미는 사람도 있을 것이다. 또 네트워크로부터 중도 이탈한 사람도 생길 것이며, 새롭게 참여를 시작한 사람도 있을 것이다. 이처럼 네트워크의 구성원은 유동이 심하지만 운동의 근본이념과 이것을 실현시켜 나가는 거점 사이트는 늘 그 곳에 자리하고 있다. 그래서 참여하는 사람은 수시로 바뀌더라도 운동 그 자체는 장기 지속적으로 존재한다는 점이 거점형 네트워크 운동의 고유한 특성이라 하겠다.

4. 분산형 네트워크 운동 – 점멸등 모델

마지막으로 살펴볼 온라인 사회운동의 유형은 '분산형 네트워크 운동'이다. 분산형 네트워크 운동은 거점형 네트워크 운동과 마찬가지로 조직적 멤버십을 갖지 않고 흩어져 있는 다수의 개인들의 네트워크로 이루어진다. 하지만 거점형 네트워크 운동이 공공 현안에 대한 장기 지속적인 운동이라면, 분산형 네트워크 운동은 참여자들의 직접적인 이해관계가 걸린 현안을 중심으로 하여 단기적·임시적으로 전개되는 운동이라는 점에서 차이가 있다. 따라서 참여자들의 결속력이나 운동에 대한 몰입도는 분산형 네트워크에 비해 훨씬 강하게 나타난다. 또한 거점형 네트워크 운동과 달리 분산형 네트워크 운동에는 핵심 주체도 존재하지 않으며, 그래서 참여자들의 관계는 지극히 수평적이다. 누구든지 운동의 방향이나 구체적인 전략 프로그램을 제시할 수 있으며, 이것이 다른 참여자들에게 설득력을 얻게 되면 그러한 방식으로 운동이 흘러가는 비정형적인 모습을 보여준다.

분산형 네트워크 운동에게는 '점멸등 운동모델'이라는 명칭을 붙일 수 있다. 크리스마스트리를 장식하는 점멸등은 쉴 새 없이 켜지고 꺼짐을 반복한다. 비록 개개의 불빛은 끊임없는 점멸 과정을 거듭하지만 그것들 전체는 크리스마스트리의 윤곽을 그대로 드러내 보여주고 있다. 이와 마찬가지로 사이버스페이스에서는 개별 현안에 따라 즉각적으로 운동이 만들어지고 현안이 해소되면 운동도 사라지는 임시적 네트워크 운동이 수시로 점멸을 거듭하고 있는 것이다. 비록 개별 운동은 단기간에 임시적으로 펼쳐졌다 사라지지만 이러한 운동들이 곳곳에서 계속적으로 만들어지면서 커다란 운동의 흐름은 여전히 유지된다.

이는 가타리(Guattari, 1977)가 말했던 '분자 운동'의 가장 전형적인 모습이 사이버스페이스 안에서 나타나고 있음을 의미한다. 즉 개인의 일상적 삶 주변에서 벌어지고 있는 미시적 권력관계에 대하여 마찬가지로 미시적인 수준에서의 비판과 저항이 온라인 네트워크를 통해 만들어지고 있는 것이다. 특히 이러한 미시적 권력관계는 지역적 공동체보다는 현안 공동체를 중심으로 형성되는 경우가 훨씬 더 많다. 분명 사이버스페이스는 지역적으로나 계층적으로 흩어져 있는 집단처럼 상이한 집단들이 공통된 이슈를 중심으로 모여서 정보를 공유하고 압력과 비판의 강도를 높이는데 유리하다. 따라서 앞서 살펴보았던 지역 주민들의 자발적 결사체를 통한 임시형 조직 운동보다는 온라인을 통한 분산형 네트워크 운동이 훨씬 더 활성화되어 있는 것이다.

앞서 언급했다시피 분산형 네트워크 운동은 참여자들의 직접적인 이해관계가 걸린 현안을 중심으로 하여 단기적·임시적으로 전개된다. 따라서 분산형 네트워크 운동에 참여하는 사람들은 이익집단적 성격을 띠고 있다. 그리고 이러한 분산형 네트워크 운동은 ① 특정 기업이나 제품에 대한 안티 성격의 소비자

운동과 ② 청소년, 동성애자 등과 같은 사회적 소수자들의 권익
운동에서 주로 많이 발생한다.

먼저 안티 성격의 소비자 운동의 사례는 사이버스페이스에서
그 수를 헤아릴 수 없을 만큼 많다. 현대, 삼성, LG 등의 대기
업과 한국통신, 두루넷 등 초고속통신만 사업자에서부터 남대문
과 동대문의 시장, 그리고 충무로 애견상까지 이들이 비판하고
있는 대상은 다양하다(양소연, 2001). 사이버스페이스가 흩어
져 있는 소비자들을 네트워크로 연결시키고 있는 것이다.

이들 안티 소비자 운동 중 가장 대표적인 사례를 하나 꼽으
라면 우리나라 안티 운동을 본격화시킨 계기이자 성공적인 성
과를 거두어 낸 〈안티 닉스(Anti-Nix)〉운동을 들 수 있겠다.
1999년 인터넷을 뜨겁게 달구었던 〈안티 닉스〉운동은 청바지
제조사인 (주)닉스가 인터넷 사업에 진출하면서 네티즌들을 대
상으로 시작한 도메인 공모가 사기담합의 의혹이 있다고 네티
즌들이 문제제기 하면서 시작된 운동이다.

여기서 잠시 이 사건의 개요를 총괄적으로 잘 정리해 놓은
신문기사를 통해 그 전개과정을 소개해 보도록 하겠다.

"닉스 응모 행사에 대한 문제점을 올려주십시오. 한국
네티즌의 단결된 힘을 보여 새 역사를 만들어 갑시다."
지난해 10월 11일 전북 정읍고 황용수(黃龍洙. 32)
교사가 인터넷에 띄운 짧은 호소문은 거대한 네티즌 운
동의 서막일 뿐이었다.
청바지로 유명한 ㈜닉스는 지난해 8월 중순 3억 원의
상금을 건 도메인 공모를 실시한다고 밝혔다. 닉스 측
은 10월 7일 "12만 명이 35만여 개의 이름을 출품해
치열한 경쟁을 벌인 결과 'www.ifree.com'이 당선작으
로 선정됐다"고 말했다. 그러나 예정됐던 발표 시각이

8시간이나 지연된 채 닉스 서버에 접속마저 안 되자 네
티즌 사이에 의혹이 제기됐다. 게다가 2, 3등에 선정된
작품들도 함량 미달로 보였기 때문이다. 발표 다음날
"당선작 'ifree'는 닉스 측에 인터넷 회선을 공급키로 한
인터넷회사가 소유했던 것으로 양사가 이미 도메인 양
도 양수에 합의했다", "공모 행사는 인터넷 회원을 끌어
들이기 위한 닉스 측의 기만행위"라는 주장이 근거자료
와 함께 인터넷에 올랐다.

　30여 개의 응모작을 낸 黃 교사는 즉각 'ifree'를 반대
한다는 뜻의 'ihateifree'라는 도메인을 등록해 네티즌의
동참을 호소하는 인터넷 사이트를 개설했다. 사이트 개
시 첫날부터 "네티즌을 우롱하는 기업을 퇴출시키자",
"이참에 아예 불매운동을 벌이자"는 등 네티즌의 반응이
폭발적으로 올라왔다. 하루 평균 1천5백여 건의 조회기
록을 보이면서 반(反)닉스 운동은 인터넷을 진동시켰다.
방문자가 1만여 명을 넘어서자 黃 교사는 한 시민단체와
연대해 '닉스 도메인 사건 해결을 위한 네티즌 행동'을
결성했다. 조직적 저항의 D-데이는 10월 25일. 오전
10시부터 오후 5시까지 '닉스 반대'라는 글귀가 새겨진
피켓 모양, 닉스 도메인의 공모 의혹을 제기하는 성명서
가 인터넷 게시판 등에 차근차근 게재됐다.

　결국 11월 23일 닉스 측은 黃 교사에게 ▶선정과정
의 부적절한 행위 ▶운영상의 미숙 등을 담은 사과문을
보냈다. 상금 3억 원도 '우리민족서로돕기운동'에 맡겨
'북한어린이에게 컴퓨터 보내기 운동'에 사용키로 했다.
닉스 측은 "선정작을 발표하기 전에 양도양수 계약을 마
치려 했던 것이 의혹을 일으킨 것 같다"고 밝혔다. 한
달간의 '투쟁'이 네티즌의 승리로 끝난 것이다.

(중앙일보, 2000. 1. 16)

이상의 기사에서 살펴보았듯이 〈안티 닉스〉운동은 소비자를 우롱한 기업의 부당한 횡포에 맞서 네티즌들이 온라인을 통해 저항을 전개한 분산형 네트워크 운동의 전형적인 사례였다. 네티즌들은 안티 닉스 사이트(www.ihateifree.com)를 통해 온라인으로 연대하고, 이 안에서 다양한 공론들을 창출해 냈다.

특히 이 사이트에서 주목할만한 것은 여러 개의 게시판들을 기반으로 다양한 담론 행동 프로그램들이 전개되었다는 점이다. 운동의 참여자들은 내용과 용도에 따라 세분화된 게시판을 중심으로 다양한 온라인 행동들을 수행해 나갔다. 운동에 대한 홍보, 기획, 토론, 정보제공뿐 아니라 참여자들의 연대와 결집을 다지기 위한 다채로운 프로그램들이 온라인을 통하여 진행되었다.[103] 이를테면 참여자들이 자발적으로 인터넷 게시판 곳곳에 글을 퍼 옮기며 다른 네티즌들의 참여를 촉구하는가 하면, 각자 나름대로 홍보 배너를 만들어서 게시판에 올려놓은 등 능동적인 행동들이 이어졌다. 모든 요구사항에 대한 정리나 의사결정 역시 참여자들에 의해 자율적으로 이루어졌다. 예전 같으면 사회운동 단체를 통해 문제가 제기되고 또 이들이 운동을 대행하던 것과는 전혀 다른 향상이다. 당시 이 사이트에 개설된 게시판들의 종류와 그 내용은 다음과 같다.[104]

---

103) 〈안티 닉스〉운동에는 시민단체인 '함께하는 시민운동'의 상근자 2명이 결합하여 초기 온라인 행동 프로그램 기획을 지원해 준 바 있다.

104) 13개의 게시판에는 총 4399개의 글이 등록되어 있다.

〈표 6-5〉 안티 닉스 사이트의 게시판들

게시판 이름	용 도	개설일
영원한 의혹! 영원한 분노! 영원한 투쟁!	운동 중심이 되었던 게시판	1999/10/11
항의시위 방법	불매운동 등 아이디어 수합	1999/10/11
증거자료 제보	사기행각의 증거 확보	1999/10/14
이성적 토론방	감정의 자제를 유도	1999/10/14
네티즌 행동 운영진에 바란다!	네티즌과 운영진의 의견 교환	1999/10/23
사이버 행동상황판, 행동수기	홍보된 곳을 알려 중복방지	1999/10/25
시위도구 모음	구호와 피켓 이미지 수합	1999/10/25
전자서명 게시판	네티즌 서명운동	1999/10/26
닉스에 바란다!	닉스의 각성을 촉구	1999/10/29
반닉스 행동그룹 등록	일반 네티즌들 조직화	1999/11/04
반닉스 유머란	운동의 활력소 제공	1999/11/04
SOS(긴급공지)	닉스 측의 전술 사전에 차단	1999/11/08
네티즌 의견 모으기	3억 환원에 대한 의견 수렴	1999/11/26

자료: www.ihateifree.com

뿐만 아니라 이들의 정서는 기존의 운동단체들이 주도하던 다른 사회운동들처럼 결코 엄숙하거나 장엄하지만은 않다. '반닉스 어기영차'라는 메뉴에 수록된 아래의 글은 그 단면을 보여준다.

> 1. 싸움에 지치지 말자. 평일에는 열심히 싸우고 주말에는 푹 쉬자. 하루 이틀에 끝날 싸움은 결코 아니다.

2. 사명감을 갖자. 인터넷 문화를 올바로 잡는 것은 우리 자신뿐만 아니라 우리 후대를 위하는 길이 될 수 있다.

3. 닉스 불매운동을 실천하자. 가족부터 시작하여 아는 사람 모두에게 적극 권유한다.

4. ihateifree.com에 하루 한번 이상 접속하자. 닉스가 망하는 날까지 ihateifree.com은 운영된다.

5. 반닉스 행동그룹을 조직하자. 힘차게! 당당하게! 그리고 모두 함께! 싸우기 위함이다.

6. 닉스 광고를 유치하는 언론을 감시하자. 사기집단 닉스와 놀아나는 언론기관이 있는가 주의 깊게 살핀다. 만약 있다면 과감하게 항의 전화를 한다.

7. 상황을 신속하게 공유하자. 자신이 소속된 집단원들에게 반닉스와 닉스 간의 대치상황을 신속히 알려주는 것은 우리들의 기본적인 임무이다.

8. 닉스 청바지를 경고하자. 아무것도 모르고 닉스 청바지를 입고 다니는 사람에게 친절히 다가가 닉스의 사기만행을 상세하게 설명해 주고 다시는 입지 말 것을 정중히 부탁하자.

9. 그들을 위하여 기도하자. 김효근 사장 및 허진호 사장 그리고 그 밑에 있는 죄 없는 졸개들에게 하루 빨리 잘못을 인정하라고 마음으로 기도하자.

10. 밥 잘 챙겨먹자. 싸울 때는 건강이 무엇보다 중요하다.

운동의 기본 지침과 자세는 물론이요 일상적인 실천 전략에 이르기까지의 모든 내용이 빠짐없이 수록된 일종의 '운동 강령'이라 할 수 있는 글임에도 불구하고 기존 사회운동에서 흔히 나타나는 비장감은 어디에서도 찾아볼 수 없다. 이처럼 이들이 보여준 네티즌 특유의 발랄한 감수성은 이 운동이 수많은 네티즌들의 전폭적인 지지와 참여를 이끌어낸 중요한 원동력이었다.105)

분산형 네트워크 운동은 임시적 현안이 해결됨과 동시에 운동도 자연스럽게 소멸한다. 그러나 이는 어디까지나 특정 현안에 대한 운동의 소멸일 뿐이다. 운동이 소기의 성과를 거두었을 경우 일부 적극적인 참여자들은 해당 운동의 취지와 목적을 보다 공공적인 차원으로 승화시켜 거점형 네트워크 운동으로 변모를 꾀하는데, 〈안티 닉스〉의 사례에서도 이러한 모습이 나타나고 있다. 닉스 측의 굴복과 함께 〈안티 닉스〉운동도 자연스럽게 활동을 마감지만, 당시 〈안티 닉스〉운동의 열성 참여자들은 현재 '사이버행동네트워크(www.n119.org)'란 사이트를 개설하고 사이버스페이스에서의 네티즌과 소비자의 권리를 위한 온라인 캠페인을 꾸준히 전개하고 있는 것이다.

이러한 모습은 사회적 소수자들의 권익 보호 차원에서 벌어지는 분산형 네트워크 운동에서도 마찬가지로 발견된다. 청소년들이 "두발 자율화"를 외치며 온라인에서 나섰던 〈노 컷(No Cut)〉운동이 그러하다.

　　"물론 이렇게 한다고 쉽게 바뀌지는 않겠지요. 하지
　　만, 사회적인 이슈로 떠오르며 세인의 관심을 끌어줄
　　수 있다면 충분히 성공이라 믿습니다."

이 글은 〈노 컷〉운동이 처음 시작될 무렵인 2000년 5월 10일 '두발제한반대서명운동' 홈페이지(www.idoo.net/nocut) 운

---

105) 이미 살펴보았던 '딴지일보'나 '우리 모두'에서도 이러한 정서를 읽을 수 있다. 성공적인 온라인 사회운동의 경험들 속에는 기존 오프라인 운동과는 뚜렷이 구별되는 사이버스페이스만의 독특한 정서가 자리 잡고 있음을 알 수 있다.

영진이었던 한 청소년이 올린 글이다. 이후 온라인을 통한 청소
년 권익운동의 불씨를 당겼던 〈노 컷〉운동은 애초에 이 운영
진이 설정했던 기대치를 뛰어넘는 성과를 거두어 냈다.

전국 대다수 중·고교에서 운용하고 있던 '앞머리 3㎝, 귀밑
3㎝'라는 두발규제 규정에 청소년들이 반기를 들고 나서게 된
계기는 한 현직 교사가 인터넷에 올린 다음과 같은 게시물이
그 발단이었다.

> "한 고등학교 선생님이 자기 학교 학생들을 데리고
> 세계 각지의 청소년들과 함께 하는 모임에 참석한 적이
> 있었습니다. 외국 청소년들은 다른 나라 아이들과 같이
> 앉아 서로 간의 관심사에 대해 물어보곤 했지만 유독
> 우리나라 학생들끼리만 같이 앉아 이 광경을 지켜보고
> 만 있었다고 합니다. 똑같은 교복. 똑같은 3cm 스포츠
> 형 머리로 나온 학생은 창피하게도 대한민국밖에 없었
> 다고 합니다."

이 글은 순식간에 인터넷 게시판 곳곳으로 퍼 옮겨졌고, 곧 이
어 청소년들 사이에서 두발규제에 대한 불만의 목소리들이 터져
나오기 시작했다. 이후 '사이버 유스(www.cyberyouth.org)',
'아이 두(www.idoo.net)', '채널 텐(www.ch10.com)' 등 10대
청소년들이 운영해 인기를 모은 사이트 운영자 70여 명이 모여
'청소년연대 WITH(www.mywith.net)'라는 온라인 모임을 결
성하고, 두발제한 철폐를 위한 온라인 서명운동에 돌입한다. 한편
또 다른 학생들도 '전국중교등학생연합(www.union10.org)'이
란 단체를 중심으로 이 운동에 동참한다.

〈노 컷〉운동에는 총 16만 명이 넘는 온라인 서명이 이루어
졌으며, 여기에는 청소년들뿐 아니라 학부모들과 교사들의 지지

와 참여도 뒤따랐다.106) 또 청와대, 교육부, 정당, 언론사 게시판 등에 글을 올리는 집단행동으로 자신들의 의견을 표출하기도 하였다. 청소년들의 운동은 여기서 그치지 않고 오프라인으로까지 확장되었다. 비록 대규모 동원은 이루어지지 못했으나 몇 차례 오프라인 집회가 거행된 것이다. 또 이 과정에서 청소년들의 요구도 '학생회 활성화' 등으로 보다 확장된다.

이처럼 참여규모가 늘어나고 사태가 확장되자 언론과 방송에서도 청소년들의 운동을 크게 다루게 되었고, 마침내 교육부는 "두발문제는 학교 구성원들의 의견을 반영해 학교 차원에서 자율적으로 결정하라"는 지침을 시달함으로써 학생들의 요구를 받아들이게 되었다.

---

106) 이 과정에서 전교조는 홈페이지(www.ktu.or.kr)를 통해 교사들을 대상으로 온라인 여론조사를 벌리기도 했다. "두발제한, 용의 검사는 학생들 자율에 맡겨져야 하는가?"라는 질문에 응답 교사들 총 1118명 중 816명(73%)이 '자율에 맡겨야 한다'고 응답했으며, 302명(27%)이 '학교의 제재에 맡겨야 한다'라고 응답함으로써 대다수의 교사들 역시 청소년들의 두발자율화 운동에 지지를 보내고 있음을 보여주었다.

우리의 주장

1) *학생들의 다양성을 원천 봉쇄하는 두발제한 제도를 즉각 철폐
   하라!*
   학교가 손쉽게 아이들을 통제하게끔 아이들의 개성과 다양성을
   잘라버리고, 획일적이고 통일된 외모로 아이들을 묶어버리는
   두발제한 제도는 즉각 없어져야 한다.

2) *교육부는 학교와 학생들을 연결시키는 학생회의 활성화 대책을
   마련하라!*
   학생회는 단순 학습활동의 일부가 아닌, 학교와 학생들을 연결
   시키는 고리 역할을 한다. 하지만 학생회가 제목소리를 내지
   못하고 들러리에 지나지 않는 이상, 학생들은 학교의 지시사항
   을 일방적으로 수용해야만 할 뿐이다. 학생회보다 학부모회의
   힘이 더 큰 세상. 이제 학생회를 통해 학교와 학생들이 동등한
   위치에 설 수 있어야 할 때다.

자료: 청소년연대 WITH(www.mywith.net)

　이상의 과정을 거쳐 〈노 컷〉운동은 일단락 짓지만 이 운동
을 계기로 결성되었던 '청소년연대 WITH'와 '전국중고등학생연
합'은 이후 온라인과 오프라인을 통해 개별 학교 차원에서 두발
자율화가 진행되는 실태를 지속적으로 점검하고, 나아가 청소년
인권보호를 위한 사회적 활동을 전개하는 거점 사이트로 그 성
격을 발전시켰다. 〈안티 닉스〉의 사례와 마찬가지로 단 한번의
사회운동 경험이 운동가와 운동집단을 만들어 낸 것이다. 이는
민주주의의 주요한 요소인 자발적 결사체들이 과거보다 훨씬

간명하고 편리한 시스템으로 만들어질 수 있는 조건을 형성하고 있음을 확인시켜 준다(하승찬, 2001).

'두발제한반대서명운동' 홈페이지에서 나타난 청소년들의 움직임은 크게 '서명 운동'과 '공개 토론' 두 가지였다. 특히 이 홈페이지는 한번도 학교 안에서 이야기할 수 없었던 '두발제한'에 대해 터놓고 이야기할 수 있는 공간이 되어 주었다. 학교라는 공간에서 막혀있던 의사소통이 두발제한반대서명운동 이라는 인터넷 사이트를 통해 열리기 시작했던 것이다. 그리고 이 과정에서 청소년들 스스로가 자신들의 인권 문제를 사회적으로 제기하고 이를 위한 조직적인 실천에 나서기 시작했다는 사실은 무척 의미 있는 일이 아닐 수 없다. 물론 그것은 온라인 네트워크가 있었기에 가능한 일이었다.

청소년을 비롯하여 여성, 장애인, 동성애자 등 사회적 약자들이나 주류 문화로부터 벗어난 다양한 영역의 아웃사이더들이 에너지를 발산하고 교류를 만들어 나가는 모습은 인터넷 곳곳에서 많이 발견된다.[107] 인터넷의 네트워크적 속성은 오프라인 공간에서 극심한 사회적 고립과 단절감에 빠져 있는 이들 사회적 소수자들에게 자신과 비슷한 처지에 있는 다른 사람들과 만

---

107) 최근 미국에서는 흥미로운 조사 결과가 하나 발표되었다. 리서치 회사 해리스 인터랙티브(Harris Interactive)와 마케팅 업체인 위텍-컴 커뮤니케이션(Witeck-Combs Communications)의 공동 조사에 따르면 레즈비언(Lesbian), 게이(Gay), 양성애자(Bisexual), 성 전환자(Transgender) 등 LGBT로 일컬어지는 사람들이 일반인들보다 훨씬 더 활발하게 인터넷을 이용하고 있다는 것이다. LGBT의 경우 32%가 하루 평균 3시간 이상 인터넷에서 시간을 보내고 있다고 응답한데 비해 일반인들은 17%에 그침으로써 2배 가까운 차이가 나타났다. 또한 LGBT들 중 63%가 인터넷 쇼핑을 이용하고 있었으나 일반인들은 59%에 머물렀으며, 온라인 경매도 LGBT들의 참여율이 26%였던 반면 일반인들은 19%로 LGBT에 비해 낮게 나타났다.

나 위안을 얻고 정신적 교감을 나눌 수 있는 유용한 도구로 이용될 수 있기 때문이다. 또한 자유로운 표현과 공유라는 인터넷의 기본 정신은 이들로 하여금 현실세계를 지배하는 보편적 규범이나 사회적 편견에 얽매이지 않고 평등한 입장에서 당당히 발언할 수 있는 기회를 허용해 준다. 그래서 이들은 인터넷을 자신들의 목소리를 널리 알리고 스스로의 권익을 신장시키기 위한 무기로 활용하는 것이다.108)

〈안티 닉스〉나 〈노 컷〉 운동의 성공 사례는 사이버스페이스를 매개로 한 분산적 네트워크 속에서 만들어지는 폭넓은 공론의 형성 자체가 때로는 물리적인 행동보다도 더 큰 힘을 발휘

---

108) 인터넷을 매개로 모여든 동성애자들도 자신들의 인권 보호를 위한 정치적 압력을 행사하거나 사회운동을 전개하고 있다. 미국에서 가장 대표적인 동성애 운동조직 중의 하나인 'Human Rights Campaign'은 자신의 홈페이지(www.hrcusa.org)를 통해 동성애 이슈와 관련된 상하원 의원들의 입장을 정리하고, 그들에게 보낼 편지 문을 작성하여 이용자들의 간단한 클릭만으로도 정치적 압력을 행사할 수 있도록 하고 있다. 또 다른 동성애 운동조직인 'National Gay and Lesbian Task Force'도 인터넷 홈페이지(www.ngltf.org)를 중심으로 반-게이 폭력 캠페인, 극우적 반-게이 법안 저지, 직장에서의 차별 저지 등의 다양한 활동을 펼쳐 보이고 있다(김철규, 1998). 우리나라에도 이미 '동성애자 인권연대(www.outpridekorea.com)'를 비롯하여, 여성동성애자 인권단체 '끼리끼리(www.kiri.simin.org)', 남성동성애자 인권단체 '친구사이(www.chingusai.net)' 등과 같은 동성애자들의 인권 운동 단체나 '버디(www.buddy79.com)'와 같이 동성애자들을 위한 갖가지 문화적 요구와 정보, 지식들을 전달해주는 웹진들이 인터넷을 통해 활발한 활동을 보여주고 있다. 한편 국내에서는 이들 동성애자들의 사이트들이 정보통신윤리위원회에 의해 이른바 음란 사이트로 규정되어 폐쇄 당하는 등 동성애자들의 온라인에서의 권리문제가 또 다른 중요한 온라인 사회운동의 현안으로 대두되고 있는 실정이다. 지난 2001년 11월에는 국내 최대의 동성애자 사이트인 '엑스존(www.exzone.com)'이 정보통신윤리위원회가 "청소년 유해매체임을 표시하지 않으면 형사처벌 하겠다"는 경고장을 보낸 데 항의해 사이트를 자진 폐쇄해버리는 사태가 벌어지기도 했다.

할 수 있음을 보여준다. 특히 그것이 참여자들의 직접적인 이해
관계가 얽힌 현안이라서 아래로부터의 자발적인 참여가 이루어
졌을 때 그 폭발력은 한층 더 위력적이다. 고립 분산되어 있는
일개인, 심지어 사회적 소수자에 처해 있는 개인의 작은 목소리
일지라도 그것이 온라인 네트워크에 접속한 순간 엄청난 굉음
으로 증폭될 수 있는 것이다.

제2절 온라인 사회운동의 과정

온라인 사회운동은 물질이 지배하는 아날로그 세계에서의 사
회운동과는 다른 양상으로 전개될 수밖에 없다. 쌍방향성, 분산
성, 탈시공간성, 탈물질성, 익명성, 그리고 하이퍼링크로 특징
되는 디지털 패러다임은 사회의 구성 원리와 인간의 행동 방식
에 커다란 변화를 초래하고 있으며, 사회운동 역시 이로부터 자
유로울 수 없기 때문이다.

비트는 ① 기존의 오프라인적인 사회운동의 과정에 일대 변
화를 요구하고 있으며 ② 사회운동의 새로운 공간과 도구 그리
고 현안을 만들어 주었고 ③ 나아가 전혀 새로운 형태의 사회
운동 모델을 창출해내고 있다. 그래서 이미 제2장에서 살펴보
았듯 많은 사람들이 디지털 혁명으로 인한 사회운동의 새로운
가능성에 대하여 여러 가지 기대를 걸고 있는 것이다.

그렇다면 지금까지의 온라인 사회운동은 이러한 가능성들을
실제로 어떻게 구현하고 있는가? 그리고 온라인 사회운동은 구
체적으로 어떠한 과정을 통하여 이루어지고 있는가? 이제 그
해답을 찾아보자.

1. 공론화 과정

1831년 토크빌은 미국 뉴잉글랜드 지역을 여행하면서 시민들
이 타운 홀(Town Hall)에 모여 지역의 행정과 자치 문제를 토
론하는 모습을 보고 큰 감명을 받았다고 전해진다. 하지만 현실
세계에서 이러한 모습은 이미 흘러간 전설로만 기억될 뿐이다.
그런데 사이버스페이스는 바로 이러한 공론장을 전자적으로 재현
해줄 것으로 기대되고 있다. 즉 CMC(Computer Mediated
Communication)를 통한 자유로운 토론과 논쟁이 이루어지는
새로운 시민사회가 형성되고 있다는 것이다.

사실 모든 사회운동의 첫 출발은 항상 공론화 과정으로부터
시작된다. 한 사회체계 내에 구조화된 불만이나 변동을 지향하
는 신념을 가진 사람들이 형성되고 이들 사이에 다양한 형태로
커뮤니케이션이 이루어지면서 의미가 확산되는 과정은 거의 모
든 사회운동론에서 공통적으로 주목하고 있는 사항이다.

그런데 사이버스페이스에서는 공론화 과정 그 자체가 독자적
인 사회운동의 실천적 행위로 간주될 수 있다. 앞의 〈안티 닉
스〉나 〈노 컷〉 운동 등의 사례에서 보았다시피, 지금까지 사회
운동의 일 단계에 위치하고 있던 공론화 과정이 이제 온라인을
통하여 사회운동의 완성된 행동 영역 중 하나로 부상하게 된
것이다. 비록 참여자들 사이에 합의를 도출하고 이를 기반으로
한 조직적 행동이 이루어지지 않더라도, 공론이 진행되는 과정
자체가 사회적 압력으로 작용하면서 사회운동의 실천적 행위가
되는 셈이다.

온라인 사회운동에서 공론화 과정은 크게 두 가지 단계로 구
분될 수 있다. 첫 번째는 '의제의 설정' 단계이고, 두 번째는 '의
제에 대한 토론' 단계이다.

(1) 의제설정 단계

먼저 '의제의 설정' 단계를 살펴보자. 온라인을 통해 의제가 설정되는 방식은 크게 두 가지 유형이 있다. 첫 번째는 '하향식 방법'이다. 즉 ① 사회운동 단체가 주요 의제를 설정하고 이를 온라인을 통해 대중들에게 전파시키거나 ② 언론 등을 통해 널리 알려진 의제에 대하여 네티즌들이 반응을 보이고 그들 사이에 자발적인 소통이 이루어지면서 자연스럽게 의제로 채택되는 방식이다.

다음 두 번째는 '상향식 방법'이다. 즉 널리 알려지지 않은 현안이나 새롭게 발굴된 현안이 네티즌들에 의해 채택되어 공론화되는 방식이다. 여기서 특히 '상향식 의제설정 방식'은 중요한 의미를 갖는다. 오프라인 공간의 의제설정 과정에서는 언론이나 방송과 같이 의제를 선택하고 배제하는 게이트키퍼(gatekeeper)들의 영향력이 강하게 작용하고 있어 일상적 수준에서 제기되는 현안들이 쉽게 의제로 설정되기 힘들었다.

그러나 사이버스페이스를 통해 제기되는 현안들은 이러한 게이트키퍼들을 자유롭게 통과하여 얼마든지 공론화될 수 있는 것이다. 예컨대 군대 내의 성희롱이나 폭력 문제는 오프라인상의 의제설정 구조에서는 쉽게 제기될 수 없는 것들이다. 그러나 온라인에서는 상황이 달라진다. 문제를 제기하는 당사자가 개인적인 부담이나 고통 없이 자신의 경험과 문제를 제기하고, 이에 대해 동일한 이해를 갖는 개인들을 자연스럽게 불러 모을 수 있는 것이다(정연정, 2001).

그 결과 기존에 전통적인 사회운동의 영역에서는 미처 제대로 제기되지 못했던 다양한 의제들이 온라인 공론장을 통해서

대거 새롭게 등장하게 되며, 이들은 다시 기존 사회운동 단체들
이나 언론에 의해 의제로 채택되어 보다 정교화된 형태로 공론
화되는 상호작용이 일어나기도 한다.109) 이를 간략히 도식화하
면 다음과 같다.

〈그림 6-1〉 온라인의 의제설정 방식

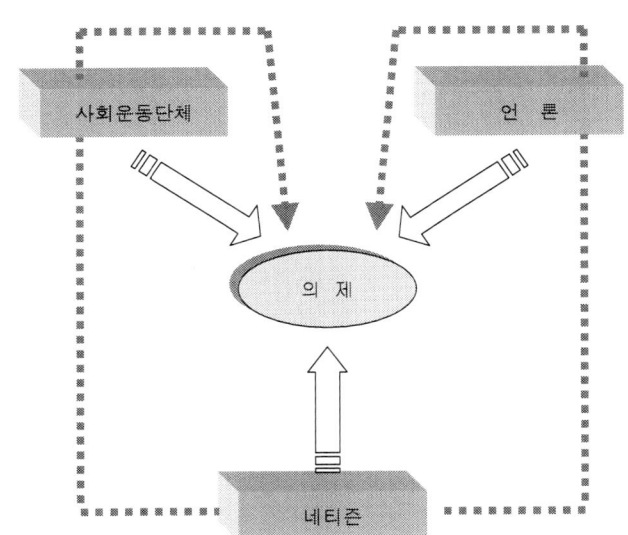

_____

109) 예를 들면 동성애나 트렌스젠더 등 성과 관련한 민감한 현안이라 의
  도적으로 회피되었던 문제, 또는 동국합섬노동자 정회양씨 산재사
  건, 성수여중 폭력사건, 인천가정폭력사건 등과 같이 기존 언론에서
  다루지 않았던 문제들이 그러한 것들이다. 또 안티조선 '우리 모두'
  의 계기가 되었던 "나를 고소하라!" 운동 역시 전형적인 상향식 의제
  설정의 사례이다. 이러한 현안들은 처음 네티즌들로부터 제기되어
  인터넷 게시판에서 거론되다가 사회운동 단체나 온라인 언론을 통해
  본격적으로 공론화되는 과정을 거쳤다.

물론 이 과정에서도 오프라인 언론은 여전히 강한 영향력을 갖는다. 온라인에서 제기된 의제가 오프라인 언론보도를 통해 사실로 확인될 경우 여론의 파장이 급격히 확대되는 경우를 흔히 볼 수 있다. 이는 신뢰성의 측면에서 취약함을 보이는 온라인 여론의 약점이 오프라인 언론에 의해 보완될 경우 온라인 여론의 파급력이 보다 커질 수 있음을 의미한다.

(2) 의제토론 단계

다음은 '의제에 대한 토론' 단계를 살펴보자. 온라인 토론은 전자게시판, 채팅방, E-mail 등을 통해 많이 이루어지며, 요즘음에는 Nate-on이나 MSN 메신저 등과 같은 인스턴트 메신저가 이용되기도 한다. 특히 우리나라에서는 대부분의 온라인 토론이 전자게시판 안에서 진행되고 있다. 전자게시판을 통한 온라인 토론은 보통 운동집단이 운영하는 웹사이트의 게시판 안에서 이루어지지만 때로는 운동의 대상이 되는 집단의 사이트에 개설된 게시판을 '점거'한 상태에서 진행되기도 한다. 또 특정 현안에 대한 토론이 하나의 게시판에서 집중적으로 이루어지기도 하지만 여러 개의 게시판에서 동시다발적으로 이루어지는 경우도 많다.

그런데 우리나라만큼 게시판 문화가 발달되어 있는 곳도 사실 드물다. 서구의 웹사이트들 중에는 그 흔한 게시판 하나 없는 곳도 의외로 많다는 사실과 비교해 본다면 한국의 게시판 문화는 매우 흥미로운 현상이라 하겠다. 각종 웹사이트는 물론이요 개인 홈페이지에도 자유게시판 하나쯤은 반드시 달려 있어야 하는 필수 항목으로 꼽는 것이 우리의 인터넷 문화이다. 혹시라도 게시판을 달지 않았다가는 당장에 폐쇄적이고 비민주적으로 웹사이트를 운영한다는 비판이 쏟아질 정도이다. 심지어 당사자들 간의 E-mail 교환이 적합할 듯한 개인적인 사안조차도 많은 사람들이 드나드는 게시판 공간에서 아무렇지도 않은 듯 공개적으로 주고받는 모습을 어렵지 않게 발견할 수 있다.

　이는 우리나라 사람들이 서구인들에 비해 프라이버시 의식이 약한 탓도 있겠으나, 보다 근본적으로는 문제 해결을 위한 사회적 시스템이 제대로 갖추어지지 못한 데에서 비롯된 현상으로 보인다. 사실 우리 사회에서는 일개인이 자신에게 닥친 어떤 문제를 해결하기 위해 담당자와 직접적인 의사소통을 하거나 제도화된 절차를 밟는다는 것은 너무나 비효율적이고 비합리적인 선택이다. 사회 곳곳에 뿌리 깊게 자리 잡은 관료제적 폐해와 부조리로 인해 제도화된 시스템이 원활하게 작동하지 못하고 있으며, 그 결과 개인적으로 엄청난 시간적·물적 자원의 소모를 감수해야 한다. 그래서 개인이 동원할 수 있는 가장 확실한 대안으로 이른바 '여론 몰이' 전략이 채택된다. 지극히 사적인 사안이라서 비록 자신의 프라이버시가 희생되는 한이 있더라도 공개된 장에서 다 까발리고 여론의 지지를 얻어 다수의 압력을 행사하는 편이 오히려 확실한 문제 해결 방법이 되는 것이다.

　그런데 문제는 이러한 '여론 몰이'식의 정서가 팽배한 게시판에서는 성숙한 토론문화를 기대하기가 어렵다는 점이다. 인터넷 공간에서 전개되는 사회 현안에 대한 각종 토론들은 대부분 '편가르기'식의 양상을 보이면서, 말꼬리 잡기, 논점 흐리기, 감정 싸움과 인신공격 등의 소모전으로 이어지고 있다. 그 결과 게시판 토론이 합리적인 커뮤니케이션 과정을 통해 상호 수렴과 합의를 도출해내기보다는 오히려 상호 간의 입장 차이만 확인시키고 감정의 골만 더 깊어지게 만들 뿐이다.

　이는 ① 애초에 오프라인에서의 면대면 토론 문화가 빈약한 데에 원인을 찾을 수 있으며, ② 대부분의 토론이 대화방과 같은 실시간 토론이 가능한 시스템이 아니라 순차적인 의견 개진만 가능한 게시판 구조 속에서 이루어지고 있으며, ③ 적극적으로 토론에 개입하여 이견을 조율하고 합의 도출을 유도하는 중재자가 없는 상태로 토론이 진행되기 때문인 것으로 파악된다.

물론 게시판에서 이루어지는 모든 토론이 반드시 참여자들 사이의 일정한 합의 도출을 목적으로 할 필요는 없다. 그래서 하버마스도 이런 말을 남겼다.

> "공론의 장은 적합한 쟁점을 여과시켜 사회에 확산함으로써 찬성과 반대의 논리가 자유롭게 개진되는 곳이지요. 따라서 사실 타협이 필요 없는 영역입니다. 타협이나 교섭은 정당이나 의회가 해야 할 일이고, 공론의 장에서는 찬성과 반대의 의견을 가능한 선명하게, 거의 합의점이 없는 것 같이 보인다 하더라고, 그 수준까지 밀고 가는 것이 중요합니다. 바로 이것이 공론의 장이해야 할 일이고 일단 그렇게 되면 정당, 의회, 정부가 그 가운데서 타협하고 교섭하는 것이 바람직스럽습니다."
> (Habermas, 1996, 한상진 편, 1996: 407~408)

즉 공론장 본연의 기능은 사회적 합의의 도출이 아니라 각종 현안들에 대한 공개적이고 자유로운 담론의 형성이라는 것이다. 토론 게시판을 실증적으로 분석한 국내의 연구에서도 토론 초반부의 격렬한 논란은 서로의 입장이나 감정을 적나라하게 드러냄으로써 중반 이후 토론이 진지하게 전개되는데 도움을 준다고 보고 되었다(김현희, 윤영민, 2000). 초반의 격정적 충돌은 중반 이후 토론자들이 상대방을 자극하는 극단적인 표현을 자제하면서 대화를 풀어갈 수 있는 여건을 만들어 준다는 것이다. 토론 전반에 각자의 입장이 극명하게 드러났기 때문에 곡해의 소지도 적고 성실한 참여에 대한 내재적 압력도 높아지기 때문이다.

또한 온라인 토론이 참여자들의 '말잔치'로만 그치지 않고 사회적 영향력의 행사로까지 이어졌던 경험들은 흔히 말하는 '시끄러운' 게시판 안에서 주로 발견된다. 토론 참여자들이 거의 비슷한 의견을 보이면서 일사불란한 합의가 이루어지는 게시판에서는 분노를 표출하고 운동의 대상을 성토하다가 결국 '찻잔 속의 태풍'으로 끝나고 마는 경우가 많다. 오히려 다양한 반론이 제기되고 격론이 끊이지 않는 '시끄러운' 게시판일수록 네티즌 다수의 관심과 참여를 불러일으킬 수 있으며, 참여자의 수와 소통의 양이 늘어나는 과정 그 자체가 사회적 압력으로 작용하게 되는 것이다.

2. 연대화 과정

사회운동의 과정에서 참여자들 사이에 이루어지는 연대의 강도와 범위는 곧 운동주체의 힘을 나타내는 가시적 지표임과 동시에 운동의 정당성을 확보해 주는 상징적 의미를 지닌다. 뿐만 아니라 사회운동 주체들의 연대는 운동에 있어서 중요한 전략일 뿐 아니라 시민사회의 형성에도 필수적인 요인이다.

사이버스페이스는 분산되어 있는 이질적인 개인이나 집단들을 공통의 현안을 중심으로 모이게 해준다. 온라인 사회운동에서 두드러지게 나타나는 특징 중 하나가 바로 인터넷의 네트워크를 활용한 다양한 연대가 참여자들 사이에서 만들어진다는 점이다. 인터넷을 통한 자유로운 쌍방향 소통이 지속적으로 이

루어지는 과정에서 참여자들 사이에는 고유한 집합적 정체성이
형성되며, 이는 곧 온라인을 통한 연대로 이어지는 것이다.

　온라인 연대는 그 방식에 따라 첫째로 연합체를 결성하는 '결사
체적 연대'와, 둘째로 웹사이트를 통해 연대감을 표현하는 '링크적
연대'로 나누어 볼 수 있다. 먼저 이를 간략히 도식화시켜 보자.

<그림 6-2> 온라인을 통한 연대의 유형

(1) 결사체적 연대

　'결사체적 연대'는 직접적인 인적 결합을 전제로 한다. 이러한
결사체적 연대는 참여 주체에 따라서 다시 ① 사회운동 단체들
사이의 연대 ② 네티즌들 간의 연대 ③ 사회운동 단체와 네티
즌 사이의 연대 등으로 세분화될 수 있다.

　먼저 사회운동 단체들 사이의 연대는 특정 사안이 발생했을
때 개별 사회운동 단체들이 모여서 연합조직을 결성하는 방식

이다. 앞서 살펴보았던 '정보통신검열반대공동행동', '조선일보반대시민연대', '전자건강카드시행반대사회단체연대모임', '총선시민연대' 등이 그 전형적인 사례들이다.

과거 사회운동의 경험들 속에서도 이와 같은 연합조직의 결성은 여러 차례 있었지만, 최근 만들어지는 연합조직들은 단순한 협의체적 성격을 벗어나 있다는 점에서 차이가 있다. 즉 온라인 네트워크를 통해 유기적인 연대가 맺어지면서 수십 개의 조직체들이 마치 단일 조직처럼 일사분란하게 운동을 전개하고 있다는 것이다.

다음 네티즌들 간의 연대는 특정 사안을 중심으로 모인 개인들이 자발적인 결사체를 만들어서 운동을 전개하는 형태이다. 그것은 '청소년연대 WITH', '호주제 폐지를 위한 시민의 모임'처럼 유형의 모습을 띠기도 하며, 또는 각종 안티 사이트에 모인 사람들처럼 집합적 정체성을 공유하는 무형의 네트워크 결사체가 형성되기도 한다.

마지막으로 사회운동 단체와 네티즌 간의 연대는 특정 현안을 중심으로 네티즌들의 움직임이 벌어졌을 때 사회운동 단체가 결합해서 운동을 지원해주는 경우이다. 〈안티 닉스〉 운동의 경우 사회운동 단체인 '함께하는 시민행동'의 상근자 2명이 경합하여 초기 온라인 행동 프로그램을 기획해준 바 있으며, 〈고양시 러브호텔 난립저지 운동〉에서도 고양시 여성민우회를 비롯하여 고양시민회, 고양청년회, 참교육 학부모회, 전교조, 녹색소비자 연합, 민주노동당 고양지부 등 많은 사회운동 단체들이 고양시 주민들과 함께 공동대책위원회를 구성하여 활동한 바 있었다.

(2) 네트워크적 연대

'네트워크적 연대'란 특정한 결사체를 구성하거나 운동을 이끌어 가는 거점 사이트 안에서 함께 활동하는 것이 아니라, 외곽에서 웹사이트를 통해 운동 주체들의 활동에 지지와 연대감을 표현하는 것을 말한다. 즉 '행동의 연대'라기보다는 '의미의 연대'라고 할 수 있겠다.

가장 많이 사용되는 방법은 웹사이트에 링크를 제공하거나 다른 단체들의 활동이나 현안에 관한 소식을 알려주는 '링크 연대'이다. 웹의 하이퍼링크 기능은 인터넷에서 사회운동 단체들이 연대를 지지를 표시하는 수단으로 널리 쓰이고 있다. 특히 〈정보통신 검열철폐 반대운동〉의 경우처럼 홈페이지에 배너를 달아 지지를 표시하는 것이 가장 간단한 형태의 연대 방식이다 (윤영민, 1998). 즉 웹사이트들이 운동을 지지한다는 의미로 해당 배너를 자신의 홈페이지에 걸어서 연대감을 나타내는 동시에 배너를 통하여 홈페이지 방문객들을 운동이 벌어지는 해당 웹사이트로 안내해주는 것이다. 이때 운동이 벌어지고 있는 웹사이트에서는 자신의 배너를 걸어준 다른 홈페이지들의 리스트를 게시함으로써 세를 과시하기도 한다.

네트워크적 연대의 또 다른 방식은 해당 운동을 알리고 지지하기 위한 별도의 홈페이지를 만들거나 온라인 커뮤니티를 구성함으로써 운동의 저변을 확장시켜 나가는 것이다. 이것은 일종의 '웹사이트 연대'라고도 할 수 있는데, 1997년부터 2000년까지 3년에 걸쳐 진행되었던 〈동강댐건설 반대운동〉 과정에서 가장 전형적인 모습이 드러나고 있다.

〈동강댐건설 반대운동〉은 '환경운동연합'이 주도했지만 운동이 확산되면서 동강댐 건설과 관련한 수많은 웹사이트들이 네티즌들에 의

해 독자적으로 만들어져 운영되었다.110) 이들은 '환경운동연합'의
'동강 살리기 운동 홈페이지(www.kfem.or.kr/kfem/donggang)'
를 중심으로 배너를 교환하고 정보를 공유하는 등 폭넓은 연대를
형성하면서 웹사이트들 간에 의미의 네트워크를 만들어 냈다. 또
한 각종 커뮤니티 사이트에서는 '동강 살리기'를 주제로 한 온라인
커뮤니티들이 속속 만들어지면서 이들 사이에 열띤 토론이 벌어
지기도 했다.111)

비록 '결사체적 연대'와 같은 직접적 결합이 아니라 하더라도
이러한 '네트워크적 연대'는 참여의 폭을 확장시키는 동시에 자
발적 참여자들이 운동에 보다 깊게 개입할 수 있는 동기를 부
여해 준다는 점에서 매우 유용한 연대 전략이라 평가할 수 있
다. 오프라인 세계와 달리 온라인 세계에서는 결집된 연대보다
오히려 분산된 연대가 더 큰 힘을 발휘할 수도 있는 것이다.

3. 동원화 과정

온라인에서의 연대는 종종 조직적인 행동을 이끌어내는 동원
화 과정으로 이어진다. 자원동원 이론에서도 말하고 있듯이 동

---

110) 당시 널리 알려졌던 홈페이지들로는 다음과 같은 것들이 있다. 연구
자가 확인해본 바로는 현재 상당수의 사이트들이 사라진 상태이다.
  ·동강보존본부(www.dongriver.com)
  ·영월 동강 살리기(www.event.or.kr)
  ·동강 지키기 캠페인(www.shuroop.co.kr/dongang.html)
  ·동강은 흘러야 한다(http://donggang.chollian.net)
  ·SOS 동강(http://megalam.chollian.net/mag_9903/donggang.html)

111) 이 밖에 제5장에서 소개되었던 '소리바다 살리기' 운동 역시 이와 같은
경우에 해당한다. 청소년들을 중심으로 여러 개의 캠페인 사이트들이
개설되어 온라인을 통한 동시다발적인 연대 활동이 전개되었다.

원이란 결국 비용과 효과의 문제이다. 이런 측면에서 볼 때, 기존의 사회운동 단체들에게 인터넷은 저렴한 비용만으로도 높은 대중적 동원을 이끌어낼 수 있는 유용한 자원이다. 재정적으로는 물론이고 시간 및 인력 절감의 효과가 큰 동원수단이 바로 인터넷이다.

온라인 사회운동 과정에서 동원화는 크게 두 가지 종류가 있다. 첫째는 온라인 행동으로의 동원화이며, 둘째는 오프라인 행동으로의 동원을 위하여 온라인에서 이루어지는 활동이다

(1) 온라인 동원

네티즌 대중들의 온라인 행동을 동원하기 위한 프로그램들은 지속적으로 개발되고 있다. 제5장에서 살펴보았듯이 항의메일 보내기, 말머리 달기, 온라인 서명 등 고전적인 동원 프로그램으로부터 온라인 시위나 사이트 파업 등과 같은 보다 조직적인 동원 프로그램들까지 이미 몇 차례 선을 보인바 있다.

운동 주체들이 대중들의 동원을 촉진시키기 위하여 사용하는 방법도 여러 가지가 동시적으로 진행된다. 가장 기본적인 것은 웹사이트의 활용이다. 온라인 행동의 일정과 세부 실행계획, 행동 지침 등이 해당 운동단체의 웹사이트에 공개적으로 게시된다. 웹사이트가 일종의 대자보와 같은 역할을 하는 셈이다. 또한 이렇게 게시된 내용들은 다른 웹사이트의 게시판으로 부지런히 퍼 옮겨지거나, 메일링 리스트를 통해 네티즌들의 메일 함으로 전송되기도 한다. 또 온라인 행동을 알리는 배너가 배포되기도 한다. 일종의 유인물 배포와 같은 행동을 온라인으로 구현하고 있는 것이다. 다음 자료는 그 하나의 예이다.

① 가상연좌시위

－일시 및 장소
1차: 6월 29일(금) 21:00~22:00, 정보통신부(http://www.mic.go.kr)
2차: 6월 30일(토) 21:00~22:00, 정보통신부(http://www.mic.go.kr)
3차: 7월 1일(일) 21:00~22:00, 청와대(http://www.cwd.go.kr)

－방법: 대상 사이트(청와대, 정보통신부 사이트)의 첫 화면에 접
속한 후에 브라우저(인터넷 익스플로러, 네스케이프 등)
의 '새로 고침' 버튼을 계속 누른다. 인터넷 익스플로러의
경우는 키보드의 'F5'키를 누르고 있기만 하면 되고, 네스
케이프의 경우는 'ctrl+R'키를 누르고 있기만 하면 됨.

자료: 정보통신검열반대공동행동(www.freeonline.or.kr)

이러한 동원 활동의 효과는 매우 크다. 정확한 숫자는 현실적
으로 파악이 곤란하지만 매회 온라인 시위 때마다 해당 기관의
서버가 다운될 정도로 폭발적인 참여가 이루어지고는 했었다.
참여자 거의 대다수가 사전에 조직화되지 않은 사람들임을 감
안한다면 온라인 행동으로의 동원은 분명 저비용·고효율적인
사회운동이다.
　이는 운동에 동원되는 참여자 입장에서도 마찬가지이다. 참여
자들의 참여비용은 거의 제로(0)에 가깝다. 익명성이 보장되는
사이버스페이스에서는 기존 지배질서에 정면으로 대항한다는 심
리적 부담감을 떨쳐 버리고 가벼운 마음으로 게시판에 한마디
올리거나 마우스 버튼을 클릭 하는 간단한 행위만으로도 사회운
동에의 참여가 이루어지는 것이다. 물론 개개인의 이러한 작은

참여 하나 하나는 온라인 네트워크를 통해 실시간으로 모아져서 거대한 힘으로 분출된다. 따라서 그 효과를 즉각적으로 확인할 수 있기 때문에 참여자의 만족도 역시 커질 수밖에 없다.

(2) 오프라인 동원

사이버스페이스를 통해 이루어지는 동원화 과정은 온라인 행동뿐 아니라 오프라인에서의 물리적 동원을 조직하기 위하여 온라인을 이용하는 활동까지 포함한다. 즉 사이버스페이스를 통하여 오프라인 집회나 시위에의 참여를 홍보하거나, 특정 기업 제품에 대한 불매운동을 촉구하거나, 투표 참여 및 공명선거 감시활동을 독려하는 등의 행위를 말한다.

동원을 조직하는 운동주체 측의 입장에서는 온라인 행동에의 동원을 위해 벌이는 활동과 내용적으로 크게 다르지 않다. 하지만 그 효과는 기대에 못 미치는 경우가 많다. 실제로 '총선시민연대'의 활동을 보면 홈페이지에는 약 3개월간 총 92만 5천여 명의 방문객이 다녀갔고, 1만 5천여 건의 글이 게시되는 등 연일 성황을 이루었음에도 불구하고, 막상 오프라인 집회에 참가한 인원은 매 건마다 1,000~3,000명 정도에 불과했다. 더욱이 그 대부분은 '총선시민연대'에서 조직적으로 동원된 사람들이었으며, 실제 일반 대중들의 참여는 극히 저조했던 것으로 평가되었다(이시재, 2000). 뿐만 아니라 지난 16대 총선의 투표율은 역대 총선 중 가장 낮은 57.2%에 머물렀으며, 특히 네티즌의 압도적 다수를 차지하고 있는 20대의 선거 참가율은 역대 어느 선거보다도 낮은 30%대에 그치고 말았다.112) 또한 〈노

---

112) 물론 젊은층의 낮은 투표율은 어제 오늘의 일이 아니고, 이에 대한 일차적 원인은 기성 정치에 대한 불신감의 팽배로부터 찾아야 할 것

컷〉 운동의 경우도 전국 청소년들의 폭발적인 참여 속에 16만 명이 넘는 온라인 서명을 받아냈음에도 불구하고 몇 차례 진행된 오프라인 시위에서는 불과 수십 명밖에 참여하지 못했다.

이는 컴퓨터 앞에 앉아서 이루어지는 '손가락 액티비즘'과 오프라인의 현장에서 직접 뛰는 '발바닥 액티비즘' 사이에 엄청난 거리가 존재하고 있음을 적나라하게 보여준다. 즉 온라인에서의 동원이 그대로 오프라인으로 연계되는 것은 아니라는 것이다. 이러한 현상이 나타나는 근본적인 원인은 동원을 조직하는 운동 주체와 달리 일반 대중의 입장에서는 온라인 행동에의 참여와 오프라인 행동에의 참여 사이에 제반 비용 격차가 크기 때문이다. 사이버스페이스는 사회운동에 있어 공론화, 연대화 그리고 온라인 행동으로의 동원에는 유용하게 사용될 수 있으나, 전통적인 오프라인 사회운동에서 중시되는 물리적 동원에는 별반 효과를 보이지 못하고 있는 것이다. 향후 대부분의 사회운동이 온라인과 오프라인이 결합된 형태로 나타날 것임을 예상할 때, 이 같은 온라인 동원과 오프라인 동원 간의 커다란 괴리는 반드시 극복해야 할 과제라 하겠다.

이다. 또한 기권 자체도 정치적 의사표현 방식의 하나이기 때문에 낮은 투표율 자체를 꼭 문제시할 일도 아니라는 지적도 타당성이 있다. 하지만 온라인에서의 폭발적인 참여와 오프라인에서의 냉랭한 반응 사이의 괴리를 어떻게 메울 것이냐 하는 문제는 사회운동 단체들에게 여전히 남아 있는 숙제인 것이다.

254

제3절 온라인 사회운동의 평가

1. 온라인 사회운동과 오프라인 사회운동의 비교

불과 10여 년의 기간 동안 한국의 온라인 사회운동은 전체 사회운동의 커다란 한 축을 차지할 만큼 빠른 속도로 성장해 왔다. 그 사이 수많은 운동 단체들이 명멸을 거듭했으며, 다양한 실험들이 끊임없이 모색되는 가운데 무수한 좌절과 성공을 경험해 보기도 했다.

사이버스페이스가 현실세계의 연장이자 반영이듯이 온라인 사회운동 역시 기존의 전통적 오프라인 사회운동의 연장이자 반영일 수밖에 없다. 하지만 물질, 즉 아톰(atom)이 지배하는 아날로그 세계의 패러다임과 무형의 비트(bit)가 지배하는 디지털 세계의 패러다임이 다르듯, '오프라인' 사회운동과 '온라인' 사회운동의 원리에도 분명 중요한 차이점이 있다. 아마도 지금까지 한국의 온라인 사회운동사는 이러한 차이점을 찾아내고 새로운 인터넷 환경에 적응하기 위한 모색과 시행착오의 기간이었을지도 모른다.

오프라인 사회운동과 온라인 사회운동의 차이를 비교하기 위해서는 우선 크게 ①운동주체의 구성원리 ②운동과정에서의 행위양식 ③운동이념의 전파방식 ④운동에의 참여비용 등을 기준으로 구분해 볼 수 있다.113) 먼저 이것을 간단히 도식화시켜 보겠다.

---

113) 기존의 사회운동과 새로운 사회운동의 차이점을 설명하기 위한 기준들은 논자에 따라 다양한 방식으로 구성된다. 주로 전통적인 사회운동과 신사회운동의 차이점을 논하는 과정에서 이러한 기준들이 등장하는데, 널리 알려진 기준으로는 앨런 스콧(Alan Scott, 1980)의

〈그림 6-3〉 오프라인 사회운동과 온라인 사회운동의 비교

	오프라인 사회운동	온라인 사회운동	
운동주체의 구성원리	조직	네트워크	
운동과정에서의 행위양식	물리적 행위	담론 행위	⇐ 공론화
운동이념의 전파방식	수직형·푸시(push)형	수평형·풀(pull)형	⇐ 연대화
운동에의 참여비용	고비용	저비용	⇐ 동원화

첫째, 운동주체의 구성원리에 있어 오프라인 사회운동이 '공식적·위계적 조직' 중심의 운동이라면 온라인 사회운동은 '풀뿌리형 네트워크' 중심의 운동으로 구분된다. 오프라인 사회운동에서는 전업적 운동가나 전문적 엘리트를 중심으로 명확하게 경계 지워진 조직체가 응집력을 가지고 운동을 이끌었다. 반면 온라인 사회운동을 이끄는 동력은 분산되어 있는 개인들의 비정형적인

것이 있다. 그는 ① 운동의 위치 ② 운동의 목표 ③ 운동조직 ④ 행위수단을 기준으로 노동운동과 신사회운동을 비교하고 있다. 또 오페(Offe, 1993)는 ① 행위자 ② 쟁점 ③ 가치 ④ 행위수단에 따라 사회운동의 전통적 패러다임과 새로운 패러다임을 구분했다. 국내 연구에서는 박형신(2000)이 ① 이슈와 대의 ② 행위주체와 동원 ③ 조직형태와 행위양식 ④ 시간과 공간을 분류 기준으로 삼은 바 있다. 한편 조대엽(1995)은 ① 성원 ② 성원관리 ③ 관리체계 ④ 주요자원 ⑤ 이슈 ⑥ 참여방식 ⑦ 행위양식을 기준 삼아 '시장형 사회운동조직'과 '공동체형 사회운동조직'으로 사회운동을 분류했으며, 박형준(2001)은 ① 이념적 성향 ② 참여 및 동원집단 및 계층 ③ 조직형태 ④ 자원동원 방식 ⑤ 문제해결 방식에 따라 1990년대 한국의 시민운동 유형을 분류할 것을 제안했다. 여기서 연구자의 분류 기준은 위와 같은 선행 연구들을 참조하여 온라인 사회운동을 설명하는데 유의미하다고 판단되는 내용들을 중심으로 재구성한 것이다.

네트워크이다. 그리고 이들을 네트워크로 이어주는 연결고리는 지역이나 계층 등과 같은 사회적 범주가 아니라 공통의 관심사나 신념과 같은 의미의 영역으로부터 비롯된다.

둘째, 운동과정에서의 행위양식은 오프라인 사회운동이 '물리적 행위' 중심의 운동이라면 온라인 사회운동은 '담론 행위' 중심의 운동이라는 차이가 있다. 바로 온라인 사회운동에 대한 공론장 가설이 이 측면에 해당된다고 하겠다. 사실 온라인 시위를 통해 상대방의 서버를 다운시키거나 폭탄메일을 통해 업무를 마비시키는 것 정도를 제외하면 현실적으로 온라인을 통해 물리적 압력을 가할 수 있는 수단을 별로 없다. 오히려 온라인 사회운동에서의 행위는 담론 중심으로 이루어진다. 현안을 제기하고 이를 둘러싼 다양한 담론 과정을 통해 공론을 형성시키는 것 자체가 사회적 영향력을 행사하는 의미 있는 행위가 되는 것이다.

운동이념의 전파방식은 연대 가설과 관련된다. 운동이념의 전파는 참여의 폭을 넓힘과 동시에 운동의 정당성을 획득하는데 아주 중요한 사항이기 때문이다. 오프라인 사회운동이 '수직형·푸시(push)형' 운동이라면 온라인 사회운동은 '수평형·풀(pull)형' 운동이라 할 수 있다. 오프라인 사회운동에서 운동의 이념은 하향식으로 전파됨과 동시에 대중의 참여를 요구하는 푸시(push)형으로 이루어진다. 하지만 네트워크를 중심으로 진행되는 온라인 사회운동에서는 전혀 다른 양상이 나타난다. 운동의 이념은 하향식이 아니 수평적으로 펴져 나가는 것이다. 또한 대중의 참여도 능동적이고 자발적으로 이루어진다. 즉 찾아가는 운동이 아니라 참여자들이 운동이 진행되는 웹사이트로 찾아오는 풀(pull) 방식인 것이다.

끝으로 운동에의 참여비용은 동원화 가설에 해당되는 내용이

다. 오프라인 사회운동이 '고비용' 운동인 반면 온라인 사회운동
은 '저비용' 운동이라 할 수 있다. 이미 앞서 자세히 설명했다시
피 오프라인 사회운동에서는 운동의 주체 측이나 동원되는 참
여자들이나 모두가 막대한 물질적, 시간적, 심리적 자원을 소모
해야 한다. 하지만 사이버스페이스는 비물질의 공간이며 탈시간
적인 공간이다. 또한 익명성이 보장되는 안전한 공간이기도 하
다. 온라인 사회운동에서는 오프라인 사회운동에 소모되는 제반
비용을 현저하게 감소시킬 수 있는 반면 그 효과는 오히려 극
대화시킬 수 있다.114)

2. 온라인 사회운동의 성공 요인

지금까지 살펴본 것처럼 온라인 사회운동은 기존의 사회운동
에 비해 여러 가지 측면에서 비교 우위를 가진다. 하지만 그렇
다고 해서 모든 온라인 사회운동이 다 성공을 거두는 것은 아
니다. 과연 성공적인 온라인 사회운동을 위해서 필요한 요인들
은 무엇일까?

사실 어디까지를 사회운동의 성공으로 보아야 할 것인가에
대해서는 보다 세심한 주의가 요구된다. 원칙적으로 사회운동은
참여자들 간에 공유된 목표를 달성하기 위하여 이루어지는 집
합적 행동이라 할 수 있지만, 실제로 참여자들 사이에 그 목표
가 완전히 합의되는 경우는 드물기 때문이다. 또한 사회운동과

---

114) 물론 이상과 같은 구분들은 어디까지나 '이념형'적인 구분이다. 실제
    사회운동의 사례들 속에서는 두 가지 측면이 혼재되어 나타나는 경우
    가 대부분이다. 다만 어느 쪽 성격이 더 강하게 나타나는가의 차이일
    뿐이다.

그로 인해 발생한 사회적 결과들 사이의 인과관계를 경험적으로 입증하는 것도 쉬운 일은 아니다. 사회변동은 사회운동의 활동 이외에도 수많은 상황적 요인들에 의해 복합적으로 일어나는 것이기 때문이다(임희섭, 1999). 따라서 온라인 사회운동의 성공 요인을 추출하기 위해서는 우선 성공의 지표를 구성하는 작업이 선행될 필요가 있다.

(1) 사회운동 성공의 지표

사회운동의 성공 지표를 제시한 논의로는 먼저 슈메이커(Schumaker, 1975)의 연구를 들 수 있다. 그는 운동집단의 정책적 요구가 정책결정자들에 의해 청취되고 수용되어 정책에 반영되고 시행됨으로써 문제가 해결되는 단계에 이르게 되는 수준과 정도에 따라 사회운동의 성공정도를 측정하고 평가할 수 있는 지표를 다음과 같이 제시한 바 있다.

- '접근 수준의 반응(access responsiveness)' 즉 당국 또는 정책결정자들이 사회운동의 주장을 청취하는 정도
- '안건화의 반응(agenda responsiveness)' 즉 사회운동의 요구를 정치적인 쟁점 또는 현안으로 받아들이는 정도
- '정책적 반응(policy responsiveness)' 즉 당국 또는 정치권이 사회운동의 주장과 요구를 정책에 반영하거나 법제화하는 정도
- '성과적 반응(output responsiveness)' 즉 사회운동의 요구를 수용하거나 반영한 정책과 법률이 실제로 시행되는 정도

· '**영향적 반응(impact responsiveness)**' 즉 정
  책수행의 결과로 저항집단이 제기한 문제가 실제로
  해결되는 정도

  (임희섭, 1999: 185)

한편 갬슨(Gamson, 1975)은 사회운동의 성공 지표를 구성
하기 위해 운동 참여자들의 주장이 인정받는 대상에 슈메이커
가 설정했던 정책결정자뿐 아니라 공중까지 포함시켰으며, 또한
사회운동이 목표로 삼았던 변화(가치, 규범, 정책, 제도 등에서
의 변화)를 성취한 정도를 또 하나의 고려해야 할 변수로 취급
하고 있다. 갬슨이 제시한 성공 지표를 유형화해보면 다음과 같
이 정리될 수 있다.

· **전면적 반응(full response)**: 사회운동이 정부
  와 공중으로부터 인정받는 동시에 상당한 정도의
  실질적인 성과를 거둔 경우
· **흡수(cooptation)**: 별 다른 실질적인 성과는 거
  두지 못했지만 정부와 공중으로부터 그 존재와 활
  동의 필요성을 인정받는 경우
· **선매(preemption, 先買)**: 정부와 공중으로부터
  인정을 받지는 못했지만 어느 정도의 실질적인 성
  과를 거두는 경우
· **좌절(collapse)**: 정부와 공중으로부터 인정도 받
  지 못하고 아무런 실질적인 소득도 거두지 못하는
  경우

  (임희섭, 1999: 184)

〈표 6-6〉 갬슨(Gamson)의 사회운동 성공 지표 모델

		정부 및 공중으로부터의 인정	
		+	−
목표의 달성	+	전면적 반응 (full response)	선매(先買) (preemption)
	−	흡수 (cooptation)	좌절 (collapse)

이상의 논의에서 알 수 있듯이 사회운동의 가장 궁극적인 성공이란 물론 운동집단이 목표로 삼은 요구가 대중적 공감을 얻고 정책결정자에게 채택되어 실질적인 문제해결의 단계까지 이르는 상태를 의미한다. 하지만 슈메이커나 갬슨은 비록 이러한 단계에 이르지는 못했더라도 대중적 지지와 사회적 파급력을 획득하여 정책결정자들에게 일정한 압력을 행사하였다면 이 역시 넓은 의미에서 성공으로 간주하고 있다.

특히 온라인 사회운동의 경우 운동집단의 요구가 정책결정자들의 정책에 반영되어 문제를 해결하는데 목적을 두고 있는 것도 있지만, 반면 정책 반영 여부에는 관심을 두지 않고 대중적 공감대와 지지를 획득하여 사회적으로 자신들의 문제의식을 확산시키는 것 자체를 목적으로 삼고 있는 경우도 많다. 전자의 경우를 '제도 개선 운동'이라 한다면 후자의 경우는 '가치 지향 운동'이라 명명 할 수 있을 것이다. 가치 지향 운동의 경우 이들의 요구는 정책에 의해 해결될 수 있는 제도적 차원의 현안이 아니라 주로 문화적·규범적 차원에서 새로운 사회적 가치를 전파하는데 초점을 맞추고 있다. 따라서 궁극적인 문제 해결까지는 이르지 못했다 하더라도 폭넓은 대중적 지지와 사회적 파급력을 획득한 경우까지 성공의 범주에 포함시킬 수 있는 것이다.

(2) 성공적 온라인 사회운동의 분석

온라인 사회운동의 성공요인 역시 지금까지의 논의에 따라 공론화, 연대화, 동원화라는 3가지 측면에서 각각 접근해 볼 수 있다. 즉 개별 사례들 속에서 효과적인 공론화, 연대화, 동원화를 이끌어내게 만든 요인이 무엇인가를 찾아내는 것이다.

첫째, 공론화의 측면에서 두드러지게 나타나는 요인이라면 N세대115) 네티즌들의 고유한 정서에 부합하는 참신하면서도 독특한 기획을 꼽을 수 있다. N세대 네티즌들은 사이버스페이스에서 전혀 새로운 감수성을 발전시키고 있다. 사회운동의 활성화는 바로 이러한 N세대적 감수성에 부응하는 새로운 방법론을 어떻게 개발하는가에 달려있으며, 이것이 적중했을 때 대중들의 폭발적인 관심과 참여를 불러일으킬 수 있었다. '부모성 함께 쓰기'나 '사이트 파업' 같이 대중들의 주의를 환기시킬 수 있는 새로운 프로그램, "모든 시민은 기자다", "노 컷", "ihateifree" 등과 같이 간명하면서도 신선한 선언, 그리고 '딴지일보'의 패러디 전략이나 '우리 모두'의 "나를 고소하라"와 같은 유쾌한 도발은 기존 사회운동에 팽배해 있는 '엄숙주의'에 일대 변화를 요구하고 있다.

---

115) N세대는 Net Generation의 약자로 네트워크 세대를 말한다. 이 용어는 미국의 미래학자인 돈 탭스콧(Don Tapscott)의 저서 『Growing Up Digital-The Rise of the Net Generation, 1998)』(국내에서는 『N세대의 무서운 아이들』이란 제목으로 번역 출판되었음)을 통해서 처음 소개되었다. 기성세대가 아날로그적 삶의 방식을 고수하고 있다면, N세대는 어려서부터 컴퓨터, 비디오 게임, 인터넷 등 디지털 기술과 함께 성장해온 첫 세대로서, 인터넷을 통한 가상공간을 생활무대로 삼는 디지털 정보사회의 선도계층이다. 이들은 TV보다 컴퓨터에, 펜보다는 키보드에, 문자보다는 동영상에 그리고 편지보다는 E-mail에 친밀감을 보여준다.

둘째, 연대화의 측면에서는 운동집단 외부 세력의 지지를 얻기 위하여 온라인 네트워크를 효과적으로 활용하는 것이 중요하다. 비록 소수들의 이해관계가 걸린 현안이라 할지라도 온라인을 통해 사회의 다양한 외부 세력들로부터 공감대를 확보하고 폭넓은 연대를 형성한다면 성공으로 갈 가능성이 크다. 〈호주제 폐지 운동〉은 처음엔 일부 여성단체들만의 고립된 운동이었지만 온라인을 통해 운동의 당위성이 전파되면서 상당수 남성들의 지지와 참여까지 이끌어낼 수 있었다. 또 〈노 컷〉 운동 역시 청소년들의 권익 운동이었지만 학부모 및 교사 단체와의 연대를 맺었으며, 실제로 이들 외부 집단들의 압력이 중요한 영향력을 미쳤다.

셋째, 동원화의 측면에서 봤을 때, 대부분의 성공적인 온라인 사회운동 사례들은 온라인 활동과 오프라인 활동을 유기적으로 결합시키고 있었다. 즉 온라인에서의 활동과 오프라인에서의 활동이 병행되거나 혹은 온라인 활동이 오프라인으로까지 확장되는 것을 말한다. 전자의 대표적인 사례가 총선시민연대의 〈낙천·낙선 운동〉이나 〈고양시 러브호텔 난립 반대 운동〉이라면, 후자의 경우는 〈안티조선〉 운동을 들 수 있다. 온라인을 통해 운동의 이념을 전파하고 참여의 저변을 확대하며, 동시에 오프라인 활동을 통해 충분한 동원을 이끌어 냈을 경우 운동이 성공을 거둘 확률이 높은 것이다.

3. 온라인 사회운동의 함의와 과제

정보사회로의 전환과 함께 등장한 온라인 사회운동은 기존의 전통적인 사회운동에 일대 변화를 가져왔을 뿐 아니라 나아가 사회운동의 속성 자체를 뒤바꿔 놓고 있다.

온라인 사회운동이 기존 사회운동에 미친 영향이라면 첫째, 운동 현안의 다양화 · 미분화를 가져 왔다는 점을 들 수 있다. 종전의 거대 담론 중심의 사회운동 속에서 자칫 간과되었던 개별적이고 구체적인 현안들이 독자적인 사회운동의 대상으로 대두하게 된 것이다. 일상생활의 사적인 영역의 문제들, 그리고 이념 지향적이라기보다는 지극히 실용적인 문제들을 사회운동의 장으로 끌어들인 신사회운동의 정신은 온라인 사회운동을 통하여 보다 현실적으로 구현되고 있다고 하겠다.

둘째, 온라인 사회운동은 대중사회 속에서 파편화되어 있던 개개인을 사회운동의 주체로 이끌어 내었다. 인터넷은 조직체가 아닌 개인 단위에서도 얼마든지 사회운동을 수행할 수 있도록 만들어 주었다. 지금까지 일 개인은 국가나 대기업과 같은 거대 권력으로부터 어떤 불이익을 당하더라도 사회적 약자로서 무기력한 모습을 보일 수밖에 없는 처지였다. 하지만 인터넷으로 인하여 이제는 비록 개인이더라도 굳이 사회운동 단체의 힘을 빌리지 않고서 스스로의 권익을 지키고 나아가 사회 정의를 위하여 자신의 목소리를 낼 수 있는 효과적인 수단이 마련된 것이다. 또한 인터넷은 이러한 수많은 개인들이 상호 교류하고 연대하여 하나의 거대한 사회적 세력으로 응집시킬 수 있는 매개체로서의 역할을 담당하고 있기도 하다.

셋째, 온라인 사회운동은 사회운동의 즉시화 및 일상화를 실현시켰다. 무한한 운동적 잠재력을 내포하고 있는 인터넷이 대중적으로 널리 보급되면서 이제 사회운동은 일정 기간에 걸친 치밀한 준비와 계획, 그리고 세부 실행 프로그램을 갖추어야만 전개 가능한 일이 결코 아니다. 현안이 발생하고 여기에 이해관계나 가치의 공유가 이루어진 사람들만 결합되면 언제든지 즉각적으로 실행 가능하며, 유연하게 진행될 수 있는 일이 되어 버렸다. 그리고 지금까지 살펴보았듯이 어떤 것이든 사회운동의 현안이 될 수 있고, 누구든지 사회운동의 주체가 될 수 있으며, 또 언제든지 사회운동을 실행할 수 있다는 사실은 곧 사회운동이 일상적 삶의 영역으로 자리 잡게 되었음을 의미한다.

이와 같이 온라인 사회운동이 초래한 새로운 변화와 무한한 가능성에도 불구하고 현실적으로 그 안에는 분명 중대한 한계와 반드시 극복해야 할 과제가 존재한다. 가장 먼저 제기될 수 있는 문제는 온라인 사회운동의 근간이 되는 사이버 시민사회가 참여 민주주의의 새로운 보루로서의 의미만을 갖고 있는 것만은 아니라는 사실이다(Hague and Loader, 1999). 사이버스페이스는 자유로운 의사소통의 공간인 동시에 그것이 가상의 공간인 만큼 사회적 책임이 면제된 공간이기 때문이다(김문조, 2000). 따라서 온라인을 통한 사회운동에는 그 운동이 일시적이고 일회적이며 때로는 지나칠 정도로 이벤트 지향적이라는 지적 또한 제기되고 있다.

뿐만 아니라 정보에 내재한 의사소통 논리가 상업논리에 의해 빠른 속도로 식민화되고 있는 것이 전자적 시민사회의 또 다른 특징이기도 하다. 날로 자극적이고 엽기적으로 치닫고 있는 사이버스페이스가 과연 합리적 공론장으로 또 성찰적 참여의 공간으로 온전히 기능할 수 있을 것인가에 대해서도 다시 한번 의심을 품게 된다. 사이버스페이스가 시민적 자유를 확산시킬 수 있는 공간으로 활용될 수 있는가의 여부는 결국 현존하는 국가·시장·시민사회 사이의 역학 관계에 달려있다. 따라서 사이버스페이스를 정치적 의사 형성의 장으로 활성화할 필요가 있다는 적극적 자세를 가진 행동을 취하는 것이 필요하다(이종구 & 한상진, 1997). 그렇기에 사이버 시민사회 차원에서 시장의 논리에 의한 의사소통의 식민화를 비판하고, 정보의 고유한 개방성·소통성·비판성을 유지, 확대할 수 있는 방법과 전략이 적극 모색되어야 하는 것이다.

마지막으로 한 가지 반드시 짚고 넘어가야 할 점은 사이버 시민사회의 구성원이자 온라인 사회운동의 주인공인 네티즌들에 대한 이야기이다. 널리 알려져 있다시피 '네티즌(Netizen)'이란 단어는 인터넷을 뜻하는 '네트(Net)'와 시민을 뜻하는 '시티즌(Citizen)'을 합성해서 만들어낸 신조어이다.116) 그런데 지금 우리는 '네티즌'이란 단어를 어떤 의미로 사용하고 있는가? 아마도 대부분은 그저 인터넷을 사용하는 사람들, 즉 '네트 이용자(net user)'를 지칭하는 뜻으로 사용하고 있을 것이다. 하지만 이러한 의미에는 아주 중요한 한 가지가 빠져 있다. 다시 '네티즌'의 어원으로 돌아가 보면, 여기에는 분명 '시티즌', 즉 '시민'이란 의미가 녹아들어 있다. 그리고 이때의 '시민'이란 근대적 자유와 주권재민의 원칙을 실현하는 시민사회의 주체를 지칭한다. 따라서 '네티즌'이란 단어 속에는 사이버 시민사회의 시민적 가치 실현을 담당하는 '인터넷 시민들'이란 사회적 의미가 함축되어 있는 것이다.

그러나 우리의 네티즌들에게 과연 시민적 주체의식이 형성되어 있는지, 그리고 인터넷 시민으로서의 역할을 제대로 수행하고 있는지 다시 한번 돌이켜 볼 필요가 있다. 이미 시장판으로 전락해버린 사이버스페이스에서 대부분의 사람들은 '시민'이 아닌 '소비자'에 머물러 있으며, 성찰적이고 심미적인 정보의 생산

---

116) 네티즌이란 단어를 처음 고안해낸 사람은 미국 컬럼비아 대학의 마이클 하우벤(Michael Hauben)이란 학부생이라고 한다. 그는 자신의 홈페이지에 올린 논문에서 처음 이 단어를 사용했는데 감각적이고 참신한 아이디어 덕분인지 그 후 많은 사람들이 이 단어를 즐겨 쓰게 된 것이다.

자보다는 자극적이고 충동적인 욕망의 배설자만 횡행하고 있는 것이 우리의 현실이다. 단순한 통신 이용자, 특히 시민적 가치의 실현은커녕 오히려 이것을 훼손하고 침해하는 악덕 이용자들(bad user)까지도 '네티즌'이라는 의미심장한 단어 속에 한 묶음으로 몰아넣을 수는 없는 일이다. 네티즌의 시민적 의미를 복원함으로써, 국가와 자본은 물론 악의적 인터넷 이용자들에 대한 보다 능동적이고 실천적인 시민사회의 대응이 요구되는 것도 바로 이 때문이다.

흔히 "인터넷에서의 1년은 오프라인에서의 10년과 같다"는 말이 있다. 곰곰이 생각해 보면 지금까지 살펴본 온라인 사회운동의 궤적이야말로 이 말을 가장 실감나게 표현하고 있는 것 같다. 결코 길다고는 말할 수 없는 온라인 사회운동의 경험에도 불구하고 우리는 수많은 실험과 다양한 실천적 노력들을 만나볼 수 있었으며, 동시에 그 안에 잠재되어 있는 무한한 가능성을 읽어낼 수 있었다. 온라인 사회운동이 전체 사회운동에서 차지하는 비중은 이제 갈수록 점점 더 커질 것이다. 뿐만 아니라 앞으로는 모든 사회운동이 온라인과 결합되면서 사회운동 자체가 곧 온라인 사회운동인, 즉 온라인 사회운동이라는 별도의 명칭이 더 이상 불필요해지게 될 것이다. 그리고 이 모든 변화는 궁극적으로 정보사회의 시민권력 강화로 귀결될 것이다.

제7장 나오며

돌과 화염병 그리고 매캐한 최루탄 가스로 기억되던 1980년대 한국의 사회운동은 거리의 피켓 행렬과 기발한 퍼포먼스 등으로 그려지는 1990년대를 거쳐 이제 2000년대의 또 다른 풍경을 만들고 있다. 컴퓨터와 인터넷은 2000년대 사회운동을 장식할 새로운 아이콘들이다. 뙤약볕으로 달아오른 아스팔트 위에서 비지땀 흘리며 목청껏 구호를 외치던 무용담은 이제 아날로 그 시절의 아련한 옛 추억으로나 묻혀질지도 모르겠다. 마우스 버튼을 클릭하거나 키보드를 두드리면서 사이버 투사들이 가상 공간의 네트워크를 종횡무진 누비는 꿈같은 모습은 더 이상 먼 미래가 아닌 바로 오늘의 이야기가 되어 버리고 말았다.

하지만 현실이 꼭 그렇게 환상적인 것만은 아니다. 온라인과 사회운동의 결합은 여전히 당위론적 차원에서만 거론되고 있을 뿐, 구체적인 방법론의 개발은 아직 한참 부족한 형편이다. 앞으로는 인터넷이 사회운동에서 중요한 비중을 차지할 것이라는 전망에 다들 공감하면서도, 또 인터넷이 날로 하락세를 거듭하고 있는 사회운동에 새로운 돌파구가 될 수 있는 것이라고 기대하면서도 막상 뾰족한 실천 방안은 제대로 찾지 못하고 있는 것이 현재 대다수 사회운동가들이 공통적으로 안고 있는 고민이다. 물론 그 해답은 현장 운동가들뿐 아니라 사회과학자들도 함께 풀어가야 할 과제일 것이다.

이 책은 미약하나마 그러한 고민에 대한 하나의 대답이 될 수 있기를 바라는 마음으로 준비된 것이다. 일단 지금까지의 논의를 다시 한번 간략하게 정리해 보자.

사이버스페이스가 급격히 확장되면서 정보사회의 민주주의 기획은 전자 민주주의라는 위로부터의 제도적 장치로부터 온라인 사회운동이라는 아래로부터의 자발적 참여로 그 중심축이 옮겨지고 있는 것이 세계적 추세이다. 사이버스페이스를 현실 권력관계로부터 해방된 자유로운 대안 공간으로 만들기 위한 노력에서부터, 인터넷을 통해 사회 현안에 대한 시민들의 자발적 참여와 개입을 증진시키기 위한 다양한 실천들이 모색되었다. 그리고 또 다른 한편에서는 정보공유 정신에 입각해 디지털 정보들마저 상품화·독점화 하려는 자본주의의 논리에 정면으로 도전하는 움직임도 등장하고 있다. 온라인과 사회운동의 결합은 이렇게 다양한 모습으로 나름의 전략들을 가지고 그 진영을 갖추어 나갔다.

한국 사회 역시 10여 년 전 PC통신 시절부터 온라인을 통한 사회운동의 실험들이 다각적으로 모색되어 왔다. 초기에는 '통신 이용자 운동'이라는 소박한 형태로 출발한 국내 온라인 사회운동은 이후 운동 진영의 정보통신 인프라 구축, 정보사회의 사회 현안에 대한 개입, 기존 사회운동과 인터넷의 접목 등 다양한 방식으로 분화되어 나간다. 한편 운동 단체 중심의 전업형 사회 운동과는 별개로 네티즌들 사이에서는 자신들의 일상적 삶과 직결된 문제들을 스스로 해결하기 위한 움직임들이 활발하게 일어나면서 예전에 볼 수 없었던 새로운 사회운동의 양상들이 잇달아 등장한다. 각종 안티 운동을 비롯해서 사회적 소수자들의 권익운동, 그리고 대안언론이나 대안학교 등과 같은 대안운동에 이르기까지 폭넓은 사회운동의 스펙트럼이 사이버스페이스를 매개로 형성된 것이다.

온라인을 통한 사회운동의 유형은 크게는 조직 운동과 네트워크 운동으로 나눌 수 있으며, 이것들은 다시 운동의 목표나 성격에 따라 장기 지속적인 운동과 임시 현안적 운동으로 각각 세분화될 수 있다. 그리고 온라인을 통해 사회운동에 참가하는 참여자들의 행동 방식은 크게 전자적 공론장에서의 '담론 행위', 인터넷 네트워크를 통해 형성되는 '탈시공간적 연대' 그리고 '저비용 고효율적 동원'이라는 세 가지로 구성된다.

물론 온라인 사회운동은 기존 오프라인 사회운동과 달리 물리적인 압력의 행사에 제약이 따르며 참여자들 간에 긴밀한 결속력이 떨어지기 때문에 지극히 일시적이고 느슨한 운동이라는 한계가 있다. 하지만 지금까지 나타났던 온라인 사회운동의 주요한 경험들은 ① 온라인 활동과 오프라인 활동을 유기적으로 결합하고 ② 온라인 네트워크를 통해 폭넓은 연대를 이끌어 내며 ③ 네티즌들의 정서에 부합하는 독창적인 프로그램을 기획해 낼 경우 오히려 오프라인 사회운동보다 훨씬 더 큰 위력을 발휘할 수 있음을 보여주고 있다.

온라인 사회운동은 이미 정보사회의 대세이며 앞으로도 보다 다양한 모델들이 얼마든지 개발될 수 있는 잠재력이 있다. 하지만 날로 강화되는 사이버스페이스에 대한 국가의 개입과 통제, 점점 더 상업화와 엽기화로 치닫는 사이버 시민사회의 현 주소는 온라인 사회운동이 반드시 극복해야 할 장애물임에 틀림없다. 아마도 사이버 시민사회의 구성 주체인 '네티즌'의 시민적 자각과 주체의식의 형성이 그것을 실현시킬 중요한 열쇠일 것이다.

이상과 같은 내용으로 정리되는 이 책은 다음과 같은 의의를 갖는다.

첫째, 국내 사회학계에서 아직까지 미개척 분야라 할 수 있는 사이버스페이스에서의 사회운동을 본격적으로 분석하고 있다는 점에서 정보사회론의 연구 영역을 새롭게 확장시키고 있다. 비록 아직은 길지 않은 기간임에도 불구하고 정보사회의 도래와 함께 사이버스페이스는 이미 또 하나의 생활공간으로 자리 잡았다. 그리고 이 안에서 무수히 많은 사회적 현상들이 끊임없이 전개되고 있는 바, 이에 대한 사회과학적 시각에서의 풍성한 분석이 시급히 요구되는 시점이다. 더욱이 지금까지 한국 사회에서의 정보화 담론이 기술 편향적, 산업 중심적으로 치우쳐 과도한 불균형을 띠고 있음을 감안한다면 사이버스페이스의 사회동학을 다루는 실증적인 연구결과물들이 보다 많이 양산됨으로써 이러한 불균형을 바로잡아야 할 것이다. 이 책 역시 미약하나마 이에 보탬을 줄 수 있는 작업이 되리라 기대한다.

둘째, 온라인 사회운동에 대한 지금까지의 시론적 논의를 한 단계 더 진척시키고 있으며, 동시에 사회운동론의 연구 지평을 넓혀 나갔다. 온라인과 오프라인이 급격하게 통합·수렴되는 양상을 보이고 있는 현 시점에서 '네트를 통한(by net)' 운동이냐 '네트를 위한(for net)' 운동이냐, 혹은 '온에서 오프(from on-line to off-line)'이냐 '오프에서 온(from off-line to on-line)'이냐 하는 식으로 온라인과 오프라인을 구분하던 기존의 논의는 이미 실효성이 떨어지고 있는 바, 이제는 보다 현실 적합성 있는 새로운 운동 모델의 개발이 요구되고 있다. 이 책에서는 구체적 운동 사례들을 중심으로 하여 나름대로 독자적 모델을 제시함으로써 이러한 요구에 일정 정도 부응하고자 했다.

셋째, 일찍이 PC통신 시절부터 오늘날까지 10여 년에 걸쳐 꾸준히 진행되어 온 국내 온라인 사회운동의 역사와 현황을 체계적으로 복원했다는 점에서 또 다른 의미를 부여할 수 있을 것이다. 오프라인 공간과 달리 온라인에서의 활동은 행위보다는 담론 위주로 이루어지며, 그러한 담론의 상당수는 문서로 보존되지 못하고 디지털 정보 상태로 온라인상에만 남겨지는 경우가 많다. 하지만 애석하게도 온라인 사회운동의 흐름과 역사를 말해주는 귀중한 1차 자료들은 그리 많이 남아 있지 않으며, 지금 이 순간에도 소리 없이 소멸해가고 있는 실정이다. 이는 아직까지 디지털 사료의 가치에 대한 사회적 인식이 일천하기 때문일 것이다. 본 연구자 역시 연구를 진행하는 과정에서 매우 중요한 1차 자료들을 찾을 수 없어 아쉬웠던 경험을 겪었으며, 심지어 지금은 활동이 중단된 한 온라인 사회운동 단체의 웹사이트의 경우는 바로 1주일 전까지도 접속이 되었던 것이 갑자기 접속이 중단되어 버려 필요한 자료를 구하지 못하는 낭패를 맛보기도 했었다. 다행히도 연구자는 진작부터 본 연구 주제에 관심을 갖고 꾸준히 자료를 축적해왔던 탓에 현재는 온라인상에서 소멸된 1차 자료들을 연구에 활용할 수 있었고, 이를 이 책에 십분 반영함으로써, 자칫 흔적도 없이 사라질 수도 있었던 과거 온라인 사회운동의 발자취를 복원해 내고자 한다는 점에서 또 다른 의미를 부여할 수 있을 것이다.

그럼에도 불구하고 본 연구는 미처 여기서 취급하지 못한 수많은 과제들이 산적해 있다는 점에서 여전히 많은 아쉬움을 남기고 있다. 이제 그 내용들을 정리함으로써, 연구자 본인은 물론 또 다른 후속 연구자들을 위한 지침과 자극제로 삼으려 한다.

첫째, 국내 온라인 사회운동을 총괄적으로 정리·분석하는 전략을 취했기 때문에 의미 있는 개별 운동 사례들에 대한 심도 깊은 연구는 하지 못했다. 물론 개별 운동 사례의 발단부터 최종 마무리에 이르는 전 과정을 아우르는 생애 주기에 대한 분석은 기존 사회운동론에서 이미 많이 다루어진 바 있다. 하지만 온라인 사회운동의 고유한 동학을 이해하기 위해서는 별도의 개별 사례 연구는 반드시 필요하다. 총론적 연구와 미시적 연구가 동시에 이루어져야만 온라인 사회운동의 실체를 정확히 파악할 수 있을 것이기 때문이다.

둘째, 연구의 범위를 국내 사례들에 국한시켰기 때문에 국제적 네트워크 차원에서 이루어지고 있는 운동들은 취급하지 못했다. 온라인 사회운동의 중요한 특징 중 하나라면 전 지구적 네트워크를 통한 연대 운동을 꼽을 수 있다. 실제 한국에서 벌어진 사회운동에 대한 해외 운동단체들의 지원이나, 역으로 국내 운동단체들이 국제적 연대 캠페인에 참여한 경험들은 이미 몇 차례 있었다. 온라인 국제 네트워크 운동은 또 하나의 중요한 연구 영역인 것이다.

셋째, 학생운동, 노동운동 등 전통적 사회운동 분야 역시 온라인을 활용한 다각적인 모색들이 이루어지고 있음에도 본 연구에서는 분석 대상에서 제외되어 있다. 전통적 사회운동은 정보사회를 어떻게 준비하고 있는가, 그리고 정보화가 전통적 사회운동에 미치는 영향은 무엇인가는 관심 있게 지켜봐야 할 과제이다. 특히 노동조합이 홈페이지나 메일링 리스트를 노동운동에 어떻게 활용하고 있는가는 유심히 살펴볼 필요가 있다.

넷째, 온라인 사회운동의 분석 단위에서 조직 유형이나 행위방식 못지않게 중요한 비중을 차지하고 있는 것이 바로 홈페이지이다. 물론 E-mail 등 다른 매체도 있지만 그래도 홈페이지는 온라인 사회운동에 있어 가장 근본이 되는 도구이자 공간이다. 따라서 현재 e-biz 분야에서 많이 하고 있는 홈페이지에 대한 분석이나 컨설팅 방법을 온라인 사회운동 분야에 접목시켜 볼 필요가 있다. 효과적으로 운동을 수행하기 위해서 홈페이지를 어떻게 구성하고 운영해야 할 것인지 한번쯤 고민해 볼 가치가 있을 것이다.

다섯째, 온라인 사회운동에 대한 비중이 커지면서 오프라인 사회운동에 맞게 구성되어 있는 기존 사회운동 단체들의 조직은 분명 새롭게 재편될 필요가 있다. 단순히 온라인 전담 부서를 하나 마련하는 정도로는 정보화라는 거대한 패러다임에 효과적으로 대처할 수 없을 것이다. 집단 내 의사소통 및 의사결정 구조의 개편, 대외 사업 방식의 변화 등에 대한 조직론적 관점에서의 연구와 대안 제시가 필요하다.

여섯째, 사회운동은 결국 운동의 주체와 운동의 대상 간의 상호작용이다. 이런 점에서 본 연구는 운동의 주체에만 초점을 맞추었을 뿐 운동의 대상에 대해서는 큰 관심을 기울이지 못하고 말았다. 특히 국가 권력의 사이버스페이스에 대한 개입이 어떠한 방식으로 이루어지고 있는가는 온라인 사회운동에 대한 연구에 있어서 결코 빠뜨릴 수 없는 중요한 과제이기에 이에 대한 심층적인 분석이 시급히 요구된다.

끝으로 이 책에는 카피레프트(copyleft) 규약이 존중됨을 밝힌다. 원작의 내용을 훼손하거나 왜곡하지 않으며, 원작자와 출처를 명시하는 기본적 원칙만 준수한다면 누구나 이 내용을 자유롭게 이용할 수 있다.

참고문헌

1. 자료집

'96 정보통신검열백서

'97 정보통신검열백서

'98 사이버권리백서

'97 서울국제노동미디어 자료집

'98 서울국제노동미디어 자료집

'99 서울국제노동미디어 자료집

2000 서울국제노동미디어 자료집

제1회 전국정보운동포럼 자료집, 2001

정보통신정책관련 2001년 현안 자료집

2. 국내 문헌

강명구(1996), 「정보제국주의인가, 전자 민주주의인가」, 『민주와 진보를 위한 지식인 연대』제2호.

강상현(1996), 『정보통신혁명과 한국사회』, 한나래.

강정인(1997), 「민주주의 이론과 전자 민주주의의 미래상」, 전자 민주주의연구원 세미나 발표문.

고영삼(1998), 『전자감시사회와 프라이버시』, 한울.

276

권해수(1999), 「시민단체의 조직화과정과 정책변화에 대한 영향력 비교 연구」, 한국행정학논집.

김문조(1998), 「정보사회: 본질과 유형」, 한국언론학회/한국사회 학회, 『정보화시대의 미디어와 문화』, 세계사.

김문조(1999), 『과학기술과 한국사회의 미래』, 고려대학교 출판부.

김문조(2000), 「사이버 문화의 특성과 동학」, 아산사회복지재단 심포지움, 『사이버 시대의 삶의 질』.

김성국(2000), 「사이버공동체 형성의 과제」, 『사회이론』 2000년 봄/여름호, 한국이론학회.

김원동(1998), 「정보사회: 이론적 전망」, 정보사회학회 편, 『정보 사회의 이해』, 나남.

김유정(1998), 『컴퓨터 매개 커뮤니케이션』, 커뮤니케이션북스.

김종길(1999), 「인터넷 공간에서의 자아성찰」, LG커뮤니카토피아 연구소 편, 『정보혁명·생활혁명·의식혁명』, 백산서당.

김종철(2000), 「시민사회와 사회운동」, 권태환 외 편, 『정보사회 의 이해』, 미래 M&A.

김주환(1996), 「정보화사회와 뉴미디어」, 『문화과학』 1996년 봄호.

김철규(1998), 「사이버 공간의 사회적 세계와 사회과학의 과제」, 한국사회연구소, 『한국사회』 제1집.

김현희/윤영민,(2000), 「정보사회의 정치양식: 대화 민주주의의 가능성」, 『한국사회과학』 제21권, 제2, 3호.

김형준(1997), 「진보적 정보운동의 성과와 과제」, 『동향과 전망』 봄호, 한울.

김휘석(1999), 「공론장으로서 온라인 토론방」, 고려대 신문방송학과 석사학위논문.

라도삼(1997), 「가상공간에서의 주체의 형태변화에 대한 연구」, 중앙대 신문방송학과 박사학위논문.

라도삼(1999), 『비트의 문명 네트의 사회』, 커뮤니케이션북스.

라도삼(2000), 「16대 총선에 나타난 네트워크 활용 및 운영에 관한 연구」, 한국언론정보학회 발표논문.

라도삼(2001), 『블랙 인터넷』, 자우.

민경배(2000) 「인터넷시대 대안미디어의 현 단계와 가능성」, 오마이뉴스 창간 100일 기념 심포지움 발표문.

민경배(2000) 「인터넷의 대안언론 운동」, 『뉴미디어와 시민사회』, 언론개혁시민연대.

민경배(2001), 「전자 공론장으로서의 인터넷 게시판」, 계간 『언론개혁』 2001년 겨울호, (사)21세기언론연구소.

민경배(2002), 「인터넷 검열과 언론매체」, 월간 『인물과 사상』 2002년 2월호, 인물과 사상사.

박선희(1998), 「시민적 관여가 컴퓨터 매개 정치커뮤니케이션에 미치는 영향」, 서울대학교 언론정보학과 박사학위 논문.

박재창 편(1993), 『정보사회와 정치과정』, 비봉출판사.

박형신 외(2000), 『새로운 사회운동의 이론과 현실』, 문형.

박형준(1995), 「새로운 사회운동과 경실련 운동: 정보화사회의 네트워크형 주제」, 『경제와 사회』 가을호, 한울.

박형준(1996), 「한국의 정보화와 전자 공간의 코뮤니케이션: 하버마스 공공 영역론의 적용」, 『정보화 사회와 시민사회: 하버마스와의 대화』, 한국사회학회 봄 특별심포지엄 자료집.

278

박형준(2001), 『성찰적 시민사회와 시민운동』, 의암.

변재옥(1999), 『정보화사회의 프라이버시와 표현의 자유』, 커뮤니케이션북스.

백욱인(1999), 「네트와 새로운 사회운동」, 『동향과 전망』 43호.

백욱인 외(2000), 『구운몽』, 안그라픽스.

사이버문화연구소(2001), 『Cyber is: 네트에서 문화읽기』, 역사넷.

성동규/라도삼(2000), 『인터넷과 커뮤니케이션』, 한울.

양소연(2001), 「사이버스페이스의 저항문화」, 고려대 사회학과 석사학위논문.

염재호(2000), 「사이버 민주주의: 정치의 실종, 시민의 출현」, 『계간 사회비평』 봄호.

오현철(2001), 『시민불복종 – 저항과 자유의 길』, 책세상.

우지숙(1999), 「지식정보사회와 지적재산권」, 크리스찬 아카데미, 『시민이 열어 가는 지식정보사회』, 대화출판사.

유광수 외(2000), 『정보화시대의 민주주의』, 나노미디어.

유석진(1997), 「정보화와 민주주의」, 전자 민주주의연구원 세미나 발표논문

유팔무/김호기(1995), 『시민사회와 시민운동』, 한울.

유팔무/김정훈(2001), 『시민사회와 시민운동 2』, 한울.

윤영민(1996), 『전자정보공간론』, 전예원.

윤영민(1998), 「전자적 시민사회의 형성: 정보운동을 중심으로 본 전망」, 한국언론학회/한국사회학회 편, 『정보화 시대의 미디어와 문화』, 세계사.

윤영민(2000), 『사이버 공간의 정치』, 한양대학교 출판부.

윤영철(1998), 「대안적 매체로서의 PC통신: 한총련에 관한 토론실 분석을 중심으로」, 『한국언론학보』 가을호.

윤준수(1998), 『인터넷과 커뮤니케이션 패러다임의 대전환』, 커뮤니케니션북스.

이광석(1998), 『사이버 문화정치』, 문화과학사.

이광석(2000), 『디지털 패러독스』, 커뮤니케이션북스.

이시재(2000), 「사이버 시대의 사회운동과 NGO」, 아산사회복지재단 심포지움, 『사이버 시대의 삶의 질』.

이재현(2000), 『인터넷과 사이버사회』, 커뮤니케이션북스.

이종구, 2000, 「시민단체를 통한 정보문화운동 활성화 방안 연구」, 정보통신 학술연구 과제 지정종합 99-12, 2000. 3.

이종구/한상진(1997), 「다중매체시대의 대안적 문화형성을 위한 모색」, 『사회과학연구』, 15집 3호.

이진로(1998), 『정보사회의 이데올로기』, 커뮤니케이션북스.

임희섭(1999), 『집합행동과 사회운동의 이론』, 고려대 출판부.

임희섭/양종회(1998), 『한국의 시민사회와 신사회운동』, 나남.

장여경(2000), 「정보사회의 기본권리: 탈정치적 활용을 넘어서 정치적 개입으로」, 제3회 전국시민단체대회 워크샵 자료집.

장여경(2001), 「인터넷과 NGO」, 조희연 편, 『NGO가이드 — 시민·사회운동과 엔지오 활동』, 한겨레신문사.

장훈(1997), 「정보 민주주의론」, 전석호 외, 『정보정책론』, 나남.

정대화(2000), 「한국의 정치개혁과 낙천·낙선운동」, 4·13 총선과 낙천·낙선운동 평가토론회 자료집.

정연정(2001), 「인터넷과 시민운동」, 『인터넷 시대, 미디어와 시

280

민사회』, 언론개혁시민연대 토론회 자료집.

주철민(2000), 「인터넷은 자유다-자유소프트웨어 운동」, 홍성태/
오병일 외, 『디지털은 자유다』, 이후.

조대엽(1999), 『한국의 시민운동』, 나남.

조효제 편(2000), 『NGO의 시대: 지구 시민사회를 향하여』, 창작
과 비평사.

조희연(2001), 「시민사회의 정치개혁운동과 낙천·낙선운동」, 유
팔무/김정훈 편, 『시민사회와 시민운동 2』, 한울.

조희연(2001), 『NGO 가이드』, 한겨레신문사.

최영(1998), 『뉴미디어 시대의 네트워크 커뮤니케이션』, 커뮤니케
이션북스.

최정호 외(1995), 『정보화사회와 우리』, 소화.

크리스찬 아카데미(1999), 『시민이 열어 가는 지식정보사회』, 대
화출판사.

하승찬(2000), 「사이버 시민사회운동의 현황과 과제」, 『현 단계
네트워크 운동의 현황과 전망』, 2000 시민사회 정보화 토
론회 자료집.

하승찬(2001), 「인터넷, 시민운동 그리고 민주주의」, 『인터넷혁명
과 참여 민주주의』, 함께하는 시민행동 정보사회 의제 만들
기 토론회 자료집.

한상진(1995), 「정보사회에서의 공동체의 변화」, 『경제와 사회』,
가을호, 한울.

홍석만(2001), 「전자 신분증명제도의 문제와 역감시의 권리」, 『전
국정보운동포럼 자료집』, 진보네트워크.

홍성욱(1999), 『생산력과 문화로서의 과학기술』, 문학과지성사.

홍성욱/백욱인(2001), 『2001 사이버스페이스 오디쎄이』, 창작과
비평사.

홍성태(1996), 『사이버 공간·사이버문화』, 문화과학사.

홍성태(1997), 『사이보그·사이버컬쳐』, 문화과학사.

홍성태(1999), 정보화 경쟁의 이데올로기에 관한 연구: 정보주의
와 정보공유론을 중심으로, 서울대 사회학과 박사학위논문.

홍성태(2000), 「현실 정보사회와 시민운동 – '정보사회운동'에 대한
이해를 중심으로」, 제3차 시민운동 지도자연수, 시민운동
지원기금.

홍성태(2000), 『사이버사회의 문화와 정치』, 문화과학.

홍성태(2001), 「정보공유운동을 위하여」, 홍성욱/백욱인, 『2001
사이버스페이스 오디쎄이』, 창작과 비평사.

홍성태/오병일 외(2000), 『디지털은 자유다』, 이후.

홍순기 외(2000), 『미래혁명이 시작된다』, 범우사.

황상민(2000), 『사이버 공간에 또 다른 내가 있다』, 김영사.

3. 해외 문헌

Arendt. H(1968), *Men in Dark Times*, New York: Harcourt
Brace Jovanovich, 권영빈 역, 1984, 『어두운 시대의 사람
들』, 문학과지성사.

Arendt. H(1973), *The Human Condition*, New York: Chicago
Univ. Press.

Arterton. C(1987), *Teledemocracy: Can Technology Protect Democracy*, Newbury Park: Sage Publ., 한백연구재단 편역, 1994, 『텔레데모크라시』, 거름.

Attali. J(1990), *Lignes D'horizon*, 유재천 역, 1993, 『21세기의 승자』, 다섯수레.

Baudrillard J(1981), *Simulacres et Simulation*, Editions Galilee, 하태환 역, 1995, 『시뮬라시옹』, 민음사.

Bell, D(1973) *The Coming of Post-Industrial Society*, Basic Books.

Benford. R. D(1989), "Frame Disputes within the Nuclear Disarmament Movement", *Social Force*, 71(3).

Berleur, J(1990), *The Information Society: Evolving Landscapes*, New York: Springer-Verlag.

Berman & Weitzner(1997), "Technology and Democracy", *Social Research*, 64: 3.

Bimber. B(1998), "The Internet and Political Transformation: Populism, Community, and Accelerated Pluralism", *Polity* Vol.31 No.1.

Bogue. R(1989), *Deleuze and Guattari*, Routledge, 이정우 역, 1995, 『들뢰즈와 가타리』, 새길.

Brockman. J(1996), *Digerati: Encounters With the Cyber Elite*, HardWired, 김원희/임세윤 역, 1999, 『디지털 시대의 파워엘리트』, 황금가지.

Calhoun. C(1995), *Critical Social Theory*, Oxford: Blackwell.

Castell. M(1996), *The Rise of The Network Society*, Blackwell.

Castell. M(1997), *The Power of Identity*, Blackwell.

Cohen. J. & A. Arato(1992), *Civil Society and Political Theory*, Cambridge: The MIT Press.

Dahl. J(1885), *Controlling Newclear Weapons*, Syracuse: Syracuse Univ. Press.

Dalton. R & Kuechler. M(1990), *Challenging the Political Order*, Cambridge: Polity Press, 박형신/한상필 역, 1996, 『새로운 사회운동의 도전』, 한울.

Davies, A(1994), *Telecommunications and Politics: The Decentralised Alternative*, London and New York: Pinter Publishers.

Fernback. J(1999), "There is a There: Notes Toward a Definition of Cyber-community", in Steve Jones(ed.), *Doing Internet Research: Critical Issue and Methods for Examining the Net*, Newbury Park.

Fernback & Thompson(1995), "Virtual Communities: Abort, Retry, Failure?", http://www.well.com/user/hlr/tetts/VCcivil.html.

Frederick(1997), 「컴퓨터 네트워크와 세계적 시민사회의 출현」, 박승관 외, 1997, 『글로벌 네트워크』, 전예원.

Gamson(1975), *The Strategy of Social Protest*, 1st eds., Homewood, Ill., Dorsey Press.

Gandy(1989), "The Surveillance Society: Information Technology & Bureaucratic Social Control", *Journal of Communication*, Vol.39, no.3.

Giddens. A(1990), *The Consequences of Modernity*, Cambridge: Polity Press.

Giddens. A(1991), *Post Modernity*, 이윤희/이현희 역, 1991, 『포스트 모더니티』, 민영사.

Grossman. L. K(1995) *The Electronic Republic: Reshaping Democracy in the Information Age*, New York: Viking.

Guattari. F(1977), *La Revolution Molecular*, Editions de Recherches, 윤수종 역, 1999, 『분자혁명』, 푸른숲.

Guattari. F & Deleuze. G(1980), *Mille Plateaux*, 김재인 역, 2001, 『천개의 고원』, 새물결.

Guattari. F & Deleuze. G(1984), *Anti-Oedipus, Athlone*, 최명관 역, 1994, 『앙띠 오이디푸스』, 민음사.

Guattari. F & Deleuze. G(1986), *Kafka: Towards a Minor Literature*, Minnesota Univ. Press, 조한경 역, 1992, 『소수집단의 문학을 위하여』, 문학과지성사.

Habermas. J(1989), *The Structural Transformation of the Public Sphere*, Cambridge: The MIT press.

Habermas. J(1989), "The Public Sphere; an encyclopedia article", In S. E. Bonner and B. M. Kellner.(eds), *Critical Theory and Society; a Reader*, London: Routledge.

Habermas. J(1996), 한상진 편, 『현대성의 새로운 지평』, 나남.

Harasim. M(1993), *Global Network: Computers and International Communication*, Cambridge, Mass. : MIT Press,

박승관 외, 1997, 『글로벌 네트워크』, 전예원.

Harrison & Stephen(1999), "Researching and Creating Community Networks", in Steve Jones(eds.), *Doing Internet Research: Critical Issues and Methods for Examining the Net*, Newbury Park, CA.

Heldman, R. K(1994), *Information Telecommunications: Networks*, Products, and Services.

Hill & Hughes(1998), *Cyberpolitics: Citizen Activism in the Age of the Internet*, Lanham, MD: Rowman and Littlefield.

Inglehart, R(1990), "Values, Ideology and Cognitive Mobilization in New Social Movement", in Dalton and Kuechler (eds.), *Challenging the Political Order*, Oxford: Oxford Univ. Press. 박승관 외, 1997, 『글로벌 네트워크』, 전예원.

Jenkins. C(1983), "Resource Mobilization Theory and Study of Social Movement", *Annual Review of Sociology* 9.

Kollock. P(1997), "Design Principles for Online Communities", 『사이버커뮤니티의 발전방안』, 한국사회학회 특별심포지엄 자료집.

Levy. P(1997), *Cyberculture*, Paris: Les Editions Odile Jacob, 김동윤/조준형 역, 2000, 『사이버문화』, 문예출판사.

Luhmann, N(1981), *Ausdifferenzienzierung des Rechts. Beitraege Rechtssoziologie und Rechstheorie*, Frankfurt a. M.

Lyon. D(1990), *The Electronic Eye: The Rise of Surveillance Society*, Basil Blackwell. 한국전자통신연구소 역, 『전자감시사

회』, 한국전자통신연구소.

MacKinnon(1995), "Searching for the Leviathan in Usenet", Steven G. Jones, *Cyber Society*, London: Sage publications.

Mathiesen. T(1997), "The Viewer Society: Michel Foucault's Panopticon Revisited", *Theoretical Criminology 1*.

McCarthy & Zald(1973), *The Trend of Social Movements*, Morristown, M. J: General Learning.

McLuhan. M(1964), *Understanding Media: The Expansion of Man*, McGrew-Hill Book, 박정규 역, 1997, 『미디어의 이해』, 커뮤니케이션북스.

Melucci. A(1980), "The New Social Movements: A Theoretical Approach", *Social Science Information*, Vol.19, No.Ⅱ, 정수복 편역, 1993, 「새로운 사회운동에 대한 이론적 접근」, 『새로운 사회운동과 참여 민주주의』, 문학과 지성사.

Melucci. A(1989), *Nomads of the Present: Social Movement and Individual Needs in Contemporary Society*, London, Hutchinson.

Melucci. A(1994), "A Strange Kind of Newness: What's 'New' in New Social Movement?" in E. Larana, H. Johnston & J. R. Gusfield(eds), *New Social Movements: From Ideology to Identity*, Philadelpia: Temple Univ. Press.

Mitchell. W(1995), *City of Bits*, 이희재 역, 1999, 『비트의 도시』, 김영사.

Morris. D(1999), *Vote.com*, St. Martin's Press, 이형진/문

정숙 역, 2000, 『Vote.com』, 아르케.

Mosco & Herman,(1980), "Radical Theory and Electronic Media", 박홍수 외, 1987, 『뉴미디어와 정보사회』, 나남.

Mosco(1989), *The Pay-Per Society: Computers and Communications in the Information Age: Essays in Critical Theory and Public Policy*, Toronto: Garamond Press, 민글편집부 역, 1994, 『정보에 지배당한 사회』, 민글.

Naisbitt(1982), *Megatrend*, 박재두 역, 1985, 『탈산업사회의 새 조류』, 법문사.

Negroponte. N(1995), *Being Digital*, 백욱인 역, 1995, 『디지털이다』, 박영률출판사.

Neuman(1991), *The Future of the Mass Audience*, 전석호 역, 1995, 『뉴미디어와 사회변동』, 나남.

Nimmon. D(1985), "Information and Political Behavior", In B. D. Ruben(Ed). *Information and Behavior*, Volume 1. New Brunswick, NJ: Transaction.

Oberschall. A. P(1978), "Theories of social conflict", *Annual Review of Sociology* 4.

Offe. C(1985), "New Social Movements: Challenging the Boundaries of Institutional Politics", *Social Research*, 정수복 편역, 1993, 「새로운 사회운동과 참여 민주주의」, 문학과지성사.

Poster. M(1990), *The Mode of Information*, London: Polity Press, 김성기 역, 『뉴미디어의 철학』, 민음사.

Poster. M(1995), *The Second Media Age*, London: Polity

Press, 이미옥/김준기 역, 『제2미디어 시대』, 민음사.

Rifkin(1994), *The End of Work*, 이영호 역, 1996, 『노동의 종말』, 민음사.

Rogers. E. M(1986), *Communication Technology: The New Media in Society*, New York, Free Press.

Ronfeldt(1992), *Cybercracy is Coming*, 홍석기 역, 1987, 『정보지배사회가 오고 있다』, 자작나무.

Rotzer. F(1999), *Megamaschine Wissen*, Frankfurt: Campus Verlag, 박진희 역, 『거대기계지식』, 생각의 나무.

Schiller. H(1994), 「정보시대 도서관의 딜레마－공중의 정보접근 원칙과 상업화 경향」, in Mosco(eds), 민글편집부 역, 1994, 『정보에 지배당한 사회』, 민글.

Scott. A(1980), *Ideology and Social Movements*, ch. 1, 정수복 편역, 1993, 「새로운 사회운동과 참여 민주주의」, 문학과지성사.

Scubik,(1968), "Information, Rationality, and Free Choice in a Future Democracy Society", in D. Bell(1968), *Toward 2000*, Bacon Press.

Schumaker(1975), "*Policy Responsiveness to Protest Group Demands*", Journal of Politics, 37.

Slack(1984), "The Information Revolution sa Ideology", *Media, Culture and Society*, vol.6, no.3.

Smith. M & Kollock. P(1999), Communities in Cyberspace, 조동기 역, 2001, 『사이버 공간과 공동체』, 나남.

Snow, D. A(1986), "Frame Alignment Process, MIcromobilization and Movement Participation", *American Sociological Review*, 51.

Stallabrass(1995), "Empowering Technology: The Exploration of Cyberspace", *New Left Review*, No.205.

Stallman. R(2000), 「GNU 운영체제와 자유소프트웨어운동」, 송창훈 외 역, 『오픈 소스』, 한빛미디어.

Tapscott. D(1998), *Growing Up Digital-The Rise of the Net Generation*, McGraw-Hill, New York, 허운나/유영만 역, 1999 『N세대의 무서운 아이들』, 물푸레.

Tilly. C(1978), *From Mobilization to Revolution*, Reading, M. A. : Addison-Westey, 진덕규 역, 1995, 『동원에서 혁명으로』, 학문과사상사.

Tilly. C(1988), "Social Movements, Old and New", in B. Misztal(ed.), *Research in Social Movements, Conflict and Change* 10. Greenwich: JAI Press.

Toffler. A(1970), *Future Shock*, 이규행 역, 1989, 『미래쇼크』, 한국경제신문사.

Toffler. A(1980), *The Third Shave*, 이규행 역, 1989, 『제3물결』, 한국경제신문사.

Toffler. A(1990), *Power Shift*, 이규행 역, 1990, 『권력이동』, 한국경제신문사.

Touraine. A(1988), *Return of Actor: Social Theory in Postindustrial Society*, Minneapolis: Minnesota Univ. Press.

Touraine. A(1992), 정수복/이기현 역, 1995, 『현대성 비판』,

문예출판사.

Turkle(1996), "Virtuality and its Discontents: Searching for Community in Cyberspace", http://www.prospect.org /archives/24/24turk.html.

Webster. F(1995), *Theories of Information Society*, Routledge. 조동기 역, 1997, 『정보사회이론』, 사회비평사.

Williams. F(1982), *The Communication Revolution*, Beverly Hills: Sage.

Wray. S(1998), "On Election Civil Disobedience", Paper presented to the Scholars Conference, 21 and 22, New York.

부록: 이 책에 소개된 주요 웹사이트

1. 국내 웹사이트

고양시 러브호텔 난립저지 운동 http://goyang.kdlp.org
끼리끼리 http://www.kiri.simin.org
공유적지적재산권모임 IPLeft http://www.ipleft.or.kr
노동의 소리 http://www.nodong.com
노스모크 http://www.no-smok.net
노 컷 http://www.idoo.net/nocut
녹두방송 http://http://cast.inp.or.kr
대안 TV http://www.daean.org
더럽지 http://www.therob.co.kr
딴지일보 http://www.ddanzi.com
동강보존본부 http://www.dongriver.com
동성애자 인권연대 http://www.outpridekorea.com
매향리미군국제폭격장폐쇄범국민대책위원회
http://maehyang.jinbo.net
매향리미폭격장철폐를위한주민대책위원회
http://mehyang.kfem.or.kr
민족민주인터넷 방송국 http://kndic.com/kndic
버디 http://www.buddy79.com
사이버유스 http://www.cyberyouth.org
사이버행동네트워크 http://www.n119.org
성남넷 http://www.sungnam.net

소리바다 http://www.soribada.com

소리바다를 살려주세요 http://cafe.daum.net/ppk

소리바다 살리기 운동 본부 http://cafe.daum.net/soribadalive

소리얼 인터넷 방송 http://www.soreal.sarang.net

시민사회 인터넷 http://www.ifp.or.kr

시민 프로젝트 http://join.ww.or.kr

아이두 http://www.idoo.net

안티재패니스스쿨북 http://my.dreamwiz.com/wook86

안티저작권협회 http://my.dreamwiz.com/freesoribada

안티 포스코 http://antiposco.nodong.net

엑스존 http://www.exzone.com

오마이뉴스 http://www.ohmynews.com

우리 모두 http://www.urimodu.com

울산노동자 정보통신지원단 Liso http://www.liso.net

이동전화요금인하 100만 인 물결운동 http://myhandphone.net

전국중교등학생연합 http://www.union10.org

전주 JOINet http://www.jinju.or.kr

정보연대 PIN http://pin.jinbo.net

정보연대 SING http://www.sing-kr.org

정보통신검열반대공동행동 http://www.freeonline.or.kr

정보통신연대 INP http://www.inp.or.kr

조선일보 반대 시민연대 http://www.antichosun.or.kr

직지 프로젝트 http://www.jikji.org

진보네트워크 http://www.jinbo.net

참@네트워크 http://www.chamnet.org

참세상 방송국 http://cast.jinbo.net

채널 텐 http://www.ch10.com

청소년연대 WITH http://www.mywith.net

청소년정보감시단 http://cyc.youth.re.kr

청춘 http://www.chungchun.net

친구사이 http://www.chingusai.net

포스닥 http://www.posdaq.co.kr

프라이버시보호 시민행동 http://www.privacy.or.kr

프리뮤즈 http://www.freemuz.wo.to

피스넷 http://www.peacenet.or.kr

학부모정보감시단 http://www.cyberparents.or.kr

학원폭력피해자가족협의회 http://www.uri-i.or.kr

한국노동네트워크협의회 http://www.nodong.net

한국사이버감시단 http://www.wwwcap.or.kr

한국휴먼네트워크 http://www.khn.or.kr

함께하는 시민행동 http://www.action.or.kr

함께하는 시민행동 온라인총회 http://emeeting.ww.or.kr

호주제 폐지를 위한 시민의 모임 http://antihoju.jinbo.net

호주제 폐지 운동본부 http://no-hoju.women21.or.kr

환경운동연합 http://www.kfem.or.kr

2. 해외 웹사이트

ACLU(미국자유시민연합) http://www.aclu.org

ALA(미국도서관협회) http://www.ala.org

APC(진보통신연합) http://www.apc.org

CPSR(사회적 책임을 위한 컴퓨터 전문가 모임) http://www.cpsr.org

ECD(전자시민불복종) http://www.fraw.org.uk/ehippies

EFF(전자프런티어재단) http://www.eff.org

ELECTION.COM(일렉션닷컴) http://www.election.com

FSF(자유소프트웨어재단) http://www.fsf.org

IGC(세계통신기구) http://www.igc.org

NAPSTER(냅스터) http://www.napster.com

PG(구텐베르크 프로젝트) http://www.gutenberg.net

Privacy Foundation(프라이버시재단)

http://www.privacyfoun- dation.org

OSI(공개소스발의) http://www.opensource.org

VOTE.COM(보트닷컴) http://www.vote.com

・저자・

민경배(閔庚培) ・약력・

고려대학교 문과대학 사회학과 졸업
고려대학교 대학원 사회학 석사
고려대학교 대학원 사회학 박사(정보사회학 전공)
사단법인 사이버문화연구소 초대 소장 역임
대통령직인수위원회 전문위원 역임
현 경희사이버대학교 NGO학과 교수
   함께하는시민행동 정보인권위원장
   정보트러스트센터 운영위원장
   사단법인 사이버문화연구소 소장

・주요논저・

「정보화와 권력구조의 변화」
「인터넷의 대안언론 운동」
「인터넷시대 대안미디어의 현단계와 가능성」
「비트는 시공을 넘어 빛으로 달린다」
「전자 공론장으로서의 인터넷 게시판」
「정보사회에서의 온라인 사회운동에 대한 연구」
「인터넷 검열과 언론매체」
「단절과 배제의 한국식 네트워크」
「서구의 온라인 사회운동 연구」
「사이버 공동체의 분화와 진화」
「인터넷에서의 표현의 자유 : 패러디와 실명제를 중심으로」
「보편적 민주주의를 위한 온라인 기반의 NGO 지구촌 네트워크」
「사이버 공간의 논객과 폐인에 대한 사회학적 고찰」
「디지털 유산보존 국내현황 및 협력틀 구축방안」
「모바일 시대, 이동전화의 문화」
「정보통신과 한국의 변화」
『사회학 나들이』
『Cyber is : 네트에서 문화읽기』
『영상학습혁명』
외 다수

사이버스페이스의 사회운동

• 초판 인쇄	2006년 6월 20일
• 초판 발행	2006년 6월 20일
• 지 은 이	민경배
• 펴 낸 이	채종준
• 펴 낸 곳	한국학술정보㈜
	경기도 파주시 교하읍 문발리 526-2
	파주출판문화정보산업단지
	전화 031) 908-3181(대표) · 팩스 031) 908-3189
	홈페이지 http://www.kstudy.com
	e-mail(e-Book사업부) ebook@kstudy.com
• 등 록	제일산-115호(2000. 6. 19)
• 가 격	17,000원

ISBN   89-534-4674-0 93330 (Paper Book)
        89-534-4675-9 98330 (e-Book)